好望角

在这里，看见新世界

WAR IN EASTERN EUROPE
TRAVELS THROUGH THE BALKANS IN 1915

东线之战

1915年穿越巴尔干之旅

[美]约翰·塞拉斯·里德 著

李泽慧 译

浙江人民出版社

图书在版编目（CIP）数据

东线之战：1915年穿越巴尔干之旅 /（美）约翰·塞拉斯·里德著；李泽慧译. -- 杭州：浙江人民出版社，2025. 2. -- ISBN 978-7-213-11702-2

Ⅰ. D815.9

中国国家版本馆CIP数据核字第20242D76J3号

东线之战：1915年穿越巴尔干之旅
[美] 约翰·塞拉斯·里德　著　李泽慧　译

出版发行　浙江人民出版社（杭州市环城北路177号　邮编　310006）
　　　　　市场部电话：(0571)85061682　85176516
责任编辑：金将将　　　　　　　营销编辑：陈雯怡　张紫懿
责任印务：程　琳　　　　　　　责任校对：杨　帆
封面设计：张庆锋　　　　　　　插图绘制：Boardman Robinson
电脑制版：杭州天一图文制作有限公司
印　　刷：杭州富春印务有限公司
开　　本：880毫米×1230毫米　1/32　　　印　张：10.375
字　　数：240千字　　　　　　　　　　　插　页：6
版　　次：2025年2月第1版　　　　　　　印　次：2025年2月第1次印刷
书　　号：ISBN 978-7-213-11702-2
定　　价：78.00元

如发现印装质量问题，影响阅读，请与市场部联系调换。

出版者言

当今的世界与中国正在经历巨大的转型与变迁,她们过去经历了什么、正在面对什么、将会走向哪里,是每一个活在当下的思考者都需要追问的问题,也是我们作为出版者应该努力回应、解答的问题。出版者应该成为文明的瞭望者和传播者,面对生活,应该永远在场,永远开放,永远创新。出版"好望角"书系,正是我们回应时代之问、历史之问,解答读者灵魂之惑、精神之惑、道路之惑的尝试和努力。

本书系所选书目经专家团队和出版者反复商讨、比较后确定。作者来自不同的文化背景,拥有不同的思维方式,我们希望通过"好望角",让读者看见一个新的世界,打开新的视野,突破一隅之见。当然,书中的局限和偏见在所难免,相信读者自有判断。

非洲南部"好望角"本名"风暴角",海浪汹涌,风暴不断。1488年2月,当葡萄牙航海家迪亚士的船队抵达这片海域时,恰风和日丽,船员们惊异地凝望着这个隐藏了许多个世纪的壮美岬角,随船历史学家巴若斯记录了这一时刻:

"我们看见的不仅是一个海角,而且是一个新的世界!"

浙江人民出版社

佳评推荐

里德以《震撼世界的十天》一书闻名于世,书中记录了他对布尔什维克革命的描述,而在他更早期的作品《东线之战》中,里德对于革命前的东欧就已有了反思:"当欧洲对保加利亚、罗马尼亚与希腊施加种种压迫和制裁时,塞尔维亚已然实现了自治。每时每刻,这样的血脉情愫,这样的民族独立历史,这种对帝国的憧憬向往,在塞尔维亚农民士兵的心中滋长和激荡,塞尔维亚的民族野心将把这个国家带入多么巨大的冲突中啊!"

——罗伯特·D. 卡普兰(美国著名地缘政治学家)

《东线之战》更像是传统的游记散文,从对熙熙攘攘的萨洛尼卡这座反差之城的描述,到对巴尔干半岛居民的民族性格的简单概括,这本书看起来像个大杂烩,不过里德确实抓住了一些重点……里德既没有掩饰自己的厌恶——不仅是对贫穷和肮脏的厌恶,而且是对这种条件所滋生的社会习惯的厌恶,也没有掩饰对俄罗斯民族和文化的喜爱。事后看来,里德似乎在对俄罗斯的观察中颇有启发。

——《伦敦书评》

里德的书几乎像是一位充满好奇心的旅行者的作品,而不是一位记者的作品。他对细节有着敏锐的洞察力,喜欢政治八卦,具有冒险精神,讲述也很精彩,里德对第一次世界大战在那个地区发生的事件有一些精彩的记述。除非你读过像这本书这样的第一手资料,否则很难了解这个地区——罗马尼亚、塞尔维亚、保加利亚、马其顿、土耳其等——所遭受的破坏、苦难和极度贫困的规模。如果你对巴尔干半岛及其历史感兴趣,你会发现这本书值得一读。

——Goodreads 书评

  这部作品很像是一位人类学家的田野调查报告,里德在叙述中展现了细腻的观察力,并能结合自己的历史文化学养,发表一些尽管简短但颇有见地的看法。今天,这片土地上不同族裔和国家之间的芥蒂与冲突依然没有消除,而里德当年的观察对于理解当下,无疑是具有参考价值的。

——黄艳红(上海师范大学)

中文版序言

近年来，中文世界关于第一次世界大战的译著大量涌现，我国读者对这场主要发生在欧洲的大战有了更全面的了解。这类译著大多为研究性论著。但本书不是严格意义上的史学研究，而是一位记者在穿行东线战场时写下的实录。它的作者约翰·里德（John Silas Reed，1887—1920）在中文世界应该不是个陌生的名字，早在1980年，他讲述十月革命的著作《震撼世界的十天》，由我国世界史学界的名宿郭圣铭先生翻译后出版。里德生于美国西部的俄勒冈州，1906年入哈佛大学，就读期间曾参加社会主义俱乐部的活动。大学毕业之后，里德成为一名记者。1913年秋，里德被《大都会杂志》派往墨西哥，报道正在发生的革命，这次经历也出现在《东线战争》一书中。翌年，第一次世界大战爆发，里德又被该杂志派往欧洲，对此他在该著的序言中已有交代。1917年8月，已回到纽约的里德再次前往欧洲，此行的任务是报道俄国正在发生的巨变。在目睹十月革命前后的一系列戏剧性事件后，他据此撰写了《震撼世界的十天》。此后，这位同情社会主义的记者又返回俄国，并于1920年10月因患斑疹伤寒在莫斯科去世。

在去世的六年前，里德就曾目睹斑疹伤寒在塞尔维亚的肆虐，并留下让人毛骨悚然的描述。作为一名普通读者，笔者对一战的历史并无深入了解，这里只想略谈一点粗浅的读后感。在我看来，这部作品很像是一个人类学家的田野调查报告，里德在叙述中展现了细腻的观察能力，并能结合自己的历史文化学养，发表一些尽管简短但颇有见地的看法。例如，正是通过他的翔实描述，萨洛尼卡这个当年具有世界主义色彩的文化交流和杂糅之地，才重现于我们脑海中。从居民的族裔构成，到各群体的历史由来；从男女的穿着装饰，到街道上五花八门的语言；从酒肆中音乐，到市场上的东方奇珍……这里俨然就是"五海三洲之地"的微缩版，或者如里德自己所言，"东方和西方文明终于面对面地交织在了一起"。这些笼统的总结还不能完整地转达出这座城市在20世纪初的历史坐标意义：不仅西方列强的影响清晰可辨——当地甚至已有人去过美国；这里还可以看到历史发展的时间层次：阿拉伯人的马车穿行在有轨电车之间，搬运工穿着水手辛巴达式的古老马裤，在打字机和留声机的节奏声中小跑而过。类似的时空交错场景，我们也能在他笔下的君士坦丁堡等地发现。

然而，不出十年，这座城市因为大战的迁延、因为奥斯曼帝国的解体以及随后的希土战争（1919—1922）而几乎面目全非，随着大范围的人口交换，该城居民的族裔和宗教结构发生巨大改变；曾经是居民中的第一大族群的犹太人更是在二战期间遭受灭顶之灾。如英国历史学家大卫·阿布拉菲亚所言，到这个时候，旧的萨洛尼卡已不复存在。今天的读者稍感幸运的是，里德赶在这座地中海名城的昔日荣光彻底落幕之前抵达这里，并以其生动的文字让人回想这个文化和族群的十字路口、这个巴尔干的共同出海口的盛况。

萨洛尼卡的转变是悲剧性的，里德在随后的文字中，已然意识到了这一点,那里的土耳其人正在消失。悲剧的一个主要根源,当然是当时在东欧和巴尔干如火如荼的民族主义思潮和民族主义政策。就在第一次世界大战爆发之前一年,保加利亚、塞尔维亚、希腊等国为争夺萨洛尼卡及其周边的马其顿地区打了最后一巴尔干场局部战争。对于这块地区在当时整个巴尔干和近东地缘政治格局中的地位,我国学者高建芝已有专文探讨(《从巴尔干地区到欧洲:马其顿问题的起源研究》,《世界历史》2019年第3期)。交战各方对于马其顿的主权声索,目标都在于实现其民族主义抱负(aspirations)。对此里德给出了不少很有意思的说法。"每个塞尔维亚人都有一个梦想,那就是将所有塞尔维亚人民团结在一个伟大的帝国……一个拥有1500万人口的帝国"。这个帝国迷梦不仅盘桓在政治家的脑海中,甚至每一个农民士兵也都知道为何而战,因为他从小就被教导,要成为"科索沃的复仇者",要立志收复马其顿等地。在1914年,这种信念转化成一种不可遏制的狂热,在萨拉热窝催发出仇恨的子弹,同时也支撑着塞尔维亚人在困境中苦苦支撑。民族主义已渗入塞尔维亚的集体记忆和民俗之中。

英国学者克里斯托弗·克拉克在探讨一战起源的著作《梦游者》中,花了较大篇幅讨论塞尔维亚的角色。里德从事的不是系统的历史分析,但他的描述之中仍然可以窥见巴尔干和奥匈帝国的复杂政治格局对于大战的影响。例如,在战争前线地带,奥匈军队对塞尔维亚平民的屠杀,全都是匈牙利人犯下的。这个细节大概也能反映某种结构性因素。1867年哈布斯堡君主国改组为二元帝国、即奥匈帝国之后,随着帝国境内的南斯拉夫族裔人口越来越多,有人期待将这个二元帝国改组为三元帝国,以塞尔维亚人为主导的南斯拉夫人应在帝国之中占据更高的地位。但匈牙利人首先不同意这个设想,因为这会削弱他们费力争取到的地位。这肯定加剧了匈牙利人对塞尔维亚人的反感。

从里德的描述来看，我们当然可以说，如果不是这种昂扬的民族主义斗志，塞尔维亚人不可能承受如此巨大的伤亡。战争史的统计表明，在一战交战各国中，这个巴尔干小国的伤亡比例是最高的。不过，里德的描述让我们对苍白的数字以及数字背后的代价有了更为直观和感性的认知。"除了军人，这个国家已经没有男人"。很多人并非死于战火，而是死于斑疹伤寒；到处都是抛荒的土地，每个居民点都弥漫着死亡和消毒液的气息；前线的尸体堆积如山，任由野狼撕咬。里德的这些视角和描述，很好地补足了传统战争史对一战期间巴尔干这个边缘角落的笼统描述，让读者更为深刻、具体地体认这场战争对普通塞尔维亚居民意味着什么。

如果说塞尔维亚的民族主义带有1389年科索沃战役烙上的悲情色彩，里德笔下保加利亚的大国迷梦则显得有点浪漫。他注意到，保加利亚会说英语的人多得惊人，几乎所有领袖都在罗伯茨学院接受过教育，这是一所位于君士坦丁堡的美国教会学校，是"保加利亚自由的摇篮"。不过，在贝尔格莱德，里德告诉我们，那里的剧院曾经常上演莎士比亚的作品。因此，当时的巴尔干政治领袖和文化精英虽然经常标举民族主义的旗号，但从文化上说，他们深受西方文化的影响，就像彼时的俄罗斯精英一样。另一方面，像早期的西欧各国和巴尔干邻居一样，保加利亚人也"发明"出民族的辉煌历史，他们的国王会骑着白马进入君士坦丁堡，复兴保加利亚帝国。但这个国家的政治，就像邻国罗马尼亚一样，完全是个人野心和利益的游戏，它的参战更像是一次冒失任性的赌博。

关于在俄国的经历和观感的叙述占了本书最大的篇幅，这些文字中亦可见到里德那种从事田野调查的人类学家的眼光。比如他谈到俄国人与西方迥然不同的时空感。俄国人的生活空间总是显得很空旷，而美国人虽有辽阔的土地，却仍然生活在拥挤私密的空间中；俄国人的生活和劳作时间显得很随性，"机器制造的时间对他们来说毫无意义"。当然，在俄国的被捕下狱的经历，也让里德更为真切地观察这架巨型经济和军事机器的运作方式。读罢里德的描述，感觉操纵这台机器的是个草台班子，它的低效和非专业，与里德在西线看到的组织严密的德军形成两个极端。

一些细节还为我们展示了当时俄国弥漫的仇外氛及其中的荒诞。街道上听到有人说德语就会被当作德国间谍逮捕，但是，彼得格勒和莫斯科的德国人嚣张地高喊"皇帝万岁"，警察却视若无睹；当然，统治阶层及其帮凶总能找到机会利用一下民众盲目的仇外和仇富情绪，这大概是极端意识形态盛行的时代经常见到的事。但另一方面，尽管俄德两国处于交战状态，里德还是发现，德国在经济和技术方面对俄国的影响和渗透有多深。在彼得格勒，从药品到临床诊疗，都需要从柏林获得资源。里德在君士坦丁堡也发现了类似的情形。从这个意义上说，第一次世界大战固然是民族国家之间的冲突，但也是全球化导致各国深度交融的背景下的战争，后一点也许是研究者可以深入发掘的议题。

里德对俄国人心态的描写同样有趣。在这个野蛮的警察国家，力量似乎更多来自各阶层的顺从，以及对"俄罗斯母亲"和沙皇近乎宗教的迷恋。但说来有些奇怪，在这样一个国家，稍有点文化的人都热衷于谈论灵魂问题，他们可以整夜滔滔不绝地聊陀思妥耶夫斯基，仿佛就是陀翁小说中那些著名场景的再现。同样具有反讽意味的时，在这个如此注重灵魂、各种物理空间都十分开阔的帝国，却容不下犹太人等少数群体。里德对于西线边疆地带哥萨克的反犹场景叙述，尤其让人印象深刻。这些人本来是沙俄军事机器中最下层的打手，"最卑微的奴隶"，但他们在犹太人面前耀武扬威，"像个贵族"。

整个俄国社会都弥漫着反犹主义，前线的军官公开纵容对战区犹太人的屠杀。他们知道，犹太人在奥地利的地位更好些，"他们有公民权"，但在俄国，犹太人都是叛国者。这个不经意的对比令人唏嘘不已。小说《拉德茨基进行曲》的作者约瑟夫·罗特就是来自奥俄边境一个加利西亚小镇（今属乌克兰，靠近利沃夫）的犹太人，一战中他曾在东线作战。他的身份和战争经历可以让我们理解，何以在他的小说中，哈布斯堡皇帝弗兰茨·约瑟夫虽然老迈昏庸，但仍然不失为一个宽厚的父亲，帝国最边缘的孩子们还可以仰望他的庇护。然而这一切随着帝国一起烟消云散了。像它毗连的巴尔干一样，哈布斯堡君主国碎化为多个更具族群单一性的国家。是不是说多民族帝国比民族—国家更有利于少数族裔的生存呢？从当时俄罗斯帝国的情况来看，并非如此。但20世纪初就东欧和巴尔干的情形而言，约瑟夫·罗特对帝国的留恋和惋惜又是可以理解的。当时民族主义和民族—国家建设，经常不利于其境内的边缘群体。身份认同已成为今日世界的流行词，但巴尔干和东欧的这段历史经历，使我们不能不反思基于族裔、语言、历史——尽管经常是发明出来的——的认同带来的排他性。

阅读里德的这部著作，一个很鲜明的印象是经常出现的多语种、多族裔的环境。这让我想起曾经在阿姆斯特丹和布鲁塞尔街头看到的面貌。也许宽容是一种心态，与国家大小、人口多寡并无关系。里德让人钦佩之处，是他能很好地适应和理解这种环境，并对各种群体的历史渊源娓娓道来，展现出丰富的语言和历史文化学识，这也足以激发读者进一步钻研的兴趣。当然，里德的学识肯定也有不周之处，比如他提到，保加利亚的西蒙沙皇（10 世纪上半叶）建立帝国二百年后，塞尔维亚的杜尚沙皇在同一片土地上建立了另一个帝国。不过，"塞尔维亚人的皇帝"杜尚是在 14 世纪中叶建立其帝国的，二者相距超过四百年。尽管有这些讹误，但我们不能不为里德对于东欧和巴尔干历史和现实的深入了解和精辟评述所折服。比如他认为，布加勒斯特是巴黎的拙劣模仿品；在莫斯科与圣彼得堡（当时称彼得格勒）的俄罗斯"双城记"问题上，里德的看法与大多数人不同，他认为后者更能象征俄罗斯，那里的恢宏与光鲜之下，是成千上万农民的尸骸和鲜血。

在战争时期穿越巴尔干和东欧前线，里德看到的自然多是毁灭和屠杀等极端场景。很多场景和事件都是瞬时性的，但它们又往往具有长时段和结构性的背景。在我看来，这部作品提供了很多可以进一步思考的线索和入口。当里德来到贝尔格莱德前线时，目睹横跨萨瓦河大桥断裂，坠入浑浊的河水中。曾几何时，这座桥梁还是西欧通往君士坦丁堡的"东方快车"途经的铁路桥。桥梁意味着连接、沟通、交流，它的断裂极具象征性。在前南斯拉夫这片山脉河流纵横、族群关系错综复杂的土地上，桥似乎具有特别的意义。里德书中提到了一条名叫德里纳的河流，这不禁让人想起伊沃·安德里奇的小说《德里纳河上的桥》。四百年来，围绕这座桥不断上演悲伤凄惨的故事，但桥还是勉力维系，连接着两岸的人民。然而，它最终无法抵御 1914 年的冲击波，和萨瓦河大桥一样在战争中被炸毁。

不过，正是因为这些不幸，我们今天对交流、沟通的意义有了更深刻的认知，因而仍在继续搭建桥梁的努力。从某种意义上说，本书的翻译就是这种努力的体现。译者以流畅的文字向我们转述了百年前一位具有人类学家眼光的记者的敏锐观感，并以丰富且专业的注解帮助读者更好地进入战时巴尔干东欧的战场和后方。今天，这片土地上不同族裔和国家之间的芥蒂与冲突依然没有消除，而里德当年的观察对于理解当下，无疑是具有参考价值的。基于这些理由，我很乐意向大家推荐约翰·里德的这本著作，并向该著的译者同道表达敬意。

黄艳红

2024 年 9 月 7 日于上海师范大学

目　录

序言 / 1

第一部　萨洛尼卡 / 7

令人垂涎之城 / 9

战争的东大门 / 21

第二部　塞尔维亚 / 31

死亡的国度 / 33

战争之都 / 47

向前线出发 / 56

奥地利炮火下的贝尔格莱德 / 71

沿着战争前线 / 82

一个几近灭绝的民族 / 93

古切沃和尸谷 / 100

第三部　俄国 / 115

俄国的后门 / 117

新谢利察的生活 / 129

闯入布科维纳 / 136

可怕的扎列希基 / 145

俄国大撤退的背后 / 151

德国人到来之前的伦贝格 / 168

一场乐观的朝圣之旅 / 175

被俄国人逮捕 / 182

在霍尔姆的监狱生活 / 191

软禁中的冒险 / 202

俄国的面貌 / 210

俄国的工业 / 219

爱国革命 / 224

犹太人的背叛 / 231

彼得格勒和莫斯科 / 234

第四部 君士坦丁堡 / 241

前往帝王之城 / 243

德国人控制下的君士坦丁堡 / 249

伊斯坦布尔的心脏 / 261

对一位王子的采访 / 273

第五部 燃烧的巴尔干 / 281

陷入困境的罗马尼亚 / 283

保加利亚参战 / 295

重访塞尔维亚和希腊 / 312

序　言

1914年8月战争（第一次世界大战）爆发之时，我立即以《大都会杂志》(*Metropolitan Magazine*)记者的身份动身前往欧洲，在此期间，我访问了英国、法国、瑞士、意大利、德国和比利时，目睹了其中3个国家军队的作战。1915年2月，我回到纽约；1个月后，博德曼·罗宾逊（Boardman Robinson）与我一同前往东欧。本书就是这第二次旅程的记录。

这是一趟原本计划为期3个月的穿越之旅：我们本将看到意大利参战，威尼斯被奥地利人摧毁；由于及时抵达塞尔维亚，我们将目睹塞尔维亚人的最后一战；看到罗马尼亚陷入冲突之中；我们会停留在"陷落的君士坦丁堡"待命；跟随俄国军队向柏林方向进攻；在高加索花一个月的时间报道哥萨克和土耳其人之间的野蛮战争。

但事实上，在7个月的时间里，我们并没有看到宏大战争中的这些戏剧性高潮。除了混在俄国军队的大撤退中，以及在德国参战之初轻松地穿越巴尔干半岛之外，我们十分幸运地在战事相对平静的时候，安全地抵达了各地。也许正因如此，我们得以更好地观察到东方各国在长期战争的持续压力下更日常的生活状态。在突如其来的入侵、绝望的抵抗、占领和攻陷城市的动荡刺激中，人们似乎失去了独特个性或种族特色，而在争取民主的混乱斗争中变得愈加相似。正如我们看到的那样，他们已经把战争当作一项事业，开始适应这种新的生活方式，开始谈论和思考其他事情。

当我们抵达意大利时，平静的气氛笼罩着这座城市，这让我感到失望。但是，此时我们听到了一则令人震惊的谣言——君士坦丁堡即将被攻陷。我们放下了手头的一切，坐船启程前往德迪加奇（Dedeagatch）①。然而，当我们还在萨洛尼卡（Salonika）②时，来自土耳其的消息同样平静得让人不安，我们在萨洛尼卡下了船，前往塞尔维亚，那里当时正在遭受斑疹伤寒③的摧残，即便如此，这个国家也正逐渐从上次奥地利入侵的可怕创伤中恢复。

听到罗马尼亚正在动员的消息后，我们火速赶往布加勒斯特（Bucarest）④——当地虽然浓烟滚滚，但是鲜少发生交火。

君士坦丁堡坚守住了。因此，我们决定去俄国短暂停留，等达达尼尔海峡的局势变得有趣时再回来。俄国驻布加勒斯特大使礼貌而含糊其词地应付我们，他说，我们必须前往彼得格勒，通过美英两国大使向俄国政府正式请求，才能获准去往前线。然而，3名令人厌烦的记者听从了俄国大使的建议，真的前往彼得格勒，并在那里待了3个月，这让我们感到非常沮丧。俄国人已经开始从喀尔巴阡山脉撤退，在北部的切尔诺维茨（Czernowitz）⑤附近，也就是俄国、

---

① 德迪加奇原为土耳其在欧洲部分的一个海港，位于阿德里安堡，现为希腊港口城市亚历山德鲁波利斯（Alexandroupolis）。该城市于奥斯曼帝国统治时期建立，原本是作为阿德里安努波利斯——君士坦丁堡铁路线的车站，因而城市早期的人口增长主要是由于铁路和建筑工人的定居。——译者注（以下若无特别说明，皆为译者注）

② 萨洛尼卡是现在塞萨洛尼基（Thessaloniki）的旧称，该城为希腊北部港口及第二大城市，在哈尔基季基半岛西部。

③ 一种急性传染病，鼠类是主要的传染源，以恙螨幼虫为媒介将斑疹伤寒传播给人。

④ 罗马尼亚首都，该国最大的城市，位于罗马尼亚东南部。

⑤ 又译为切尔诺夫策，位于布科维纳地区。

奥地利和罗马尼亚边境的交界处，发生了战斗。布加勒斯特的美国公使好心地给了我们一份美国公民名单，让我们在进入俄国后寻找这些人。凭借这个微不足道的借口，我们在夜间乘小船渡过普鲁特河，在俄军前线登陆。

记者在俄军前线出现的这种情况前所未有。俄国政府的命令异常严格，从不允许记者进入这些地区，但该命令又准许来自北方的记者进入前线。我们是从南方来的，俄国人不知道该拿我们怎么办，就把我们送到北方去了。我们经过了布科维纳（Bucovina）、加利西亚（Galicia）和波兰，绕到了俄军前线后方，在那里，我们被关进"监狱"两周。最终，我们获释，并来到彼得格勒，结果发现自己刚爬出油锅，又跳入了火坑。彼时，当地官员已经决定枪毙我们，而美国使馆对我不闻不问，好在出生于加拿大的罗宾逊向英国大使馆请求帮助，最终，英国大使馆出面周旋，我们两人终得以平安地离开了俄国。不用说，我们去不了高加索了。

再次来到布加勒斯特以后，我决定去君士坦丁堡看看，那里看起来比以往任何时候都要平静和安全。罗宾逊无法前往，因为他持有的是英国护照①。一开始，恩维尔帕夏（Enver Pasha）同意让我前往加里波利（Gallipoli）前线；但在两个星期的等待之后，他表示，美国人将不再被允许跟随土耳其军队，原因是有一名记者返回巴黎后发表了关于土耳其军事堡垒的细节描述。大约在同一时间，我得到一则非正式通知，让我最好离开土耳其，因为警察看到我与太多亚美尼亚人交谈。

在保加利亚边境，我被拦截并被告知需要返回土耳其，因为我

---

① 此时土耳其与英国正处于交战状态。

的护照上没有签证。然而我身无分文，粗暴无礼的保加利亚警察局长既不与美国大使馆联系，也不允许我继续入境采访。所以，当开往索非亚（Sofia）的火车驶出车站时，我趁机跳上了火车，骑着栏杆，跳上不知哪位乘客的行李，爬上了火车车顶，当火车停下来即将接受士兵搜查时，我又逃进了田野。

在布加勒斯特，我遇到了罗宾逊，然后我们一起去了保加利亚。这座城市［索非亚］当时正处于战争的边缘。当宣布动员时，我们逃到了塞尔维亚，这是因为一来罗宾逊是英国人，二来新闻局通知我，记者不允许直接与军队联系。

我们本以为会在塞尔维亚受到热烈的欢迎，却发现塞尔维亚人都读过我们之前写过的关于他们的两篇文章，而他们不喜欢这些文章。事实上，我们被告知，当战争爆发时，我们很可能会被驱逐出境。那时我们也已经在巴尔干半岛待够了，所以就离开了塞尔维亚。

显然，萨洛尼卡什么都没发生，我们在那里待了四五天，并没有收到比平时更多的消息，也不知道将会发生什么。于是，我们准备登上前往意大利的船只，打算从意大利坐船回家。

我们离开时，德国和奥地利军队正对塞尔维亚发起入侵行动，在后方，保加利亚正向塞尔维亚发起进攻，英国和法国军队距离萨洛尼卡只有 6 个小时的航程。但是，我们放弃了去报道战争，任由它们各自的命运发展，随后在 10 月下旬前往纽约。

当回顾这一切时，对我来说，了解这场战争最重要的事情似乎是了解不同的民族是如何生活的，他们所处的环境、他们的传统，以及他们所做和所说的具有启发性的事情。在和平年代，很多人的诸多品质被掩盖了，而这些品质在严重的危机中才会呈现出来；另一方面，在巨大的公共压力下，很多个人特性和种族特性都被湮没了。在这本书中，我和罗宾逊只是试图将我们在 1915 年 4 月至 10 月间在东欧国家所见到的人或事记录下来。

J. R.（约翰·里德）
1916 年 3 月 20 日，纽约

第一部

萨洛尼卡

令人垂涎之城

英国间谍数了数找给他的零钱,随即向意大利服务生表达了不满,这位服务生一边不情愿地把剩下的钱一分一分地拿出来,一边诉苦:"啊,先生(Signore)!我真的太可怜了!我尽心尽力地为您服务,您却把钱全拿走了。"

这位英国人并没有理睬服务生,而是继续向我们说道:

那是宣战前的一个星期。英国大使馆派我去打探两支前往小亚细亚的土耳其军队的下落。我乘船到黑海的基利岛,又坐了12天的马车。每到一个村庄,我都会[假装]是正在寻找新的贸易路线的英国商业代理人。我和土耳其人谈论着关于大米、小麦和道路以及加尔各答(Calcutta)麻袋的话题,一聊就是几个小时——你根本无法想象谈论加尔各答的麻袋这个话题有多么无聊——然后四处打探我能找到的线索。当我得到一些有价值的情报时,就用"加尔各答麻袋"为暗语给英国驻君士坦丁堡大使馆发电报传递消息。我发现了土耳其军队的动向,他们正向亚美尼亚进发,速度很快。我在佩拉看到了宣战令。我又带了一本美国护照,坐着马车从陆路出发。

40名波兰人刺耳的喧闹声打破了原本的平静。他们中大多数是从萨洛尼卡、尼什、索非亚和布加勒斯特返回欧洲的妇女与儿童,因为这是当时通往华沙的唯一线路。船上也有俄国人,可能还有一个奥地利人,还有一个脸上带着海德堡风格伤疤的德国人,他因为操着带有浓重日耳曼口音的意大利语,而被误认为是那不勒斯人;

法国记者和保加利亚外交官

还有一个带着情妇和家当的法国人,一个穿得像《波西米亚人》(La Bohème)里的鲁道夫的法国记者,一个摆弄着一个玳瑁壳样式单片眼镜的保加利亚外交官,还有一群不伦不类的巴尔干人,我无法确定他们的国籍。

已经从布林迪西(Brindisi)港口出发三天的"都灵号"此时正在比雷埃夫斯(Piræus)外的希腊海岸航行。当我们坐下来喝咖啡时,透过港口,可以看到苏尼翁(Sunium)海角黄褐色的海岬将蓝色的爱琴海分割开来。在白色阳光的沐浴下,山顶的神庙废墟在荒芜的群山映衬下呈现出微妙的黄色。在右舷远处,雾气蒙蒙的岛屿像蓝色的云彩一样躺在海面上,在岛屿之间,宽阔而倾斜的船帆摆动着,就像海鸥张开的红白相间的翅膀一样,在色彩鲜艳的船上,船头和船尾壮观地挺立着,船中央深深地弯向水面,黑色的牛皮沿着船身的腰部伸展,以阻挡翻卷的浪花。

战争接下来将在哪里爆发？罗马尼亚呼吁征召预备役力量。意大利则在战争的悬崖边缘惴惴不安。每个人都在焦灼地不停讨论着希腊和保加利亚是否会参战，以及他们会站在哪一边，因为船上的这些人随时可能被切断与家乡的联系，被迫永远漂泊在公海之上；他们可能会在登陆时被捕，并被关进集中营；也可能会被敌方的巡洋舰当作敌人从船上带走。这些人习惯了欧洲文明平静的舒适生活，现在却毫不惊讶地适应了像中世纪时一样的旅行条件，这简直是非同寻常：他们从瘟疫肆虐的萨洛尼卡出发，乘坐一列火车上的三等木制车厢，历经60 小时的铁路旅行，经过斑疹伤寒肆虐的塞尔维亚，穿越保加利亚边境，在那里，一群无法无天的民兵（comitadjis）正在铁路沿线进行抢劫和杀戮；在索非亚，在停运的 6 个小时里，检疫当局把他们像牲畜一样关在车里；到了敌对前线，罗马尼亚和保加利亚军队隔着多瑙河相互猜忌，监视着对岸的活动；一两天后就到俄国了，由于奥地利军队的威胁，军用列车的行程变得无法捉摸，只能徐徐前进。

现在正在讲话的是一位来自君士坦丁堡的亚美尼亚商人。他介绍自己是美国教会学校——罗伯茨学院的毕业生。人们常说，在东方，罗伯茨学院培养出的不择手段的政客和金融天才，比世界上任何其他机构都要多。他那又粗又短的手指上戴满了珠宝，正一边挥舞雪茄，一边发表对土耳其人的个人看法，多年来，他利用土耳其人的宗教偏见赚得盆满钵满。

"是的，我是土耳其臣民，"他说，"我的家族世世代代都是土耳其人。他们是很好的人，土耳其人是很好的民族，他们特别好客、善良、诚实。我对他们没有什么可指责的，但是，当然，我是支持同盟国的。等英国控制了达达尼尔海峡，就有不错的买卖可做了！

到时可以赚到很多钱!"

我们经过了一个倾斜的海角,在那里,低矮的铺着红砖的土耳其村庄散落在绿色的山坡上,每个村庄都有几座细长的灰色宣礼塔。前方,萨洛尼卡湾浑浊的海面突然开阔起来,远处的群山向北蜿蜒成参差的山脉,这就是巴尔干半岛!

远处有白色的城墙、圆形的塔楼,还有环绕着海湾的一排耀眼的建筑。在海湾的边缘,在这片荒芜的土地上,一座灰黄相间的城市一点点地拔地而起,爬上一座从海边延伸开来的陡峭山丘。这座城市由宽阔且不规则的瓦片屋顶、圆形穹顶和上百座尖塔组成,四周环绕着拉丁王国时期修建的巨大的锯齿状的城墙,这就是萨洛尼卡,战争的东方之门!

一艘巨大的法国大型战舰停泊在码头。她的起重机缓慢地摆动着把炮塔上的火炮吊运到岸上,在岸边,成群的法国水手在锻炉苍白的火焰中敲打着。

我们的亚美尼亚朋友微笑着指着他们,"这艘法国战舰从达达尼尔海峡而来,"他解释道,"9天前我路过时,她还在这里。他们还把萨洛尼卡叫作中立港呢!"

从海上,可以听到岸边传来的阿拉伯搬运工的呼喊声、集市的呐喊声;小亚细亚和黑海海岸的水手们在船头画有眼睛图案的船上悬挂三角帆,唱着奇怪的小调,这些船的形状比历史还要古老;穆安津(*Muezzin*)[①]召唤信徒祈祷的声音;驴子的叫声;土耳其偏远地区的格构式房屋里,烟笛和鼓声在一起演奏出尖锐而悠长的舞曲。黝黑的、光着脚的海盗驾驶着成群的彩色船只,在200码外发出刺耳的争吵声。

---

① 伊斯兰教负责在清真寺的宣礼塔上呼唤穆斯林做礼拜的人。

一艘挂着一面巨大的希腊国旗的小船载着卫生官员朝我们驶来。小船上的人跳上梯子，大声喊道："上了岸就别想再回来！这个城市被隔离了——瘟疫——。"如今，在我们的桅杆上，黄旗迎风飘扬，色彩鲜艳的小艇在海面上疾驰而过；每艘船上都站着半裸的戴着土耳其毡帽、包着头巾的棕色皮肤的人，他们大喊着催促前进，还愤怒地咒骂着对手。一艘船尾插着俄国国旗的大平底船悄悄地向我们驶来，上面站着一个身材高大的哥萨克，他披着一件边缘附毛皮的深红色长斗篷。这个哥萨克大脑袋上戴着一顶高高的毛皮帽，顶上是红色和金色相间的条纹。他戴着银色的饰带，佩有一把巨大的银色弯刀，腰带上别着几把银柄手枪。另一艘船上挂着保加利亚国旗，保加利亚领事馆的卡瓦斯（Kavas）① 着深蓝色服装，上面挂有银色的绳子和流苏。我们跟跟跄跄地走下舷梯，尽可能地拖着行李，却被约莫 20 只贪婪的手抓住，东拉西扯，直到最强壮的船夫将船装满，发出一声胜利的欢呼，得意地扬长而去。这时刮起了南风，当我们从船的背风处走出来的时候，一股黄绿色的小海浪向我们袭来，把我们全身都淋得湿透了。上岸后，我们不仅要支付高昂的登陆税，还要奋力走到街上。

缠着头巾的阿拉伯人驾驶着豪华的出租马车，载着戴面纱的土耳其女眷（harem），在高度现代化的有轨电车之间穿梭；搬运工们穿着古老的马裤，背着背包，跟辛巴达一个打扮，在打字机和留声机的重压下小跑而过。就这样，我们进入了萨洛尼卡——在那里，皮埃尔·洛蒂（Pierre Loti）遇见了阿齐亚德（Aziyadé）②；在那里，

---

① 在奥斯曼帝国，卡瓦斯指警察或警卫。
② 皮埃尔·洛蒂，法国小说家和海军军官，以擅长描写异域情调享誉世界，《阿齐亚德》是他于 1879 年发表的第一部小说，这是一部半自传体小说，改编自 1876 年秋冬洛蒂在希腊和君士坦丁堡（今伊斯坦布尔）担任法国海军军官期间三个月的日记，讲述了 27 岁的洛蒂与一位名叫阿齐亚德的 18 岁奥斯曼宫廷女孩的恋情。

东方和西方文明终于面对面地交织在了一起。

萨洛尼卡

这里就是古代的塞萨洛尼卡。亚历山大的舰队从这里出发,这里曾是罗马帝国的自由城市①之一。她是一座仅次于君士坦丁堡的拜占庭式的大都市,是那个浪漫的拉丁王国最后的据点,在这里,十字军用破碎的残骸拼命地坚守着他们曾经赢得而又失去的黎凡特。匈奴人、斯拉夫人和保加利亚人曾包围了这座城市;撒拉逊人和法兰克人曾冲进摇摇欲坠的黄墙内,在那些蜿蜒曲折的街道上进行屠杀和抢劫;希腊人、阿尔巴尼亚人、罗马人、诺曼人、伦巴第人、威尼斯人、腓尼西亚人和土耳其人相继成为这座城市的统治者,来自圣保罗(St. Paul)的访问和书信让这座城市感到厌烦。在第二次巴尔干战争中,奥地利几乎赢得了萨洛尼卡,而塞尔维亚和希腊对萨洛尼卡的争夺,最终导致了巴尔干同盟的破裂,保加利亚人更是为了

---

① 神圣罗马帝国中的一种特殊行政区划,"帝国自由城市"不被任何一个帝国贵族管辖,而是由神圣罗马帝国皇帝直接管理。

得到这座城卷入了灾难性的战争。

萨洛尼卡是一个不属于任何国家的城市,又是一个属于所有国家的城市,它有上百个居民区,每个居民区都有各自的民族、风俗和语言。土耳其小镇曲折的街道和悬空高挑的格子阳台坐落在陡峭的半山腰上,西北部是保加利亚人摇摇欲坠的居住区,罗马尼亚人住在山下,塞尔维亚人则生活在海湾附近。在东部,是聚集在竞技场遗址周围的纯种希腊人,希腊和拜占庭的传统在此延续了1500年而未遭破坏。阿尔巴尼亚人居住在西边,这些神秘的人被认为是在赫梯王国解体时从亚洲向西逃亡而来的。

但整个城市的中心是一个由西班牙犹太人组成的大社区,当年,这些居民被斐迪南和伊莎贝拉驱逐出了西班牙。他们讲着15世纪的西班牙语,使用希伯来文字,犹太会堂的语言也是西班牙语。不过这些人中有一半在几个世纪前就皈依了伊斯兰教,以取悦他们的土耳其主人。如今,土耳其人离开了,这些人于是生活在神秘的教派迷宫中,信奉黑魔法和不断变化的宗教混合体。

男人们仍然趿拉着拖鞋走来走去,他们身着华达呢长袍,戴着用头巾缠成的高毡帽。女人们穿着华丽的花裙,细白的腰肢上披着柔软的丝绸短上衣,上衣上镶着毛皮、金珠和耳环,她们用绿色的丝绸帽子遮住头发,帽子上绣有珍珠,悬挂着重重的黄铜饰品,上面交叉系着鲜艳的丝带,用来表明她们是少女、妻子还是寡妇。他们居

男人和女人

住的房子也不一样。在 500 年前西班牙的托莱多（Toledo），这个居民区可能是富裕的西班牙犹太社区中一个阳光明媚的角落。

在狭窄、喧嚣、拥挤的街道上，人们说着西方世界的各种语言。西班牙语是当地人的商业语言；法语是国际用语；德语因为日耳曼人向东扩张而成为这里的潮流；意大利语是上流社会的礼貌用语；人们还要懂得阿拉伯语和土耳其语，因为他们的仆人都是阿拉伯人和土耳其人；希腊语是通用语言；塞尔维亚语、阿尔巴尼亚语和保加利亚语也很常用，因为萨洛尼卡长期以来是整个巴尔干半岛最重要的港口。

某天晚上，我们坐在当地的音乐厅里喝着乳香酒（mastica），这是一种希腊苦艾酒。首先登台的是一位用西班牙语唱罗马尼亚情歌的希腊女歌手，在她身后，一位俄国舞者跟随着她的歌声翩翩起舞。还有一位来自维也纳的德国独角戏演员，他会说法语。此外，有一位美国流浪汉形象的喜剧演员，他穿了一套有七件背心的衣服，他把背心一件件地脱下来，每件背后都用希伯来语写着俏皮话。

日落时分，在自由广场上，大理石台面的小桌子从拥挤的咖啡馆里溢到了街道中央，历史和战争给萨洛尼卡带来了充满活力的流浪者，在希腊军乐队的伴奏声中，他们一边喝着酒，一边享受着这种生活。除了希腊人外，这里还有全副武装，手持军刀的法国、英国、俄国和塞尔维亚军官，因战争和瘟疫而被逐出贝尔格莱德的优雅的年轻男子，各领事馆的野蛮的武装警察——推搡着光着腿的搬运工，仿佛从《一千零一夜》里走出来的渔民，希腊牧师，哈吉们（hadjis）①、戴着圣帽、留着可敬胡须的犹太拉比，戴着面纱的妇女，土耳其人

---

① 伊斯兰文化中，对曾经前往圣地麦加进行朝觐、并按规定完成朝觐功课的穆斯林的尊称。

和德国间谍。往北走，自由大街通向喧闹的集市查什街，在那里，土耳其人盘腿在黑暗中触摸着古老的琥珀和带有瑕疵的祖母绿，以及来自布哈拉和撒马尔罕的产品。沿着这条窄窄的、有屋顶的街道向左，东方图案的撞色元素熠熠生辉，古怪的窗户上堆满了满是灰尘的旧黄金和开裂的绿松石，这里就是银匠街。留着胡子的老人们蹲在棚屋里的高板凳上，捶打着大块的生银。下午晚些时候，集市的巷子里充满了喧闹声：阿拉伯搬运工背着大包小包和箱子摇摇晃晃地叫嚷着，一个仆人在为乡下来的有钱农民开路，这个有钱人全身穿着白色亚麻长袍，脖子上戴着一串粗糙的金珠子，骑在一匹披红挂绿的骡子上；卖柠檬水的小贩戴着土耳其毡帽，后背驮着雕花的大口黄铜水罐，腰间的黄铜杯子叮当作响，店主们在人行道上吵个不停，报童们大声叫卖着最新的号外消息。

这条街道曾是罗马从亚得里亚海通往东方的大路的一部分，我们沿着它越过雕刻着希腊战士、大象、骆驼和印度河彼岸的奇怪民族的大理石拱门的废墟，迷失在迷宫般的曲折小巷中。在那里，我们突然来到一个形状不规则的小型露天市场，这个市场局促地挤在拥挤的商店和房屋之间。在高大茂盛的芭蕉树下，有一堆用破布盖着的难以形容的小摊棚，

曲折小巷

摊位上摆着各色东西：金色、蓝色和银色的鱼躺在绿叶上，一筐筐的鸡蛋，一堆堆绿色和棕色的蔬菜，还有大量的红辣椒。树干上挂着一捆捆的鸡，它们无力地咯咯叫着，被拴住的猪痛苦地发出尖叫。市场上，马其顿农民身穿用彩色纱线刺绣的白色亚麻布，犹太妇女则穿着闪闪发光的浅色丝绸，土耳其人和吉普赛人在讨价还价，争吵声不绝于耳，当市场菜贩转过身去时，他们趁机偷了菜，放进头上顶着的高高的篮子里，然后踉跄着从人群中离开。

我们在一家能俯瞰整座市场的脏兮兮的希腊小餐馆里坐下，点了咖啡。有个希腊士兵盯着我们看了很久，最后才走过来。

"哪里来的？"他问，"在这儿做什么？"

我们告诉了他。他的脸上露出惊喜的神色，向我们伸出一只手来。"我在美国待了8年，"他说，"我哥哥在爱荷华州的梅森市开了一家糖果店；我去过很多地方，比如堪萨斯州、科罗拉多州、纽约州、伊利诺伊州，我还在伊利诺伊州斯普林菲尔德的一家擦鞋店工作过。"

"你要回美国吗？"我们问道。

"当然啦！"他笑着叫道，"我来这里是为了参加巴尔干战争，现在我的服役期只剩下3个月，然后我就自由了！我要回到那个自由的国度、美丽的国度，我的祖国——美国。"

"来，我们请你喝一杯吧，"我们说。

他摇了摇头："不，应该是我请你们喝一杯。这是我父亲的餐馆。我在美国的时候，美国人总是对我很友好，所以我也很喜欢美国人。我叫康斯坦丁·查基里斯。"

另外两个希腊士兵走过来，也坐了下来。他们和康斯坦丁兴致勃勃地交谈着，最后和我们聊起来，滔滔不绝讲个不停。

"这两个男孩不会说英语，"康斯坦丁说，"但是这个人，他在美国有 6 个兄弟，他的父亲和其中一个妹妹在美国。他们都说美国是一个伟大、强盛的国家，我们战后就会去美国。"

"你希望希腊参战吗？"我们问道。

"不。"他摇了摇头，"马其顿不想要战争，我们希望希腊永享和平。"

"你觉得韦尼泽洛斯（Venezelos）① 怎么样？"

他笑着说："韦尼泽洛斯想要战争。如果我支持韦尼泽洛斯，我早就被杀了。我们爱韦尼泽洛斯，他给了我们自由。但我们不想要战争。国王？哦，我们不在乎他，他什么都不是。"

"我们新希腊人对政治一窍不通。我们从来没有投过票，所以我们怎么可能了解政治呢？哦，我爱美国！"他欣喜若狂地继续说："在美国，我和所有的朋友就像兄弟一样；在这里，一个人是没有生活可言的——他赚不到任何钱。"他停了一会儿，"我们是马其顿人，"他接着说，"我们是亚历山大大帝的孩子。"

傍晚，当我们穿过漆黑的街道回家时，另外两个希腊士兵从我们身边经过。当他们走到我们身后时，其中一个转过身来，说道："我敢打赌那两个人是美国人。"

"你好，兄弟！"我们喊道。

"你好！"他们折返回来，"我就知道你们是美国人。我在美国生活了 7 年，又在军队服役了两年，然后我回来了。"

"伙计们，你们希望希腊参战吗？"我们又问道。

"我们当然希望希腊参战！我们征服了君士坦丁堡。我们的国王

---

① 这里里德指的应该是埃莱夫塞里奥斯·韦尼泽洛斯（Eleftherios Venizelos），韦尼泽洛斯于 1910 年 10 月 19 日至 1915 年 3 月 10 日担任希腊总理，是伟大的希腊革命家、政治家、外交家和思想家，曾经 7 次出任希腊首相与总理，他为希腊带来了一个黄金时代，被后人尊称为现代希腊之父。

叫君士坦丁,而君士坦丁堡曾经是属于希腊的!你们还记得吗?我们将和君士坦丁一起回到君士坦丁堡。战斗!当然,我们喜欢战斗,战斗起来,塞尔维亚、保加利亚、罗马尼亚、意大利,所有国家!"

"你们来自哪里?"

"我们来自斯巴达!"

当我们日复一日地在城里闲逛时,许多人对我们大喊大叫,有美国大兵,有商店主,甚至还有报童。旅馆下面是一间铺着软垫的擦鞋店,老板是一个留着浓密胡子的希腊人。

"你好,孩子们!"他说,"很高兴见到你们。这家店是纽约四十二街乔治店的分店。乔治是我兄弟。"我们擦了鞋,他却不肯收钱。

商店里有鞋头突起的美国鞋,有带垫肩的、纽扣缝在意想不到位置的美国大学校服,以及美式一元手表①和美式安全剃须刀。

显然,萨洛尼卡所有的希腊男性都去过美国。"美国,一个你可以致富的自由国家!是的,我们是希腊人。我们为自己是希腊人而自豪,"他耸耸肩,"可是一个人不能生活在希腊。"等战争结束,服满兵役,他们都要回美国去。

在塞尔维亚、保加利亚和罗马尼亚,我们遇到了那些去过美国并为其狂热的人。那种被称为爱国主义的强烈的非理性情感在他们身上根深蒂固,他们热爱自己的国家,愿意为之牺牲,但他们无法生活在这里。他们尝过血的滋味,体验过一种文明,在这种文明里,新世界的未来仍是一场未经尝试的冒险。

---

① 20 世纪初流行于工人阶级的廉价手表。

战争的东大门

美国红十字会的外国医疗团队经过了这里,他们正在前往斑疹伤寒肆虐的塞尔维亚途中,对于将会面临的危险,经验丰富的医生和高大结实的护士们嘲笑着不以为然,吹嘘他们会做些什么;而此时此刻,就在此处,那些瘦骨嶙峋、浑身发抖的幸存者们则流浪着回到了这里,讲述着他们的战友是如何死去的。

他们最终还是来到了这里。当我们在萨洛尼卡时,有3支新的英国医疗队途经这里,共计有190名精壮人员。医疗队里那些不谙世事的年轻女孩们,既没有受过训练,也没有装备,根本不知道自己将不得不面临什么,只是流连于五光十色的街道和集市。

"是的,我没有任何的护理经验,"其中一个女孩说,"但一个人只做护士的工作就好了,难道不是吗?"一名英国陆军医疗队的中尉听到她的话,绝望地摇了摇头,"英国那些该死的傻瓜们竟然派这样的人来!"他叫道,"她们最后几乎一定会死掉。你知道,这些女孩比派不上一点用场的人还要糟糕。最先病倒的往往是她们,然后我们还必须分出精力照顾她们。"

当然,每5分钟就会出现一个新的传言。短命的报纸没日没夜地充斥着街道和咖啡馆,报纸头条刊登着耸人听闻的大标题:

君士坦丁堡沦陷！

四万英国人在半岛上惨遭屠杀！

土耳其革命者屠杀了德国人！

一天晚上，一群情绪激动的士兵挥舞着旗帜，沿着海堤欢呼：

希腊宣战啦！

大批间谍在城市中出没，各显神通。光头的德国人，满脸刀疤，假装成意大利人；戴着绿色蒂罗尔帽的奥地利人冒充土耳其人；举止愚蠢的英国人坐在咖啡馆里喝酒聊天，偷听环绕着他们周围的六语谈话；流亡在外的旧土耳其党穆斯林躲在角落密谋；而希腊特工一天要换14次衣服，改变胡子的形状，以便获取情报。

偶尔会有一艘法国或英国战舰从东方缓缓地驶出平静的海岸，停泊在这里的码头进行维修。那时，这座城市整日整夜地挤满了醉醺醺的水兵。

萨洛尼卡绝不会保持中立。除了街上的军官，每天都有满载运往塞尔维亚前线弹药的英国船只抵达；每天，满载英国、法国和俄国火炮的汽车都会消失在北方阴暗的山区；我们看到专用汽车载着英国炮艇开启了前往多瑙河的漫长旅程；法国的飞机带着数百名飞行员和机械师从港口上方飞过；英国和俄国的海军陆战队也由此经过。

一整天，难民们从各地蜂拥而至。有些是从君士坦丁堡和士麦那（Smyrna）来的政治流亡者，有些是从土耳其来的欧洲人，还有的是担心帝国瓦解时发生大混乱的土耳其人，以及来自黎凡特的希腊人。从利姆诺斯岛（Lemnos）和特涅多斯岛（Tenedos）来的难民船上发生了瘟疫,这瘟疫最初是印度军队带来的。现如今,瘟疫已经在拥挤的下层街区蔓延开来,你总是能看到一队队的可怜人在街上缓慢行进,男人、女人和孩子,他们的脚沾满了血,一瘸一拐地走在破旧的马车旁,马车里装满了某个可怜农民的小茅屋里破旧的家具。数百名来自小亚细亚修道院的希腊主教拖着沉重的脚步走过,他们穿着破旧的黑长袍,戴着被尘土染黄的高帽,脚上裹着破布,肩上背着一个粗黄麻布袋,里面装着他们的全部财物。在被践踏的古老清真寺的庭院里,在漆成红色和蓝色的柱状门廊下,半掩面纱、头上披着黑色披肩的妇女们挤在一起,茫然地凝视着天空,或者默默地为那些被带走参军的自家男人哭泣;孩子们在杂草丛生的哈吉的坟墓旁玩耍,他们少得可怜的行李则堆在角落里。

逃难的牧师。希腊主教们拖着沉重的脚步——他们穿着破旧的黑长袍,戴着被尘土染成黄色的高帽。

一天深夜，我们穿过那片废弃的码头和仓库，白天，这里到处都是喊叫声。一扇光线昏暗的窗户内传来砰砰的敲击声和歌声，我们透过肮脏的玻璃向内张望。这是一间临水的小酒馆，低矮的拱形房间里，粗糙的桌凳摆在硬泥地上，还有成堆的黑色瓶子和桶盖，天花板上竟然出乎意料地挂着一盏冒烟的灯。桌子旁坐着8个人，他们一边哼唱着摇摆不定的东方歌曲，一边敲打酒杯附和着拍子。突然，有人从窗口看到了我们的脸，他们停下来，跳了起来。门突然开了——一双手伸出来，把我们拉了进去。

"进来（Entrez）！进来吧（Pasen Ustedes）！这里（Herin）！这里！"当我们被拽进房间时，在一起的几个男人大声喊道，急切地围了过来。一个鼻子上长了个疣的矮个子秃头男人上下摇晃着我们的手，用混杂的语言叽叽喳喳地说："喝！喝酒！朋友们，你们要点什么？"

"是我们请你们——"我开口了。

"这是我的店！从来没有一个陌生人在我的店里付过钱！葡萄酒？啤酒？乳香酒？"

"你们是什么人？"其他人问。"法国人？英国人？哦——美国人！我有一个堂兄，他叫乔治普洛斯，住在加利福尼亚州。你认识他吗？"一个说英语，另一个说粗鲁的海员法语，第三个说那不勒斯语，第四个说黎凡特西班牙语，还有一个说混杂的德语。他们都懂希腊语，还有地中海水手说的奇怪方言。战争的命运把他们从中心世界的四个角落带到了萨洛尼卡码头这偏僻的角落。

"这可真奇怪，"那个会说英语的家伙说，"我们在这里偶然相遇，以前谁也不认识谁，而且我们7个都是木匠。我是希腊人，从黑海边的基利岛来，他也是希腊人；他，他，还有他，分别来自以弗所

(Ephesus)、埃尔祖鲁姆（Erzeroum）和斯库台（Scutari）。这个人是意大利人，住在叙利亚的阿勒颇——这个人是来自士麦那的法国人。昨晚我们就像现在这样坐在这里，他和你一样透过窗户往里看。"

第7个木匠一直没说话，这时他说了一些听起来像是德国方言的话。店主翻译道："这个人是亚美尼亚人。他说自己全家都被土耳其人杀害了。他试图用在巴格达铁路工作时学会的零星德语告诉你们这些！"

"在那里，"法国人喊道，"我离开了我的妻子和两个孩子！逃命的时候，我躲在一艘渔船上。"

"天知道我弟弟在哪儿。"意大利人摇了摇头，"士兵们把他带走了，我们无法同时逃脱。"

这时，店主端来了酒，我们对着他笑容满面的脸庞举杯。

"他就是这样，"意大利人用手势解释道。"我们没有钱。他给我们吃的喝的，晚上容我们这些可怜的难民睡在地板上。上帝一定会让他的善举得到回报的！"

"是的，是的，上帝会奖赏他的。"其他人附和着，随后举杯喝起酒来。店主按照东正教的复杂方式，在自己身上精心画了个十字。

"上帝知道我喜欢与人作伴，"他说，"在这样的时局下，一个人不能拒绝贫穷的人，尤其不能拒绝有才能的人。再说，木匠赚得多，届时我将会得到回报的。"

"你们希望希腊参战吗？"我们问道。

"不！"有人喊道，其他人则忧郁地摇着头。

"事情是这样的，"那个说英语的希腊人慢慢道来，"这场战争把我们赶出了家园，让我们丢掉了工作。现在木匠没有活干了。战争是毁灭，而不是建设。木匠本来应该是建设世界的。"他向沉默的听众解释，听众们报以雷鸣般的掌声。

"那君士坦丁堡呢？"

"君士坦丁堡属于希腊！希腊拥有君士坦丁堡！"两个木匠喊道。其他人却开始了激烈的争论。

意大利人站起身，举起酒杯。"属于世界的君士坦丁堡万岁！"他喊道。大家都站起来，齐声欢呼："致敬属于全世界的君士坦丁堡！"

"来吧，"店主说，"给陌生人唱首歌吧！"

"我们来时你们在唱什么？"罗宾逊问。

"那是一首阿拉伯歌曲。现在让我们来唱一首真正的土耳其歌曲吧！"随后，大家仰起头来，张开鼻孔号叫着，用僵硬的手指敲着桌子，酒杯叮当作响。

"再多喝点！"店主兴奋地叫道，"没有酒的歌算什么呢？"

"上帝会奖赏他的！"7个木匠用激动得有些沙哑的声音低声说道。

这个意大利人拥有一副有力的男高音嗓子；他演唱了"《女人善变》(La donna é mobile)①"，其他人则加入了东方的即兴创作。他们点了一首美国歌曲，我和罗宾逊只好唱《约翰·布朗之躯》(John Brown's Body)② ——盛情难却，我们把这首歌重唱了四遍。

后来，舞蹈取代了音乐。在这盏似乎快要熄灭的灯摇曳的灯光下，店主带领着一个踩着脚的三人组，跳起了巴尔干所有民族都会的科洛舞（kolo）：大靴筒笨重地往下掉，他们挥舞着手臂，打着响指，破旧的衣服在棕色的阴影和黄色的光芒中晃动着……跟随着阿拉伯歌曲的节拍，感受身体的摇摆和切分音的滑行步伐，闭着眼睛，

---

① 歌剧《弄臣》的插曲之一。
② 美国南北战争时期一首著名的进行曲，是为了纪念美国废奴主义运动家约翰·布朗而作。

缓慢旋转。清晨,我们还教男士们跳了"波士顿舞",还有"火鸡舞"……萨洛尼卡 7 个木匠的冒险之旅就这样结束了。

快乐的木匠

傍晚时分,我们穿过喧闹的查什街,经过政府大楼,哨兵们穿着白色百褶裙,踩着装饰着绿色绒球的翻毛拖鞋,随后我们爬上土耳其小镇陡峭弯曲的街道。我们经过街角粉红色的小清真寺,那里伫立着高大的柏树和灰色宣礼塔;穿过街道的露天阳台时,神秘的女人在我们身后窃窃私语,沙沙作响——毫无疑问,一切都神秘又美丽。可以瞥见汉斯(Hans)区的内部,一队队满载的驴子进进出出,角落里堆放着马鞍,土耳其人和农民盘腿坐在树荫下喝咖啡。清晰的黑影落在鹅卵石铺成的庭院里,女人们肩上扛着彩绘的陶罐,走在明亮的阳光下。再往前就是土耳其市场,那里的人群悠闲而安静。在一条挤满了肉贩的摊位、鱼贩的篮子、成堆的蔬菜和成群的鸡的街道两旁,是咖啡馆,商人们坐在那里抽着土耳其长管烟(chibouk)。在这里,人们可以看到曾到麦加朝圣、头戴绿色头巾的哈吉,以及头戴灰色高帽、身穿灰白色长袍跳舞的苦行僧。村里的农民则穿着暗红色的衣服,裹着羊皮和奶油色的亚麻布,还有没胡子的太监跟在戴面纱的宫廷侍女的身后。

再往前走,鹅卵石铺就的街道上突然变得一片宁静。格子窗咯吱作响,只有街头小贩的驴子偶尔会经过——间或,有遮着脸的女人用髋挎着水壶朝喷泉走去。出乎意料的是,这条山路在一片不规则的小空地上豁然开朗,这片空地被一棵巨大的古树遮蔽,树荫下有两三家小咖啡馆,庇护着那些沉思着、抽着烟的土耳其人,其他人则蹲在路边,轻声细语。他们漫不经心地望了望我们,无动于衷,然后又转回自己的事情上去了。

我们继续往上走,直到高大的黄色城墙在头顶若隐若现,在下午温暖的蓝色光彩的映衬下,所有深深的裂缝都被清晰地勾勒出来。我们穿过一条蜿蜒小路,那里的居民几个世纪以来一直用石头建造房屋,我们眺望了一下青色的山峰,看到远处的草地上有羊群在吃草。在世界的边缘,向北隐约可见紫色的山脉,战争和瘟疫就在其背后肆虐。近处,黑色的吉普赛帐篷歪歪斜斜地散落四周,远处的一片绿色土地上,穿着红裤子、戴着黄头巾的男人们,正光着腿跑跳着玩球。一辆辆叮当作响的骡车驶过,后面跟着身穿亚麻衣服的农民,他们沿着隐隐约约的小路走向地平线边缘某个看不见的村庄。

一位土耳其老者从高墙底下建造的小棚屋里走了出来。他向我们鞠了一躬,回屋拿来了两把木椅,然后又回到了屋子,没再出来。直到我们起身要走的时候,他又出现了,向我们鞠了一躬,拿回了椅子。我想给他一些钱,但他摇了摇头,微笑着,说了一些我们听不懂的话……

　　此刻，太阳西沉，万里无云的天空中泛起粼粼的黄色波光，淹没了绿色。我们沿着一条人为踏出来的小路前行，这条小路蜿蜒曲折，两边尽是用燧石建造的破烂房屋，行至一片开阔空地后，这座破败城市的壮丽全景消失在茫茫大海中。暗红色的平坦的屋顶、突出的阳台、白色的穹顶、尖顶、球形的希腊塔，以及高耸在高大的柏树旁的尖塔；隐蔽的街道上传来东方小镇的呼啸声。威尼斯城墙的圆形白塔矗立在水边，远处是一片古玉色的大海，上面点缀着黄、白、红三色的斜帆。向南，除了海湾，可见崎岖不平的希腊大陆高耸入奥林匹斯山的壮丽山脉，那里覆盖着雪，也永远笼罩着云朵。在右边，金色的城墙壮丽地延伸到山谷里，然后沿着山坡向上延展，向西绵延数英里，逐渐缩成一个点。银色的瓦尔达尔河从那片柔美的土地蜿蜒而过；更远的地方是一片沼泽，在那里，民兵为解放马其顿而战，他们曾一度在海湾挡住了一支土耳其军队；在视野的尽头，是陡峭的塞萨利亚山脉。

　　夜幕迅速降临。霎时间，奥林匹斯山的白色峰顶散发出一种超乎寻常的粉红色，然后又慢慢地消失。深邃的天空中突然出现了数百万颗星星，一轮新月在半山腰亮了起来。在我们下方，宣礼员们从17座宣礼塔的护墙上走出来，他们拿着黄色的小灯笼，摇摇晃晃地把它们挂在吊索上。从我们站着的地方，可以听到他们刺耳又高亢的声音，对虔诚的祈祷者发出尖锐的呼唤：

　　　　安拉是伟大的！安拉是伟大的！安拉是伟大的！安拉是伟大的！我作证，安拉之外，别无他神！我作证，安拉之外，别无他神！我作证，穆罕默德是安拉的使者！我作证，穆罕默德

是安拉的使者！来祷告吧，来祷告吧！祈求您拯救，祈求您拯救！祈祷胜于睡眠……

如今，萨洛尼卡这个土耳其小镇的规模正在萎缩，土耳其人平静的生活也在逐年被打破，取而代之的是蜂拥而至的希腊人，他们忙忙碌碌又充满好奇心。一座又一座的清真寺被毁，几个世纪以来，每个月都会看到宣礼员在日落时分召唤祈祷者的宣礼塔，现在已经人声寥寥，无人问津。麦加变得遥远而无力。无论战争结果如何，伊斯坦布尔已经再也无法统治萨洛尼卡了。萨洛尼卡的土耳其人正在消失，城市本身也在消亡——随着腹地的丧失，随着低洼的瓦尔达尔河定期袭卷她的热病，淤泥慢慢地堵塞了她宏伟的港口，贪婪的河道不停地侵蚀着这座小镇。很快，萨洛尼卡将根本不值得费上一场战争。

第二部

塞尔维亚

死亡的国度

我们从头到脚涂抹了樟脑油,又在头发上涂满煤油,在口袋里塞满樟脑球,往行李里撒上萘①,随后登上了一列被福尔马林浸透的火车,我们的眼睛和肺部就像被生石灰灼伤一样。萨洛尼卡标准石油公司办公室的美国人威利过来和我们作最后的告别。

"那里太糟糕了,"威利说,"你也太年轻了。你是想把遗体运回家,还是需要我们把你埋在那里?"

这些都是对前往塞尔维亚的旅行者的正常问话流程,是一种常规预防措施。塞尔维亚是斑疹伤寒之国——腹部斑疹伤寒、反复性发热和神秘而猛烈的斑疹热,50%的受害者死于这类疾病,当时还没有人发现它的杆菌。大多数医生认为它是由衣服上的虱子携带的,但与我们同行的英国皇家医学会的陆军中尉对此持怀疑态度。

"我已经在那里待了3个月,"他说,"我早就不采取任何预防措施了,除了每天洗澡。至于虱子,人们习惯于花一个安静的晚上,把它们从身上摘下来。"他对萘嗤之以鼻。"你知道,他们真的很喜欢虱子致病的说法。关于斑疹伤寒的真相是,除了知道大约1/6的

---

① 广泛用作制备染料、树脂、溶剂等的原料,也用作驱虫剂。

塞尔维亚人死于斑疹伤寒，人们对它一无所知……"

温暖的天气和春雨的停歇已经开始遏制疫情，病毒也已经减弱了。现在，整个塞尔维亚只有 10 万人仍在生病，每天只有 1000 例死亡——这个数据不包括可怕的斑疹伤寒后的坏疽病例。2 月的情况必然十分可怕，数百人因为缺医少药而在泥泞的街道上奄奄一息，神志不清。

外国医疗队遭受了重创。50 名牧师在赦免了垂死的人之后死亡。塞尔维亚军队参战时所拥有的 400 多名医生，现在只剩下不到 200 人。斑疹伤寒并不是全部。天花、猩红热、轻型猩红热、白喉在道路和遥远的村庄里肆虐，霍乱病例也出现了。随着夏天的到来，霍乱肯定会在这片已经被摧毁的土地上蔓延开来；战场上、村庄里、道路旁到处都是刚被掩埋的尸体，臭气熏天，小溪也被人和马的尸体污染了。

和我们同行的中尉属于英国陆军医疗队，他被派去抗击霍乱。他穿着全套军服，双腿间夹着一把巨大的剑，这使他十分尴尬。

"我不知道该拿这个讨厌的东西怎么办，"他喊道，随即把剑扔到了一个角落里，"我们在军队里都不再佩剑。但在这里必须这么做，因为塞尔维亚人不会相信你是一个军官，除非你带着把剑……"

当我们沿着瓦尔达尔河的黄色洪流在荒山之间缓慢行进时，中尉告诉我们，为了防止疾病传播，英国人是如何说服塞尔维亚政府停止所有的火车服务一个月的；然后，他们下令改善肮脏城镇的卫生状况，强制人们接种霍乱疫苗，并开始对所有人进行消毒。塞尔维亚人嘲笑这些英国人是胆小鬼。当亨特上校（Colonel Hunter）无法得到像样的营房时，他威胁当局说，如果他的任何一名士兵死于斑疹伤寒，他就将放弃塞尔维亚，一场讽刺的风暴由此爆发。塞尔

预防斑疹伤寒（尼什）。

维亚人嘲笑亨特上校是个懦夫！他们说美国人也是懦夫，因为当美国一半的部队被感染时，美国人放弃了吉耶夫吉利（Gievgieli）。对塞尔维亚人来说，采取预防措施是怯懦的表现。他们以一种悲观无望的自豪看待这种流行病造成的巨大破坏，就像中世纪的欧洲看待黑死病一样。

瓦尔达尔峡谷，看起来就像是希腊马其顿和新塞尔维亚高山山谷之间的不毛之地，峡谷十分宽阔，四周是多石的山丘，向更远处眺望，是更高的山脉，偶尔还可以看到突兀的雪峰，每一个峡谷都迸发出湍急的山涧溪流。在这个山谷里，空气又热又湿；河边挖出的灌溉沟渠两旁长满了高大的柳树，穿过一片烟叶幼苗田和一英亩又一英亩的桑树；还有翻耕过的肥沃的土地，看起来像片棉花地。

这里的每一块田地，每一寸泥土都被耕种过。在更高的地方，在岩石间光秃秃的山坡上，绵羊和山羊正在吃草，负责照料羊群的放牧人是位留着胡子、别着牧羊棍的农民，他穿着羊皮外套，正用木制的纺线棒纺羊毛和蚕丝。不规则的白色或红色屋顶的村庄沿着被车辙压得坑坑洼洼的空地蜿蜒分布，偶尔可见矮胖的小公牛和黑色的水牛拖着吱吱作响的大车缓慢向前。四处可见一些古代土耳其富人居住的有廊柱的大宅子，坐落在高耸的黄绿色柳树或芬芳扑鼻的杏树旁；摇摇欲坠的小镇上空还有着细长的灰色宣礼塔，抑或是一座希腊教堂的圆顶。

车站周围聚集了各色人——戴着头巾、土耳其毡帽和棕色皮毛制成的圆锥形帽子的男人，他们或是穿着土耳其裤子、奶油色的自制亚麻布长衫和紧身衣，皮质背心上绣着五彩的轮子和花朵图案，或是穿着深棕色的羊毛套装，套装上有黑色的穗带，红色腰带高高地缠在腰上。脚上的鞋子很独特——凉皮鞋的脚趾部分呈圆形，一条丝带系到小腿，绑在膝盖上。女人们则戴着土耳其面纱（yashmak），上身穿着颜色鲜艳的皮革或羊毛上衣，腰部系着自己村里编织的生丝腰带，下身穿着灯笼裤、绣花的亚麻衬裙，黑色的围裙上绣着花朵图案，沉重的外裙绣着鲜艳的条纹，她们将头发从后面挽起，头上系着黄色或白色的丝质头巾。许多人戴着黑色头巾——这是唯一的哀悼标志。还有总是无处不在的吉普赛人——男人戴着某种颜色鲜艳的头巾，女人用金币作为耳环，身穿五颜六色的破布拼凑而成的衣服。他们光着脚，沿着路边拖着他们的大篷车，或者在自己营地里的那些破旧的黑帐篷周围闲逛。

一位留着胡子的高个子黑衣男子用法语向我们自我介绍，他说自己是塞尔维亚特勤人员，负责监视我们。还有一次，一位衣冠楚

楚的年轻军官上了车,他向我们点头致意,并向这个特勤人员询问了一些问题,然后这位军官说道:

"多布拉(Dobra)①!好的!"他说着,咔哒一声跺着脚跟,敬了个礼。

"那个车站,"当火车再次开动时,那位特勤人员说,"就是边境,我们现在在塞尔维亚。"

我们瞥见几个身材魁梧、憔悴的男人懒洋洋地站在月台上,肩上挂着装着刺刀的来复枪,除了头戴法国军用平顶帽外,并没有穿任何制服。

"你还能怎么办?"我们的朋友微笑着耸耸肩。"我们塞尔维亚人已经没有制服了。我们在三年内打了四场战争——第一次和第二次巴尔干战争,阿尔巴尼亚起义,现在又是这场战争。三年来,我们的士兵没换过制服。"

现在我们正穿过一片狭窄的田野,田野上插着一些小小的木制十字架,可能是葡萄藤杆,间距约 3 英尺;火车花了 5 分钟才穿过这片田野。

"那是吉耶夫吉利的斑疹伤寒死者的公墓,"这位特勤人员简短地说道。那里一定有成千上万个这样的小十字架,每一个都代表着一座坟墓!

在远处的山坡上,出现了一大片被人踩踏过的空地,上面布满了通往棕色土地内部的洞穴,这些洞穴成蜂窝状,还有成堆的泥土堆成的圆形小屋。人们在坑洞里爬进爬出,衣衫褴褛、脏兮兮的,他们身上穿着各式各样的半军装,胸前交错系着步枪带,活像一个

---

① 塞尔维亚的一个边境村庄。

瓦尔达尔河沿岸的坟墓

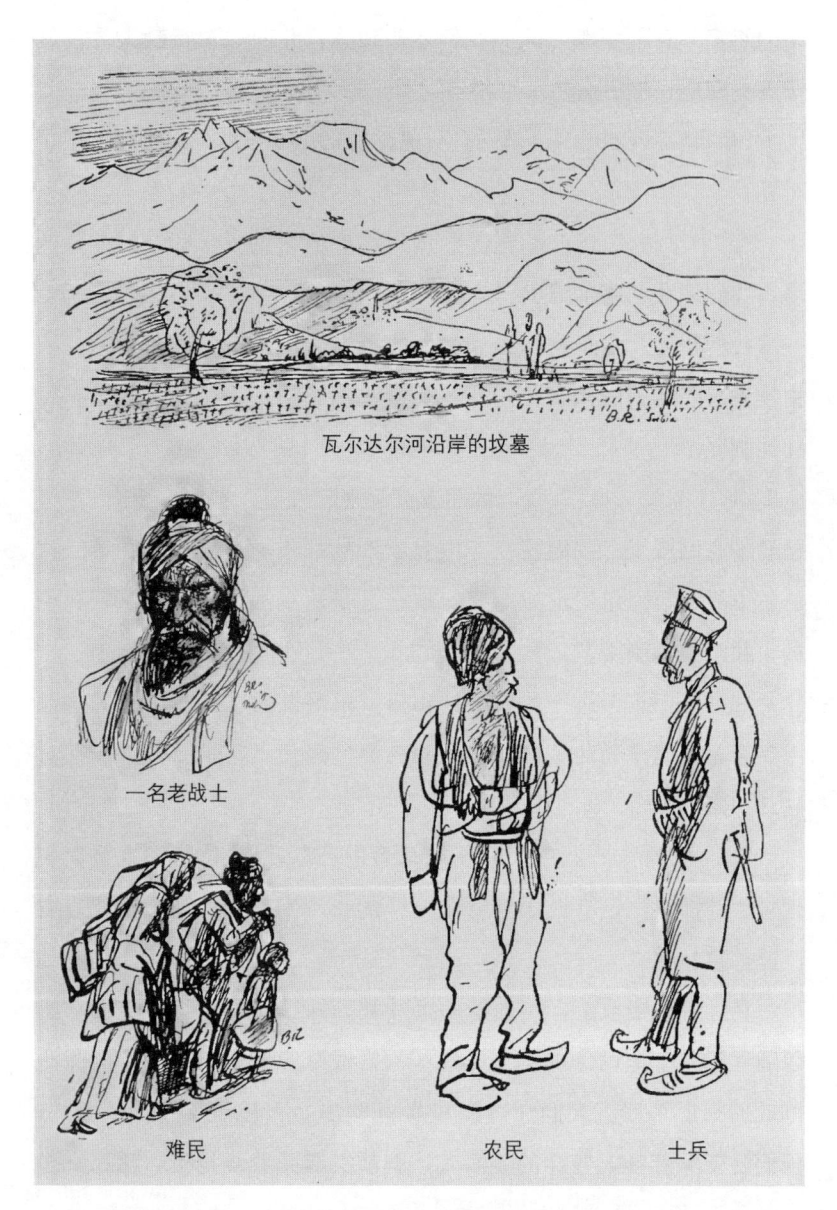

一名老战士

难民　　　　　　　农民　　　　士兵

塞尔维亚——尼什沿路所见。

个墨西哥革命者。泥屋中间是一排排的来复枪,还有带轭柄的大炮,50 辆没有弹簧的牛车并排停在两旁,更远处则是在吃草的瘸腿的牛。在泥屋下面,在山脚下,人们正在饮用从山谷上游流下来的发黄的水,上游坐落着几十个村庄,都受到了疾病的感染。在一团篝火旁,二十几人围绕蹲坐着,注视一只羊的尸体在火焰中翻动。

"这个团是来保卫边境的,"我们的朋友解释道。"上周,保加利亚民兵正是在这里试图突破并切断铁路。他们随时可能会再来……这是保加利亚政府的责任吗?还是奥地利人给他们钱了?在巴尔干半岛,人们永远无法判断真相。"

现在,每走 1/4 英里,我们就会经过一间用泥土和树枝搭建而成的简陋小屋,这些小屋前往往站着一个衣衫褴褛、脸颊凹陷的士兵,看起来肮脏又饥饿,但手里拿着步枪。在塞尔维亚,到处都能看到这些男人——他们是这个国家最后的绝望的男子气概遗存——他们住在泥地里,食物稀少,衣服破旧,守卫着早已荒废的铁路。

起初,这个国家与希腊马其顿似乎没有什么区别。同样的村庄,只是没那么整洁,屋顶上的瓦片掉了些许,墙上的白漆剥落了;同样的人民,只是人数更少,而且大多是妇女、老人和儿童。但很快,事情开始发生了变化。桑树无人照管,烟叶还是去年种的,已经枯黄腐烂;玉米秸秆在杂草丛生的田地里一根根地竖着,已经 12 个月甚至更长时间没有被翻过。在希腊马其顿,每寸耕地都有人开垦照料;而在这里,只有 1/10 的田地有被耕种过的迹象。偶尔会看到戴着亮黄色头饰和穿着色彩鲜艳的裙子的女人牵着两头牛,拖着一把用弯曲的橡木雕刻而成的木犁,在一名肩上挂着步枪的士兵引导下犁地。

哨兵。面色苍白、肮脏不堪,看上去饥肠辘辘。

政府派遣士兵和耕牛前往塞尔维亚各地帮助耕种。

特勤人员指了指他们,说道:"塞尔维亚所有的男人都在军队里——要么就是死了——所有的牛都被政府征用去拉大炮和火车了。但自从去年12月我们把奥地利人赶走之后,就再也没有发生过战斗了。因此,政府派士兵和耕牛前往塞尔维亚各地,到需要他们的地方去帮忙农耕。"

有时,听到这样的细节,我们的想象中会闪现出这个国家灭亡的画面:两次血腥的战争夺走了那些青春的花朵,两个月艰苦的游击战之后,他们又要与地球上最强大的军事力量进行可怕的战斗,此外,还伴随着一场毁灭性的瘟疫。然而,从整个民族的废墟中萌发出了帝国的野心,有朝一日这种野心可能威胁到整个南欧。

吉耶夫吉利和瓦列沃(Valievo)一样,都是塞尔维亚疫情最严重的地方。树木、车站和建筑物上都撒满了消毒用的漂白粉,全副武装的哨兵守在栅栏旁,百余名衣衫褴褛的人挤在栅栏旁抱怨嘟囔着,因为吉耶夫吉利被隔离了。我们隔着栅栏凝视着一条鹅卵石和泥土混合铺就的宽阔、粗糙的街道，街道两侧是用消毒剂刷得雪白的平房；几乎每扇门上都飘着一面黑旗，表示房子里有死亡病例。

一个身材粗壮、留着小胡子的男人站在站台上，他的衣领很脏，衣服上斑斑点点，头上戴着一顶脏兮兮的巴拿马草帽，他把帽子拉下来遮住眼睛，周围密密地围着一群士兵。他高高举起一朵小小的野花，兴奋地对着那个特勤人员滔滔不绝。

"看啊！"他叫道，"这朵花是我在河那边的田野里找到的。这多奇怪啊！我不认识这花！这显然是兰花科的植物！"他皱起眉头，用威胁的目光盯着那名特勤人员，"这不是兰花科的吗？"

"它确实有些相似。"特勤人员胆怯地说，"这花芯……但是雌蕊……"

胖子摇了摇花。"胡说！它是兰花科植物！"

周围的士兵们喊喊喳喳地议论起来："是的！兰花！""这不是兰花！""但它显然是兰花！""你对兰花了解多少，乔治·乔治维奇？在你的家乡拉尔亚（Ralya），连根草都没有！"大家都笑了。这时，那个胖子坚定而兴奋的声音压过了笑声："我告诉你们，这就是兰花！这是一种新的兰花！这是植物学目前所不知道的！"

罗宾逊也受到这场争论的影响。"兰花？"他冷笑着对我说，"这当然不是兰花！"

"那是一种兰花！"我迫切地回答道，"它的形状很像我们在美洲树林里看到的像女式拖鞋的那种花。"

那个胖子转过身来盯着我们，突然从嘴里蹦出几句蹩脚的英语。"是的，是的！"他急切地说，"是一样的植物。你们是美国人吗？我一直在美国。我走遍了堪萨斯州和密苏里州，曾在小麦农场工作。

我还去过德克萨斯州的潘汉德尔（Panhand'le）①，在养牛场干活。我步行穿越西雅图到旧金山，再到萨克拉门托，穿过内华达山脉和沙漠，来到亚利桑那州的尤马——你知道尤马吗？没有？我正在研究各种各样的第一手农业资料，以便将这些经验应用到塞尔维亚的农场。我叫拉扎尔·奥比坎（Lazar Obichan）。我是一名农业地质学家，也是贝尔格莱德政府农业部的秘书。是的。"他清了清嗓子，挥舞着胳膊肘在人群中腾出空间，用两只手抓住我们两个人的衣领。

"我被派来这里研究新塞尔维亚的土壤、气候和作物条件。我是这方面的专家。我发明了一种新方法来判断在什么样的土壤、什么样的国家能种植什么东西。它是自动化的，十分简单，这可是任何人都能应用的一门新科学。听着！你告诉我湿度，我把这个数据放在那里。"他用力戳了戳罗宾逊的肩胛骨，"然后你告诉我那个平均温度，我把它放在那儿。"他又在罗宾逊的肾脏附近戳了一下；"我从湿度线开始作一条垂线，对吧？从平均温度那里我画了一条横线。"他用动作配合描述的文字，在罗宾逊这位艺术家的横膈膜位置画了一道线。他提高了声音："直到两条线会合！它们相交的地方，就是一天的蒸发量。"他同时戳了戳我们的胸口，强调着每个字，然后重复道："一天的蒸发量哦！"他举起双手，朝我们微笑，停顿了一下，好让我们明白这一点。这一番解说令我们印象深刻。

他沉重地接着说：

> 但我脑子里想的还不止这些，这是一个巨大的商业和金融计划——巨大的！听着！在这场战争之后，塞尔维亚将需要很

---

① 根据这里的意思，应该是美国得克萨斯州的潘汉德尔，现在写作 panhandle。

多钱，需要很多外国资本。这些资本将从哪里来呢？从英国吗？不。英格兰本土就很需要资金。法国和俄国将来绝对会精疲力尽。欧洲的任何一个首都都不会给我们投资。那么钱在哪里呢？我告诉你，美国！美国很富有。我曾经去过美国，我知道这个国度有多富有。听着！我们将建立一家拥有美国资本和美国经理人的塞尔维亚—美国银行。它将坐落在贝尔格莱德，届时将贷款给塞尔维亚人，那可是巨大的利润！塞尔维亚法律允许收取12％的利息，12％啊！它将以高额利息贷款的形式贷款给农民。它将从穷人手中购买土地，把土地分割成小块，再以400％的利润卖出去。塞尔维亚人现在很穷，会廉价出售土地——但塞尔维亚人需要土地，必须拥有土地。我们现在破产了，你们可以——怎么说呢——你可以以超低的价格买下整个塞尔维亚！然后，这家银行将在贝尔格莱德开设一个美国产品的常设展览店铺，并接受订单，包括美国鞋、美国机器、美国布料；在纽约，这家银行将开设一个塞尔维亚产品的展览店铺，也将接受订单。这样一来可以赚大钱！你应该在你未来的书里写上这些话。如果你有钱，就把钱投入这类银行！

火车站台上的铃声响了。站长吹响了喇叭，发动机鸣笛，火车开动了。我们扯下被奥比坎先生的大拇指抓住的衣领跑开了。他一边跟着我们跑，一边继续说个不停。

"塞尔维亚是一个自然资源非常丰富的国家，"他喊道，"这里适合种植棉花、烟草和种桑养蚕，有非常肥沃的冲积土壤。南边的山坡适合种植葡萄！在更高的山上，可以种植小麦、李子、桃子和苹果。"我们上了火车。"还有矿物——"他在我们身后喊道，"金矿——铜矿——廉价劳动力——"然后我们就听不清他的声音了。后来我们向另一位塞尔维亚官员询问了他的情况。

"拉扎尔·奥比坎?"他说,"是的,我们认识这人。他正受到监视——涉嫌向奥地利政府出卖军事机密!"

下午晚些时候,我们的列车在一条铁路支线上停了下来,以便让一列军用火车先行通过——12 节敞篷平板车里挤满了士兵,他们穿着杂凑在一起不成套的制服,裹着色彩鲜艳的毯子。天空开始下起小雨。一个吉普赛小提琴手疯狂地演奏着,他的脖颈下夹着一把单弦小提琴,小提琴琴头雕刻着一个粗糙的马头;士兵们围坐在他的周围,唱着奥地利战败的最新歌谣:

斯瓦比亚人(Swabos)[①] 大老远来到拉尔亚,
但是他们没有再往前走
嘿,怎么会这样(Kako to)?
呦,这一切(Sashto to)?
他们不会快速地忘记拉什科·波尔(Rashko Pol)[②],
因为他们在那里遇到了塞尔维亚人!
嘿,怎么会这样?
呦,为什么会这样?
现在斯瓦比亚人知道了
塞尔维亚人是如何"招待"入侵者的!

[①] 从 17 世纪末开始,斯瓦比亚人开始在多瑙河周边,现被称为塞尔维亚的地区定居,这个民族后来发展成为该地区人口仅次于塞尔维亚人的少数民族。里德在原文中加了一个注释,注释中注明了 swabos 指的是奥地利人。

[②] 现位于马其顿共和国的斯科普里市,是著名的公共广场,以马其顿民族英雄(Rashko Petrov)的名字命名。

嘿，就是这样（Tako to）！

呦，就是这样！

每个团都有两三个吉普赛人，他们和队伍一起行进，演奏塞尔维亚小提琴或吹着风笛，伴着士兵们不停创作的歌曲——情歌、凯旋歌、史诗般的颂歌。在整个塞尔维亚，他们是人民的音乐家，在一个又一个国家的节日庆典中穿梭，为舞蹈和歌唱演奏。他们是奇怪的替代品。吉普赛人实际上已经取代了古老的游吟诗人——在遥远的山谷中代代相传着古老的民族史诗和歌谣的古斯拉利人（goosslari）。然而，他们在塞尔维亚没有投票权。他们没有家，没有村庄，没有土地——只有帐篷和破旧的大篷车。

我们往车里的士兵中间扔了几包香烟。一时间，他们似乎并不明白。他们把香烟盒子来回翻看，打开它们，用沉重、缓慢、平淡的脸盯着我们。这时，天亮了，他们朝我们微笑点头。"谢谢（Fala），"他们温柔地说，"谢谢（Fala lepo）！谢谢你们！"

战争之都

尼什。我们坐上了一辆摇摇晃晃的马车，车的底板很快就脱落了。马车挂在两匹奄奄一息的马身上，由一个戴着高皮帽的土匪驾驶，颠簸着行驶在一条铺着泥土和大块锋利的鹅卵石的宽阔街道上。在城市的四周，绿油油的山丘拔地而起，新长的叶片和开花的果树十分美丽。在宽阔的土耳其式屋顶上，以及为数不多的欧洲风格的简陋灰泥建筑上，隐约可见大教堂的球形希腊圆顶。到处都是细长的尖塔，电话线在上空纵横交错。街道通向一个巨大的广场，那里是一片泥泞和鹅卵石的海洋，周围是一些简陋的小屋，架着数百根电线和巨大的现代弧光灯的钢杆在小屋之间纵横交错。在广场的一边，一头牛仰面躺着，双脚叉开搭在一根木梁上，农民们用结实的铁板给它打铁掌，这是他们五千年来一直延续的传统。

身着囚犯服的奥地利俘虏在没有警卫的情况下自由地四处游荡。一些人推着手推车，另一些人在挖沟渠，数百人游手好闲地走来走去。我们了解到，只要向政府支付 50 个第纳尔（denars），就可以得到一名俘虏作为仆人。所有的使领馆都配备了这样的人员。俘虏们都很乐意去做仆人，因为他们没有像样的住处，也没有太多的食物。不时有一名奥地利军官从这里走过，他穿着全套制服，手里拿着剑。

穿囚服的奥地利囚犯在没有看守的情况下自由地四处游荡。

"逃跑?"一名被我们问询的政府官员反问道,"不,他们才不会这么尝试。道路都是几米深的泥泞,村庄人口稀少,到处都是疾病,没有食物……在塞尔维亚,坐火车出行已经够困难的了——步行更是不可能。边境线上到处都是卫兵……"

我们经过了一所大医院,俘虏们脸色苍白地靠在肮脏的毯子上,从窗户探出头来,拖着身子在大门口进进出出,躺在路边成堆的干泥上。这些人只是幸存者,因为在战争中被俘的 6 万奥地利人,已有 1.2 万人死于斑疹伤寒。

广场的另一边是同一条街道,穿过粗糙的平房群,我们来到了位于这些平房中央的市场。几百名农民身着 10 种不同的民族服装,穿着绣有花朵的自制亚麻布,戴着高皮帽、土耳其毡帽、头巾帽等各种帽子,穿着各种各样的土耳其裤子,在讨价还价中发出了沉闷的吼叫声。猪在嘶叫，母鸡也在咯咯叫；商贩脚下堆满了装着鸡蛋、香草、蔬菜和红辣椒的篮子；穿着羊皮的威严的老人们抱着羊羔拖着脚走着。这里是城镇的中心，有两三家餐馆和臭烘烘的咖啡馆，昏暗的东方酒店和照例必有的美国鞋店。在廉价的小商店里，突然映入眼帘的橱窗里摆放着昂贵的珠宝和奢华的女帽。

人行道上挤着奇怪的各色人等。吉普赛人，贫苦农民，身穿红蓝两色制服、拿着大刀的宪兵，穿得像将军一样、手持剑的收税官，挂着勋章的精明军官，穿着肮脏的破衣服、脚上缠着破布的士兵——拄着拐杖一瘸一拐地走着，有的没胳膊，有的没有腿，从拥挤不堪的医院里出来，他们因感染了斑疹伤寒而脸色发青、全身发抖——到处都是奥地利俘虏。政府官员腋下夹着公文包匆匆走过。肥胖的犹太军队承包商在布满斑点污损的咖啡桌上与政治掮客相谈甚欢。政府的女职员、军官的妻子和情妇、社交名媛，穿着高高隆起的华丽裙子和彩色的高筒袜，用肩膀顶开那些农妇。由于贝尔格莱德政府转移到尼什避难，一个 2 万居民的乡村变成了一个拥有 12 万人口的城市——这还不包括死去的人。

斑疹伤寒已经席卷了整个城镇，人们往往 6 个或 10 个人住在同一个房间里，直到每个地方都出现了飘扬在阴森长空中的黑色旗帜，直到咖啡馆的窗户上贴满了黑色的讣告。

我们从泥泞的尼沙瓦河（Nishava River）桥上走过，这座桥通往古土耳其城堡那扇厚重的阿拉伯式大门。在土耳其人之前，这座城堡属于罗马，君士坦丁大帝就出生于此。高墙脚下的草地上躺着数百名士兵，他们有的在睡觉，有的脱光了衣服，抓挠自己，在身上寻找虱子，在发烧中辗转反侧。尼什周围的每一个地方，但凡有一点破草，就有可怜的人们聚集在一起，互相抓彼此身上的虱虫。

从斑疹伤寒医院出院的士兵们。

这座城市的恶臭令人发指。在小路上,露天的下水道在鹅卵石中间流淌。虽然人们已经采取了一些卫生措施,比如咖啡馆和餐馆每天两点到六点必须关门,以便消毒,但如果你住在旅馆或公共建筑里,仍然有几率感染斑疹伤寒。幸运的是,热情好客的美国副领事杨先生把我们带到领事馆,并把我们介绍到了外交俱乐部。这家俱乐部在一家废弃的餐馆上方设置了餐厅,当镇上一半的人都在忍饥挨饿的时候,在这里还可以吃到好吃的。进入这个俱乐部首先要走过一个猪圈,然后穿过一条露天的下水道;打开俱乐部的门时,你会感到十分惊讶:映入眼帘的是几张桌子,上面装饰着鲜花,铺着银色和雪白的亚麻布,还有一个穿着漂亮晚礼服的服务员领班,他是一个名叫弗里茨的奥地利俘虏,战前曾在伦敦卡尔顿酒店当领班。看英国大臣庄严地走过肮脏的屋子,登上俱乐部的楼梯,就好像这里是皮卡迪利(Piccadilly)广场①,着实是一件值得跋山涉水前来体验的事情。

这就是我们第一次看到的尼什。两个星期后,雨完全停了,炎热的太阳晒干了街道,我们又回来了。那是在圣乔治节庆典几天后,圣乔治节标志着塞尔维亚春天的到来。在那一天,所有的塞尔维亚人都会在黎明时分起床,到树林和田野里去采花,整日载歌载舞,尽情享受美味佳肴。即使在这里,在这座肮脏拥挤、每栋房子都笼罩着战争和瘟疫所带来的悲愁的小镇,街道仍然是一副欢乐的景象。农夫已经脱掉了脏兮兮的厚羊毛和羊皮外套,换上了绣着繁复亚麻花边的夏装。所有女人都穿着新衣服,戴着新的丝绸方头巾,上面装饰着丝带,带着树叶和花朵的图案,连牛轭和牛头都绑上了紫丁香枝。街上到处都是疯狂的年轻吉普赛女孩,她们穿着色彩华丽的土耳其裤子,紧身衣上点缀着闪闪发光的金色条带,耳朵上挂着金币,在街上奔跑。我还记得 5 个身强力壮、肩上扛着锄头的女人,她们唱着歌走在路中间,代替她们死去的男人去地里

---

① 伦敦市中心的繁华广场。

劳作。

红十字会主席苏博蒂奇上校（Colonel Soubotitch）在他的总部接待我们。他描述了塞尔维亚严重缺乏所有医疗必需品的情况，并向我们描绘了一个月前人们在尼什街头死亡的鲜活画面。我注意到他的床上有一条漂亮的农家毯子。

"这是我妈妈为我织的，"他简单地说，"在我住的村子里给我织的，她是个农民。我们都是塞尔维亚农民——我们为此感到自豪。军队总司令普特尼克将军（Voyvoda Putnik）① 是个穷人，他的父亲也是农民。还有米契奇将军（Voyvoda Michitch）②，就是他带领着军队把奥地利人赶出了我们国家，取得了伟大战役的胜利，他也是个农民。我们的议会中有许多代表是农民，他们穿着农民的衣服坐在那里。"他盯着床，说道，"两个月前，就在这张床上，在你非常欣赏的这条毯子上，我就站在现在所站的地方，眼睁睁地看着我的儿子死于斑疹伤寒。你会怎么做？我们必须尽我们的责任……"

他明显用力向后仰了仰肩膀："所以你想去斑疹伤寒医院吗？嗯，它们现在没那么有意思了。最糟糕的时候已经过去了。不过我可以给您写封信，寄到切雷库拉（Chere Kula）的斯塔诺耶维奇（Stanoievitch）手中。"

一个阴沉的下午，晚些时候，我们冒着倾盆大雨，驱车前往离

---

① 拉多米尔·普特尼克（Radomir Putnik），塞尔维亚著名将领、元帅。他参加了1876年至1917年间塞尔维亚的所有战事，并在巴尔干战争和第一次世界大战时期担任塞尔维亚军队总参谋长。Voyvoda，有时也写作voivode，斯拉夫语的一个头衔名称，意为军队总督、军阀，源自中世纪的古斯拉夫语，在东欧历史上的一些国家，也作为君主的头衔使用。

② 吉沃因·米契奇（Jivoin Michitch），新任塞尔维亚军队领导人，大元帅，于1916年在鲁德尼克（Roudnik）击败了奥地利人。

城 1 英里的切雷库拉。这个名字是土耳其语，意思是"头骨堆"；它实际上是一座塞尔维亚战士的头骨塔，矗立在一场一个多世纪前的伟大战役的遗址附近，作为土耳其胜利的纪念碑。负责医院的斯塔诺耶维奇中尉为我们打开了塞尔维亚人在圣地上建造的希腊教堂的门。在昏暗的灯光下，这个头骨塔隐约显现出来，完全占据了整个小教堂——一座巨大的圆形黏土塔，里面还嵌着几个咧着嘴笑的头，上面挂着已经凋谢的花圈。

在这座阴森森的纪念碑周围，是斑疹伤寒医院的砖砌建筑和收容超额人员的木制营房。夹杂着发烧出汗的尸体、病人吃的东西和腐烂的肉所散发的混合恶臭的风向我们袭来。我们走进一间营房，里面的床贴着墙摆放，在两盏提灯的微弱光亮下，我们看到裹着脏毯子的病人在扭动，往往五六个挤在两张床上。有的人坐起来，没精打采地吃着东西；其他人则像死人一样躺着；还有一些人发出短促的呻吟声，或者在精神错乱的情况下突然间大喊大叫。睡在同一间屋子里的医院勤务兵都是奥地利俘虏。

"我负责这家医院才三天，"中尉说，"在我来之前，这里的情况非常糟糕。而现在，每天只有 20 人死亡。这里有 800 名病人——你看，我们连容纳这些病人的地方都没有。"

我们穿过一个又一个臭气熏天的病房，到处散发着腐烂和死亡的气味。我们被这些大个子的无助折磨得难受不已，胃也被恶臭折腾得翻江倒海。

后来，我们与斯塔诺耶维奇以及他的年轻医生和医学生团队共进晚餐。这个国家到处都是好葡萄酒，我们兴致勃勃地讨论着战争，一时忘记了墙那边可怜的人们正在垂死挣扎。斯塔诺耶维奇喝得满脸通红，向我们吹嘘塞尔维亚人如何击溃了奥地利军队。

尼什的一家医院。在两盏灯的微弱光亮下，我们可以看到病人们裹着脏毯子在扭动。

"这些法国人和英国人在干什么?"他不耐烦地叫道,"为什么他们不痛击德国人?他们需要几个塞尔维亚人来教教他们该如何打仗。我们塞尔维亚人知道,战争所需要的只是死亡的意志,只要愿意牺牲,战争很快就会结束……"

向前线出发

第二天一大早,我们就出发前往军队指挥部所在的克拉古耶瓦茨(Kraguijevatz)。我们乘坐的火车装满了供应给前线军队的弹药和美国面粉,有5节车厢载满了士兵,他们穿着羊皮、农民的服装和在12月的溃乱中[①]捡来的奥地利制服——其中一个人甚至戴着德国头盔。他们不停地低声唱着歌谣,讲述着老国王彼得在科卢巴拉河战役中如何挖掘战壕的故事:

> 一天早晨,卡尔·彼得从床上起来
> 他对心爱的儿子亚历山大王子说:
> "啊,勇敢无畏的王子,我的儿子,
> 你十分出色地领导着塞尔维亚军队,
> 斯瓦比亚人已经越过了克鲁帕尼——
> 它们强大的主人,如奔涌的摩拉瓦河,
> 已经穿过了瓦列沃……

---

① 在第一次世界大战早期的塞尔维亚战役中,奥匈帝国和塞尔维亚于1914年11月至12月之间的塞尔维亚战役期间,在科卢巴拉河发生战斗,双方损失惨重,最终塞尔维亚一方获胜,奥匈帝国蒙受莫大耻辱。

我要么去征服他们，要么和他们同归于尽！"

他把亮闪闪的剑佩带在身上……

铁路线与摩拉瓦河平行。这里一片翠绿，田野里的黑土上，妇女们正赶着牛耕田，她们一边犁地，一边纺羊毛。白色低矮的瓦房，阳台上是优雅的土耳其拱门，屋角上画着彩色菱形图案，盛开的李子树和苹果树掩翠其中。远处，草地被淹没在水里，成千上万只青蛙发出巨大的呱呱声，几乎盖过了火车呼啸而过的轰鸣声——因为摩拉瓦河发了洪水。我们经过了特希察（Teshitza）、巴格尔丹（Bagrdan）、德德雷瓦茨（Dedrevatz）、拉波沃（Lapovo），到处都散发着福尔马林的气味，到处都是可怕的白色——因为这里疫病肆虐。

在克拉古耶瓦茨，我们遇到了新闻局的一位代表，他以前是贝尔格莱德大学比较文学专业的讲师。他是个身材魁梧、心不在焉的年轻人，肥胖的膝盖上套着一条珍珠马裤，一顶亮绿色的毡帽斜戴在一侧耳旁，眼睛里闪烁着狡黠的光。不到两个小时，我们就直呼他为"约翰逊（Johnson）"了——这是他名字的直译。

约翰逊认识这里的每一个人，这里的所有人也都认识他。他不停地对路过我们身边的人评头论足，还时不时让出租马车停很长时间，而他则下车和某个朋友交流最新的辛辣八卦。最后，我们往往会对他大喊："看在上帝的分上，约翰逊，快点！"

"对不起，先森们（Sair）！"他严肃地回答。"你们必须有点耐心。先在四（Thees）战争时期！"①

---

① Sair 和 Thees 为带口音的"sir"和"This is"。下文若将先生写作先森，皆是出于同一原因。

马鞍上的写生

一个农民

塞尔维亚的官员

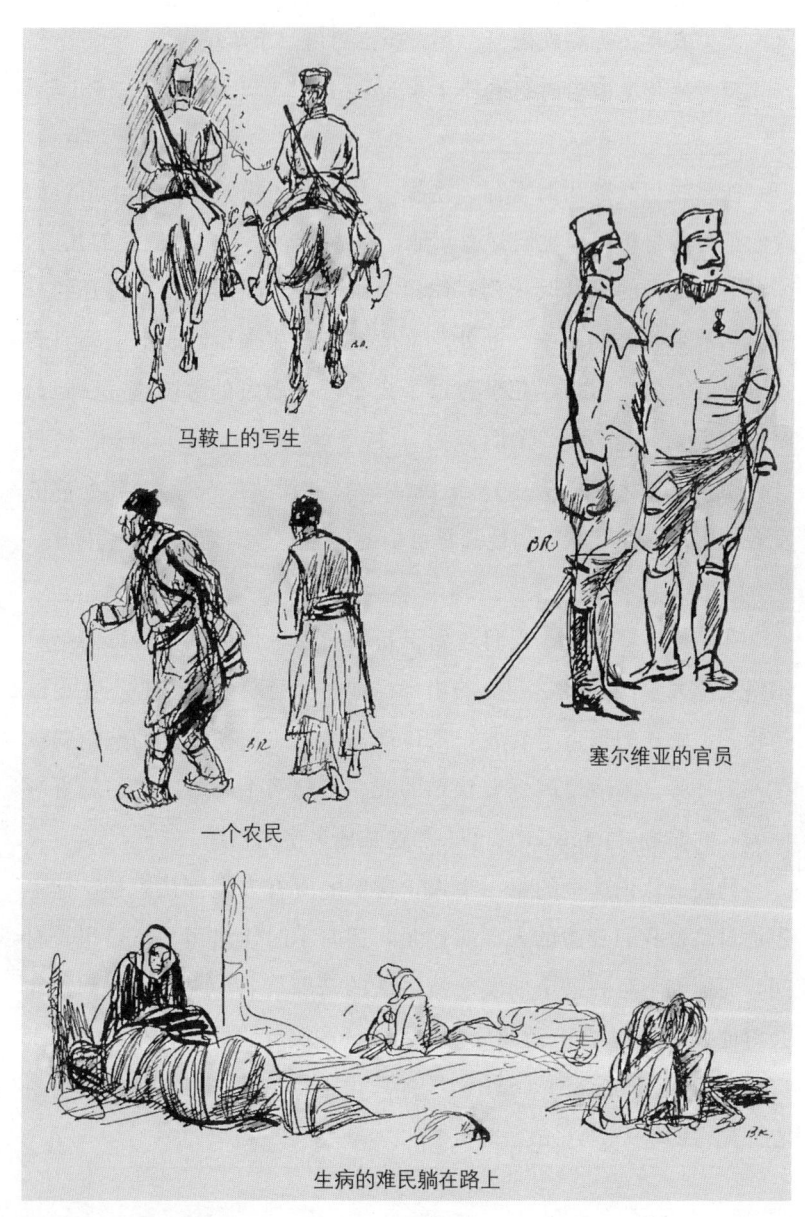

生病的难民躺在路上

沿途所见。

我们发现新闻局局长、贝尔格莱德大学前公法学教授,正在努力阅读乔治·梅瑞迪思(George Meredith)①的小说。约翰逊解释说,新闻局是一个非常重要和活跃的组织。

"在这里我们会写很多关于名人的笑话、讽刺诗和韵文。例如,暗杀斐迪南大公的阴谋者之一是大撤退时塞尔维亚军队的一名军官。他害怕被抓之后会被认出来,所以他刮掉了胡子。在新闻局,我们写了一首关于他的十四行诗,诗中说,如果他不能剃掉他那招摇的鼻子,剃掉胡子又有什么用呢!是的,先森们。在新闻局,有时我们一天能写出200首十四行诗。"

约翰逊是一位杰出的剧作家。他把安托万剧院的讽刺喜剧搬上了塞尔维亚的舞台,并受到了上流社会的排斥。他解释说:"因为我的剧本太淫秽了。但它真实反映了塞尔维亚的生活,这是艺术的理想,你们不这么觉得吗?"

约翰逊整个人充满了欧洲文化、欧洲智慧、犬儒主义和现代主义的色彩;然而,当你揭开表面,就会找到他身上的塞尔维亚人气质——一个年轻种族身上强壮、阳刚的血脉,与山区农民的半野蛮、强烈的爱国主义和强烈的独立性的风格相近。

但是许多塞尔维亚的"知识分子"却像贝尔格莱德城一样。仅仅三年前,农民们还驾着吱吱作响的牛车,沿着泥泞的土路,在像尼什那样的平房之间穿行,而如今,贝尔格莱德的建筑、人行道、空气与恶习都呈现出巴黎和维也纳的那副样子。他们喜爱现代艺术、现代音乐、探戈和狐步舞。这些"知识分子"还嘲笑农民的歌曲和

---

① 英国维多利亚时代的小说家、诗人,诗歌多取材现实和个人经历,以精彩的对话、充满机智和诗意的宏伟场面,以及对人物心理的刻画著称。他远远超越其时代,把妇女看成和男子平等的完全独立的个人。

服装。

有时候这种装模作样真是可笑。我们和一位同样是大学教员的年轻军官一起骑马在古切沃山（Goutchevo Mountain）的战场上度过了整整一天。三年来，他一直过着游牧民族式的战斗生活，这是任何一个英国人、法国人或德国人都无法忍受的。他经历了那场冬季战役中可怕的撤退和更可怕的进攻，在雨中或满是虱虫的小屋里睡觉，吃农民的粗粮，或者压根没有粮食吃，他在这种环境中顽强地活了下来。

"我太喜欢这个国家了，"他一边骑着马一边说，"这里一派田园气息，你们不觉得吗？每当在乡下，我就会想起贝多芬的《田园交响曲》。"他心不在焉地吹了几小节口哨，"不，我吹错了。刚才那是《贝多芬第三交响曲》，是不是？"

后来我们才知道，他的父亲是农民，自从塞尔维亚人首次从匈牙利平原下来以来，他的祖先世世代代都在务农，一直生活在这个让他想起贝多芬的"国度"里！

在塞尔维亚，他们仍然深爱着萧伯纳的《武器与人》(Arms And the Man)[1]……

我们在总参谋部的饭厅里吃了饭，这个饭厅是塞尔维亚第一位国王米兰·奥布雷诺维奇（Milan Obrenovitch）的宫殿里简陋的王座厅。国王那华丽的红色毛绒镀金王座依然矗立在那里，墙上挂着米沃什·奥比利奇（Milosh Obilich）[2] 和其他几位塞尔维亚动荡历史时期的英雄人物的照片，还有巴尔干战争前几年在马其顿死于土耳

---

[1] 萧伯纳的戏剧作品，通过狼狈的逃兵和大家闺秀的爱情故事，表现浪漫主义和现实主义的冲突。

[2] 塞尔维亚贵族、骑士，最著名的事迹是科索沃战役后诈降杀死奥斯曼帝国苏丹穆拉德一世，被视为民族英雄。

其人之手的塞尔维亚民兵组织领导人的照片。

"这座宫殿是我们最古老的国家纪念碑之一，"约翰逊说，"50多年前建造的。"

令人惊讶的是塞尔维亚王国如此年轻。自它摆脱土耳其5个世纪的统治成为一个自由国家以来，才不过一百年的时间——在这段时间里，她经历了多么动荡的日子啊！

每个塞尔维亚人都有一个秘密梦想，那就是将所有塞尔维亚人民团结在一个伟大的帝国：匈牙利的克罗地亚，种族和语言相同的达尔马提亚（Dalmatia），塞尔维亚文学的故乡波斯尼亚（Bosnia），塞尔维亚诗歌的源头黑山、黑塞哥维那和斯洛文尼亚。一个拥有1500万人口的帝国，从保加利亚一直延伸到亚得里亚海，从的里雅斯特（Trieste）向东和向北一直延伸到匈牙利平原，这将释放出被封锁在狭窄山谷里的塞尔维亚王国的军队和政府的能量，他们将以饱满的精力去开发这个富饶的平原国家，增强海军的力量。

每一名农民士兵都知道自己为什么而战。当他还是小婴儿的时候，他的母亲就会对着婴孩的小脸说："你好，科索沃的小复仇者！"（在14世纪的科索沃战役中，塞尔维亚沦陷于土耳其人的统治之下）当他做了错事时，他的母亲会严厉责备他："你这样是拯救不了马其顿的！"在从婴儿过渡到少年的仪式上，孩子们都要背诵一首叫《我是塞尔维亚人》（Ja sam Serbin）的古老诗歌，这首诗的开头是这样的：

我是塞尔维亚人，生来就是一名战士，
我是伊利亚、米沃什、瓦萨、马尔科①之子。

---

① 这些人都是塞尔维亚的民族英雄，以下就是英雄们的事迹。——作者注

科索沃的小复仇者

我的兄弟多如葡萄园里的葡萄，

但他们没我这么幸运，我是自由的塞尔维亚的儿子。

因此，我必须快快长大，学会唱歌和射击，

好赶紧帮助那些等候我的人们！

在塞尔维亚的学校里，孩子们不仅要学习古塞尔维亚的地理知识，还要按照他们希望收复的失土的顺序，学习所有关于塞尔维亚领土的地理知识，首先是马其顿，然后是达尔马提亚、波斯尼亚、黑塞哥维那、克罗地亚、巴纳特（Banat）和巴奇卡（Batchka）！

现在，科索沃大仇已报，马其顿被征服了，在这些士兵的一生中，他们听从母亲的话，从未忘记自己的"如葡萄园里的葡萄一样多的兄弟"。但即便在塞尔维亚，其他复杂的情况也在威胁着我们。

"如果意大利占领达尔马提亚怎么办？"我问一位政府官员。

"这是非常令人恼火的，"他回答说，"因为这意味着从这场战争中恢复过来后，我们又必须再次投入战斗！"

我们后来遇到的一位老军官带着一种神圣的热情说道："我们原以为大塞尔维亚梦想会在未来的很多年、很多年之后实现，然而在我们这个时代，它就在这里实现了！这是一件值得为之牺牲的事！"

那位唱着"自由塞尔维亚之子"的男孩使他的国家成了世界上最民主的国家之一。它由斯库森那（Skouptchina）进行管理，斯库森那其实是一个由普选和比例代表制选举产生的一院制议会，一个被嘲笑为"博物馆"的参议院，已经于1903年废除。亚历山大国王试图实行独裁统治，人们谋杀了他；现任国王严格来说是一个有名无实的傀儡，受到自由宪法的限制。塞尔维亚没有贵族，只有国王的兄弟和国王的儿子是王子，极端民主党人和社会党人拒绝给摄政王头衔，而是称他为"宣言签署者（Manifest-Signer）"。德拉加王后（Queen Draga）试图建立一种贵族秩序，"但是，"约翰逊笑着说，"我们把她打到（keelled）① 了！"

罗马尼亚的那些大地主们在塞尔维亚并不为人所知。在这里，每个农民都有权拥有 5 英亩土地，且不可因债务或税收而被剥夺；农民与自己的儿子、女儿、侄子、侄女一起耕种田地，直到整个塞尔维亚都出现了被称为"扎德鲁加（zadrougas）"② 的农村合作社，在那里，一个家庭的几代人及其分支后代共同生活在一起，共享他们的全部财产。因为到目前为止，塞尔维亚还没有工业人口，富人也很少。

那天晚上，我们听到了塞尔维亚在 12 月取得伟大胜利的戏剧性故事。奥地利人向塞尔维亚发动了两次进攻，但两次都被击退，瓦列沃的街道上到处是躺在雨中的伤员。但第二次，敌人占领了沙巴茨（Shabatz）、洛斯尼察（Losnitza），以及马切瓦（Machva）和波德里尼亚（Podrigna）两个富裕的省份和古切沃高地。塞尔维亚人无法将奥地利人赶出牢固的阵地。然后，在 12 月的严寒天气中，奥地利人以 50 万人对 25 万人的攻势，发动了第三次入侵。他们从三个相距甚远的地方大举涌入边境，撕开了塞尔维亚人的防线，把塞尔维亚的这支小部队赶回了山区，并使他们被迫放弃了贝尔格莱德。塞尔维亚人两次奋起抵抗，又两次被迫撤退。他们的弹药开始耗尽——每门大炮的炮弹不足 20 发。敌人经过了克鲁帕尼和瓦列沃，

---

① 带口音的 killed。
② 南部斯拉夫民族历史上存在过的乡村共同体。起初一个扎德鲁加主要由一个宗族或一个有亲戚关系的家庭组成，扎德鲁加的成员会共享财产、牲畜、金钱，且通常由最年长的成员发号施令，有时这项权利会转移给他的长子。

距离塞尔维亚总参谋部克拉古耶瓦茨不足 45 英里。

然后，在最后一刻，奇迹发生了。新的弹药从萨洛尼卡运抵，年轻的军官起来反抗那些谨慎的年长军官，高声喊着宁愿在进攻中死去，也不愿在战壕里被屠杀。米契奇将军下令发动进攻。之前被动挨打的塞尔维亚人从战壕里冲了出来，向沿着狭窄山路慢悠悠前来的奥地利纵队发起了进攻。奥地利人在行进中被困，他们背负着大炮和沉重的辎重，道路泥泞不堪，几乎无法通行。虽然奥地利军队进行了激烈的抵抗，但他们被迫后退，且后退的路线被切断。他们的中路部队被米契奇和第一军击溃后惊慌失措地丢下辎重、弹药和枪支，溃逃至全国各地，留下了数千名的死伤人员，以及挤满了斑疹伤寒患者的医院。斑疹伤寒就是这样从匈牙利平原的某个地方开始，随着奥地利军队进入塞尔维亚的。有一段时间，奥地利左翼部队试图守住贝尔格莱德，但斗志昂扬、衣衫褴褛的塞尔维亚人成功把他们赶进了萨瓦河，并在奥地利人渡河时向他们射击。

米契奇将军用一份自豪的电报简洁地报告了这场伟大的战役，电报中写道："除了俘虏，塞尔维亚领土上再也没有奥地利士兵了。"但是电报没有对这场战斗给出具体的名字。有人将这场战役称为科卢巴拉河之战，也有人称之为瓦列沃之战（Battle of Valievo），不过它也许是所有伟大的世界大战中最精彩的战役。

上校的右边坐着一位身穿希腊教会黑色长袍的主教。他不像希腊人那样油嘴滑舌、狡猾诡诈——他是一个面色红润的大块头，喜欢放声大笑，和军官们一起喝酒聊天。这些塞尔维亚牧师是了不起的人物，他们是农民的教师、爱国主义的传播者，还被选举进入议会，成为地区代表。

"为什么不呢？"他用法语说。"塞尔维亚没有牧师党。在这里，我们是一体的，明白吗？"他转向上校，上校点点头。"我已经在部队里战斗了 3 年——不是作为牧师，而是作为塞尔维亚士兵。是的，我们是国家教会，但政府也补贴新教和天主教会，甚至伊斯兰教的教徒。为什么？这真是非比寻常。政府每年付给伊斯兰教的穆夫提 3 万第纳尔，而塞尔维亚教会的主教只能拿到 2 万第纳尔！我们的人民不会忘记米兰·奥布雷诺维奇在一个乡村教堂里发动了反对土耳其人的革命，而主教就在他身边。我们首先是塞尔维亚人，是男人，然后才是牧师。"他笑了，"你听说过塞尔维亚主教杜契奇是如何让伦敦主教震惊的故事吗？没有？嗯，当时他们在英国一起用餐。"

"伦敦主教说：'你是幸运的，因为你的人民，我听说他们很虔诚。'"

"'是的，'杜契奇先生说，'在塞尔维亚，我们不太相信上帝。我们向上帝祈祷了 5 个世纪，祈求祂把我们从土耳其人手中解救出来，最后还得我们自己拿起枪，动手开干！'"

当我们登上开往贝尔格莱德的火车时，已经是午夜了，此时我们距离贝尔格莱德不到 100 千米；清晨，我们仍然离这座城市很远，因为火车前进得非常缓慢。我们在铁路支线上等了好几个小时，满载士兵与给养的那些北上的火车和南下的空火车驶过之后我们才能通行，因为我们现在处在多瑙河地区塞尔维亚军队的战线内，正处于为 5 万军人提供物资的军事要道上。这是一个连绵起伏的高山地区，处处都能看到一座座更高的山峰，山顶上矗立着一座可以追溯到土耳其时期的禁卫军首领（Dahee）[①] 的城堡废墟。这里没有任何

[①] 指的是奥斯曼帝国时期反叛的禁卫军军官。

植被可以用作伪装，衣衫褴褛的军团驻在一个又一个被挖成洞穴的山坡上，或者是盖着泥土和稻草搭建的小屋里；在斜坡的草地上，战壕纵横交错，在战斗特别激烈的地方，参差不齐的大橡树的树桩被炮弹和步枪子弹打得光秃秃的，没有树枝，也没有叶子。

军列向北行驶，穿过连绵起伏的高山地区。

贝尔格莱德的火车站在炮击中被摧毁了，奥地利军队一发接一发地对这里进行地毯式的炮击，炸毁了附近的车站，于是我们被迫在 6 英里外的拉科维察（Rakovitza）下车，乘马车进城。这条路蜿蜒穿过一个美丽而肥沃的山谷，白色的别墅和农舍被茂密盛开的栗树所覆盖。当离城镇更近一些时，我们进入了一个巨大公园的荫凉大道。夏天，贝尔格莱德的上流社会会来这里展示他们最时髦的马车和最新的礼服。而如今，这条林荫道上长满了杂草，草坪上尘土飞扬，一片狼藉。避暑凉亭已经被炮弹炸毁。在一个观赏喷泉边的大树下，驻扎着一队骑兵；在离网球场稍远的地方，为安置两门法国大炮而构筑了发射阵地——炮组的法国水兵躺在草地上，开心地向我们喊叫。

我们的马车进入了一条靠左手边的路，驶向萨瓦河方向。突然，一声遥远又低沉的隆隆声传入我们的耳中。这是世界上独一无二的、大炮的轰鸣声和炮弹的呼啸声叠加起来的双重声音。现在，在更近的地方，就在我们左边，其他大炮做出了回应。前面一个转弯处出现了一辆两匹马拉着的马车，马匹飞奔着，一位肥胖的军官从马车里探出身子。

"别往那边走！"他喊道，"该死的（*Putzaiyu*）！他们在路上开火！英国的炮兵阵地正在回击！"

于是，我们掉转车头，绕了很长一段路，一直向右走。远处的枪声持续了大约一刻钟，然后就停止了。在一段时间内，一种低沉、稳定的嗡嗡声越来越清晰，萦绕在空气中。突然，我们头顶传来一声沉重而尖锐的爆炸声。我们抬头仰望。在那里，一架飞机在盘旋，它的高度不可估量，像一只太阳下苍白的蜻蜓一样闪闪发光。飞机的底部被涂成红色和蓝色的同心圆。"法国飞机！"约翰逊说。这架飞机已经慢慢地转向东方和南方。在它身后，似乎不到 100 码的地方，一颗爆炸的榴霰弹慢慢冒出白色的烟雾。就在我们张望的时候，远处响起了一声枪响，接着又响了一声，我们看到这架飞机绕到树后，一枚枚炮弹在它身后爆炸。

我们爬上一座陡峭的小山，沿着一条笔直的未铺柏油的白色道路，从山的另一边下来。在我们眼前，坐落在多瑙河和萨瓦河之间的高地上的，正是贝尔格莱德，塞尔维亚人的贝尔格莱德。当塞尔维亚人第一次从匈牙利山区下来的时候,这座白城就已经很古老了,但它同时也是世界上最年轻的城市之一。在山脚下,奥地利战俘排成两列长队,从拉科维察跋涉而来,他们满身尘土,耐心地站在阳光下,两名塞尔维亚军官正在挨个对他们进行盘问。

"你是什么民族的?"

"我是波斯尼亚的塞族人,先生们(gospodine),"犯人咧嘴笑着回答。

"你呢?"

"克瑞提①(Croat)的山区。"

"好吧,兄弟们,"军官说,"你们为斯瓦比亚人而战真是不错!"

"啊!"克罗地亚人回答。"我们请求能与你们并肩战斗,但他们不允许。"大家都笑了。

"你是什么民族?"

"意大利人,来自的里雅斯特。"

"捷克人(Tchek)。"

"我是马扎尔人(Magyar)②!"一个脸色阴沉、矮胖的男人带着憎恨的表情怒吼道。

"你呢?"

"我是罗马尼亚人。"最后一个人骄傲地说。

再往前几百码是一个大棚子,里面储存着军队所需的各种粮食、饲料、干草和谷物。在这里,在烈日下,奥地利战俘把一袋袋面粉装上牛车,汗流浃背,他们的制服、手上和脸上都沾满了白面粉。一位拿着带刺刀来复枪的哨兵在他们前面走来走去,一边踱步一边

---

① 原文为 Kratti,即克罗地亚,此为方言口音。
② 马扎尔人是匈牙利的主体民族。

高喊：

　　上帝保佑我的祖父弗拉迪斯拉夫·温茨（Vladislav Wenz），他40年前来到塞尔维亚定居。如果当年他没有这么做，我现在就和这些俘虏一起扛面粉了！

奥地利炮火下的贝尔格莱德

我们的马车嘎吱作响，声音在寂静的贝尔格莱德回响。鹅卵石间长满了野草，已经有半年没人走过了。炮声完全停止了。炽热的太阳照在房屋的白墙上，耀眼夺目。一阵暖风从未铺砌的道路上吹起一团团螺旋状的白色灰尘。很难想象奥地利人的大炮控制了我们，并且随时可能炮击这座城市，就像他们之前已经做了十几次的那样。四处可见炮火的影响。街道中间有几个直径15英尺的大洞。一枚炮弹击穿了军事学院的屋顶，在屋内爆炸，震碎了所有的窗户；战争办公室的西墙在重炮的密集火力轰击下倒塌了；意大利公使馆被弹片炸得满目疮痍，残破的旗杆上挂着破损的国旗。已经没有门的私人住宅屋顶倾斜倒塌，一直延伸到人行道上，没有玻璃的窗框懒散地歪斜摆动着。那条弯弯曲曲的林荫大道是贝尔格莱德的主街道，也是唯一铺好的街道，但损坏更严重。从皇宫的屋顶落下的炮弹，摧毁了宫殿内部。当我们经过时，一只曾经点缀过皇家花园的漂亮孔雀，如今全身污秽地站在一扇毁坏的窗户内尖叫，一群聚集在下方人行道的士兵，大笑着模仿它。几乎没有什么东西逃过了这场大火，房屋、棚屋、马厩、旅馆、餐馆、商店和公共建筑都被损毁了。就在刚刚过去的十天前，最近一次炮击又留下了许多新的废墟。一座五层的办公大楼，顶部的两层被 30.5 毫米口径的炮弹炸飞，半个房间随后完全裸露——一张铁床危险地悬在空中，不过装饰着镶框照片的花色墙纸没有受到爆炸的影响。贝尔格莱德大学现在只不过是一片巨大的废墟。奥地利人把这里作为他们的特别目标，因为这里曾经是泛塞尔维亚（Pan-Serbian）宣传的温床。这里的学生中形成了一个秘密社团，社团成员谋杀了弗朗茨·斐迪南大公。

我们遇到了这个社团成员之一的一名官员，他是谋杀斐迪南大公刺客的同学。"是的，"他说，"政府知道这个情况。它试图劝阻我们，但无济于事。政府当然不支持我们的宣传。"他咧嘴一笑，眨眨眼。"但它哪里能阻止呢？我们的宪法保障集会和结社的自由……我们是一个自由的国家！"

约翰逊对这种毁坏无动于衷。

"多年来，我们在那栋老建筑里，一直过得拥挤又很不方便。"他解释道，"但这所大学太穷了，无法重建。现在，我们将在和谈的条款中，要求德国的一所大学给我们提供援助，包括重建图书馆、实验室以及所有的一切。他们有很多大学，而我们只有这一所。我们还没有决定是向海德堡大学提出请求还是向波恩大学提出请求……"

人们已经开始返回他们在 6 个月前第一次炮击发生时离开的城市。每天傍晚，临近日落时分，街道都会变得越来越拥挤。有几家商店小心翼翼地开张了，还有几家餐馆、咖啡馆，真正的贝尔格莱德人在那里喝着啤酒，看着上流社会的人物匆匆经过。约翰逊不停地对坐在桌边的人或沿街走过的人评头论足。

"你看到那个戴着眼镜、看起来很重要的小个子男人了吗？他是 R 先生，野心勃勃，自认为是个人物。他是一家名叫《电讯报》

（*Dépêche*）的小报的编辑。即便在狂轰滥炸之下，R先生也每天在这里发表文章，把自己想象成一个伟大的英雄。有一首关于他的小曲在贝尔格莱德到处传唱：

> 一枚奥地利炮弹在空中飞过。
> 它说："现在我要摧毁贝尔格莱德，这座白城"；
> 但当它看到自己就要击中R先生时——
> 它捏住鼻子，叫着"哦，真是一坨屎！"
> ——然后向另一个方向飞去！

在角落里，一个看起来像犹太政治家的又胖又脏的男人向一群人走去。

"这是《马里日报》（*Mali Journal*）的编辑S先生。他们兄弟三人，一个是特技自行车手，这位S先生则和另一个兄弟在这里开了一家小报社，靠敲诈大人物为生。他们穷得要命，因为没有人愿意为勒索付钱。于是，一连两个星期，他们每天都刊登一张这位自行车手的照片，照片上的他光着腿，光着胳膊，胸前别着勋章，这样，某个身家几百万第纳尔的女继承人就会被他那俊美的身材迷住，然后嫁给他！"

我们参观了古老的土耳其城堡，它坐落在萨瓦河和多瑙河交界处陡峭的岬角上。在塞尔维亚人安放大炮的地方，奥地利人的火力是最猛烈的，几乎没有一栋建筑存留，实际上一切都已经被摧毁了。道路和空地上布满了被炮弹炸开的弹坑。所有的树都被剥光了。在两堵破碎的墙之间，我们匍匐着趴到正对着河的悬崖边。

眺望奥地利。

"不要露出头去，"负责监视我们的上尉警告说，"每当斯瓦比亚人看到有什么东西在这里移动，他们就会往这里扔一枚炮弹。"

从悬崖边上望去，浑浊泥泞的多瑙河泛滥的景象尽收眼底，被淹没的岛屿只在水面上露出一丛丛树梢，广阔的匈牙利平原被淹没在黄色的洪流中，一直延伸到地平线。两英里外，越过萨瓦河，奥地利的塞姆林（Semlin）小镇正沉睡在灿烂的阳光下。在西面和南面的低洼处，部署着看不见的大炮。再往远处，沿着蜿蜒的萨瓦河，放眼望去，波斯尼亚的蓝色山脉堆积耸立，映衬着苍白的天空。几乎就在我们的正下方，是曾经连接君士坦丁堡和西欧的国际铁路桥的钢架，现在已经断裂了，它们从巨大的桥墩上惊人地坠入浑浊的黄水中。上游还有半下沉的齐加尔尼亚岛。塞尔维亚的先遣部队躺在岛上的战壕里，狙击 400 码外另一个岛上的敌人。上尉指着几英里外多瑙河上游塞姆林镇肩部的几个黑点。

"那些是奥地利侦察船，"他说，"东边靠近河岸的那只黑色小汽艇，是英国的炮艇。昨晚它偷偷逆流而上，用鱼雷击沉了一艘奥地利侦察船。我们预计这座城市随时会遭到炮击。奥地利人通常会拿贝尔格莱德出气。"

但是一天过去了，敌人没有任何行动的迹象，除了一次，一架法国飞机在萨瓦河上空盘旋，接着，白色的弹片在我们头顶炸开。在这架双翼飞机再次向东飞离很久之后，炮火仍在飞机后方数英里处继续射击。

"他们已经吸取了教训，"约翰逊洋洋得意地说。"上次他们炮击贝尔格莱德的时候，遭到了英国、法国和俄国海军大炮的反击，他们不知道这些大炮就在这里。我们炮击了塞姆林，压制住了奥地利军队的两处阵地。"

第二天，我们和上尉一起参观了外国炮兵阵地。法国海军陆战队队员守卫着他们的大炮，驻扎在一座树木繁茂的高山顶上，俯瞰着萨瓦河；在更远的地方，俄国水兵围着他们的重炮，懒洋洋地站在草地上；在贝尔格莱德后方斜坡草地上驻扎着英国人,他们守卫着多瑙河的航道,与停泊在塞姆林小镇上方的奥地利补给船对峙,这些补给船等待着一个溜过多瑙河的机会,以便为土耳其人提供枪支和弹药。塞尔维亚的炮兵阵地是一处武器大杂烩:有法国勒克勒佐(Creusot)为第一次巴尔干战争制造的老式野战炮,有土耳其战争中为米兰国王铸造的古代青铜制品,以及从奥地利人那里缴获的各式口径的野战炮——德国野战炮、维也纳为苏丹制造的装饰有土耳其标志的火炮,以及袁世凯订购的新型火炮,火炮炮闩上还刻着汉字。

从我们的窗户望出去,可以越过城市的顶部看到宽阔的萨瓦河,看到敌人的大炮所在的那片险恶的高地。到了晚上,奥地利的大探照灯会突然照亮河流和城市,使人眼花缭乱;炮弹爆炸的火花在河上岛屿的树木间跳跃闪烁,然后熄灭。我们总会听到密集的射击声,哨兵躺在泥里,双脚浸在水中,在黑暗中互相残杀。一天晚上,英军的炮兵阵地在城镇后方开火了,炮弹从我们头顶呼啸而过,他们击退了试图顺流而下的奥地利侦察船。然后,隐蔽在萨瓦河对岸高地上的火炮发出了红光。在一个小时的时间里,重炮的炮弹在天空中呼啸而过,然后在几英里外的英国炮兵阵地周围炸开——我们站立的地方,连地面都在震动。

"所以,你们想参观战壕,"上尉说。我们已经驾着马车行驶了1英里左右,当车沿着萨瓦河穿过城市的郊区时,我们总是能看到奥地利人的枪炮。我们的两辆马车间隔有200码,因为靠得太近会引来炮击。就在我们站着的地方,河岸从一个淹没的岛屿的树木后面露出来,延伸至泛滥的河水中,岛上的树木将我们和奥地利的河岸隔开。"这里不是很安全。我们必须坐船去,经过被奥地利火炮覆盖的 300 码宽的开阔水域。"

这艘老旧的船应该是有装甲的,一层厚厚的铁皮盖着发动机舱顶,薄薄的钢板支撑着船舷。当我们绕过树木的掩护时,兼任船上的领航员、工程师和船员的一名士兵站起来,对着奥军大炮所在的方向挥舞起了拳头。

"哦,懦夫和懦夫的儿子们!"他高声喊道。"你们为什么不开枪,斯瓦比亚的懦夫们?看到手无寸铁的塞尔维亚人,你们的膝盖打颤了吗?"

这名士兵一直保持着这种状态,直到船行驶到了齐加尔尼亚岛的后方,这里超出了奥地利炮兵的射程,旁边是一艘涂成黑色的巨大运兵船,上面有步枪的弹孔。船头用黄色的大写字母写着"*Neboysha*",这在塞尔维亚语中是"无畏舰"的意思。

"那是塞尔维亚海军,"上尉笑着说。"我们和无畏舰一起参加了一场伟大的战斗。一月,在一个漆黑的夜晚,运兵船上面站满了我们的士兵,船只顺流而下,我们就这样占领了这座岛。"

从无畏舰停泊的地方出发,在半淹没在水中的垂柳之间,有一座摇摇欲坠的木栈桥,通向一片不到 10 英尺宽、200 码长的狭长地带。在泥泞的堤岸上,士兵们在这里挖了粗陋的散兵坑,他们躺在潮湿的地上,没有刮胡子,也没法洗漱,衣衫褴褛。这里的食物总是腐坏变质,还时常紧缺,士兵一个个饿得瘦削又憔悴。士兵们从头到脚都是泥巴的颜色,仿佛野外逃窜的动物。许多战壕的深度在洪水水位以下,里面灌满了积水;可以看到,就在两天前,河水涨到了他们的腰部。我们无法沿着战壕边行走时,士兵们就用平底驳船载我们。

几十个蓬头垢面、头戴皮帽、胸前系着步枪腰带、肩上挂着手榴弹的大块头男人,在一名宪兵的监督下,闷闷不乐地挖掘着战壕。

上尉说，这些不穿制服的人都是民兵，他们是从土匪或革命分子中抽调出来的，这些人多年来一直在马其顿与土耳其人、保加利亚人和希腊人进行着绝望的游击战。

"这些人是被逮捕了，"上尉解释道，"他们拒绝挖战壕或从事路面工作。他们说：'我们是来与斯瓦比亚人作战的，不是来挖沟的。我们是战士，不是劳工！'"

我们摘下帽子，小心翼翼地从步枪的缝隙中窥视。从浮出水面的树梢间看，大约 400 码外出现了一块同样贫瘠的土地——这些地方以前都是陆地——奥地利人就躺在那里。一顶蓝色的尖顶帽小心翼翼地浮了起来，我旁边的士兵哼了一声，立刻瞄准射击。对面几乎立刻就传来了敌人零星的射击声。子弹在我们头顶附近呼啸而过，绿叶如雨点般从树上落下。

在萨瓦河边的塞尔维亚战壕里，距离奥地利阵营 200 码。

我们的船夫从无畏舰出发，把小船向上游划去，然后在 1/4 英里以外的地方，进入了奥地利炮兵扫射过的河道。

"我们走近一点吧，"他说，"也许这会吸引他们呢。"

那艘笨拙的、嘎嘎作响的船滑过水面。他在船尾站起来，双手合十，大声唱起一首士兵们吟唱的讽刺诗：

> 沙皇尼古拉骑着一匹黑马，
> 弗朗茨·约瑟夫皇帝骑着骡子——
> 他把缰绳套在尾巴上，而不是头上，
> 现在，奥地利完蛋了！

他刚唱完，突然的爆炸声就把我们吓了一跳，此时，小船距离避难岛不足 50 码。就在我们的船底砰的一声触岸的同时，有什么东西在我们头顶 3 码处带着刺耳的声音飞了过去，随着一声轰鸣声，岸上一座建筑物的屋顶掀了起来，空气中充满了呼啸而过的瓦片和铅弹弹片。

"哇！"舵手喊道。"炮弹①多得能打败任何的候选人！"

现在我们躲在树后面作为掩护。一艘满载士兵的小船驶离岸边，士兵疯狂地划着桨。

"别出去！"上尉对他们喊道。"他们正在开火呢！"

"这就是我们要去的原因！"士兵们像孩子一样，一起大声喊道。"也许他们会向我们开枪！"他们大声叫喊着，伴随着巨大的划桨声，环岛而行……

---

① 原文为 black balls，为双关，可指炮弹，也可指反对票。

在萨瓦河上躲避弹片。有什么东西在我们头顶上尖叫着飞过，随即，海岸边一座建筑物的屋顶轰隆一声掀了起来。

在一座制糖厂的废墟里，午餐已经准备好了，负责小岛的上校指挥官的指挥部就设在这里。为了到达那里，我们得穿过一座木板桥，桥上的木板铺在一片摇摇欲坠的红糖沼泽上面——成吨成吨的红糖，在被奥地利人的炮弹点燃后融化成了沼泽。

一名上校、两名上尉、四名中尉、一名下士和两名二等兵和我们坐在一起用餐。在塞尔维亚，军官和士兵之间的友好关系会破坏军队纪律的愚蠢观念显然是不存在的。在餐馆里，我们多次注意到一个二等兵或未授军衔的士官走近一张坐着军官的桌子，僵硬地敬礼，与周围的人握手，然后坐下。这时，中士在我们中间坐下喝起了咖啡，并被正式介绍给大家。

其中一名二等兵在战前曾担任塞尔维亚国家剧院的秘书。他告诉我们，宪章要求每个季度演出 50 场次的莎士比亚，在所有剧目中，塞尔维亚人更喜欢《科利奥拉纳斯》(*Coriolanus*)①。

"《哈姆雷特》，"他说，"很受欢迎。但是，我们已经 15 年没有演过这出剧了，因为唯一能演这个角色的演员在 1900 年去世了。"

---

① 威廉·莎士比亚晚年撰写的戏剧，是一部悲剧，该剧讲述了罗马共和国的英雄马歇斯（被称为科利奥兰纳斯）因性格多疑、脾气暴躁，得罪了公众而被逐出罗马的悲剧。作者以英雄与群众的关系为主线，揭示出了人性的弱点。

沿着战争前线

在一千英尺高的空中,两架法国飞机缓缓向西飞去,飞机的发动机嗡嗡作响,机身在清晨晴朗的阳光下若隐若现。在飞机的下方和左侧,弹片缓慢地炸开。几分钟后,爆炸声和发动机的轰鸣声逐渐减弱。我们的马车爬上一座小山,山上到处都是别墅,掩映在青葱草木和刚开花的果树中。我们回头最后看了一眼白城贝尔格莱德,它的岬角和奥地利的河岸。然后,我们进入一条弯弯曲曲、车辙斑驳的小路,小路在头顶相接的树木下蜿蜒而上,经过低矮的白色农舍,农舍的屋顶铺着厚重的土耳其砖瓦;还有田里的妇女,她们穿着刺绣花皮背心和亚麻裙,踩着犁沟,牵着从军队租借来的牛,后面跟着操作木犁的士兵。篱笆和栅栏上挂着长长的亚麻土布条,在暴晒下已经褪色。除了在军队里,这个国家已经没有男人。

我们沿着乡间小路向内陆驶去,说是小路,其实也不过是有人踏出的足迹——现在我们不能沿着萨瓦河的大路走了,因为它已经被位于河对岸300码远的奥地利战壕的炮火所覆盖。途中,车夫好几次都迷路了。我们涉水穿过湍急的山涧,溪水冲到马车的车床上,车子陷入污泥,一直到轮轴处。然后,车子又沿着干涸的河床爬过蜿蜒的深沟,再穿过巨大的橡树林,嘎吱嘎吱地冲下陡峭的小山,成群的半野生猪在马前面尖叫着跑开。有次，我们经过了 3 座比人还高的巨大墓碑，墓碑上面雕刻有用来装饰哈吉纪念碑的包头巾。墓碑的底部被凿出巨大的半月形。约翰逊向一些农民询问了纪念碑的情况，但他们耸耸肩，只回答道："是英雄。"再往前走，在小山的洼地里，卧着一座白色石棺——曾经把它围起来的罗马陵墓可能在几个世纪前就被农民们拆毁搬走了。然后，这条小路穿过一个古老的村庄墓地的中央，长满青苔的希腊十字架在茂密的灌木丛中疯狂地倾斜着。沿途到处都是新的石头十字架，上面涂着金色、绿色和红色，矗立在小屋顶下面；约翰逊解释说，这些是附近居民的纪念碑，他们死在未知的地方，尸体也一直没有找到。树、草和花在山野上生长，去年的田地已长满了杂草。半开着门、窗户敞开着的房子，坐落在无人照料的藤蔓中。有时，我们在寂静乡间的宽阔街道上颠簸前行，老人们拖着沉重的步子走到家门口看我们经过，孩子们在尘土中与像狼一样的牧羊犬嬉戏，成群结队的妇女肩上扛着锄头从地里往家走。这里是拉基亚酒（rackia）[①]之国——当地的梅子白兰地就来自这里；大片的梅子和李子果园让沉闷的空气也变得清新起来。

我们在一家酒馆（mehana）或称乡村小旅馆的地方停下来，吃我们自带的午餐——因为在这个国家里，普通居民根本吃不饱。在昏暗、凉爽的室内，粗糙的木桌就放在泥地上，上了年纪的农民们带着孩子般的淳朴，庄重而礼貌地摘下帽子向我们打招呼："下午好，先生们（Dobar dan, gospodine）！""日安，先生们！希望您旅途愉快。"满脸皱纹的老店主弯下腰，在他的土制烤炉前，用黄铜杯

[①] 拉基亚酒，一种烈性水果白兰地，可以用李子、葡萄和梨等多种水果酿造，在巴尔干地区随处可见。

子煮着土耳其咖啡,讲述着奥地利人是怎么闯进来的。

"一个拿着步枪和刺刀的士兵从这扇门进来了。""'我要钱,'他说,把你全部的钱都给我——快点!'但我回答说我没有钱。'你必须有钱。你不是开旅店的吗?'我还是说我没有钱;然后他用刺刀刺向我——这里。看到了吗?"他颤抖着撩起衬衫,露出一条尚未愈合的长长的伤口。

"斑疹伤寒!"约翰逊指着路两边房屋前的栅栏。几乎每个屋子前面都有一个白色的十字架,有时甚至有两三个。"每个十字架都意味着房子里有一个斑疹伤寒病例。"我数了数,在半英里的路程里,就有 100 多个十字架。这片肥沃的土地上似乎只有死亡或纪念死亡,除此之外,什么都没有。

下午晚些时候,我们登上了一座小山,再次看到了广阔的萨瓦河,它淹没了整个山谷;更远处,山麓叠翠,一直延伸到波斯尼亚山脉。河水在这里拐了个大弯,在一片似乎完全被水淹没的树木繁茂的平原中间,露出了红色的屋顶、凸出的白色塔楼和细长的宣礼塔——奥布雷诺瓦茨(Obrenovatz)。我们驾车下山,上了主路,这条主干道刚好高于洪水水位,就像一条穿过洪泛区的堤道。在两边的沼泽地里,神圣的白鹳正在认真地捕鱼。在这片被洪水淹没的土地中央,有一个小岛似的地方,地面稍稍隆起,地势较高;我们的车子在这个白色的塞尔维亚小镇的一条道路嘎吱嘎吱地前行,这条道路岩石遍布、没有铺砌,低矮的房屋坐落在一丛丛绿色的树丛中,房子都安装了双层窗户以挡住吸血蝙蝠。

他们很有礼貌地把我们领到了邮政局长加亚·马蒂奇(Gaia Matitch)的家。马蒂奇个子瘦小,神情紧张,笑容可掬地在家门口欢迎我们。马蒂奇的妻子紧张不安地站在他身边，可见她将款待好陌生人这件事看得非常重要。马蒂奇全家挥手招呼我们进入他们的卧室，他们用最白的亚麻布、最艳丽的刺绣来装饰卧室，甚至从沼泽里采来鲜花插瓶作为点缀。师部的两名军官站在我们周围，绞尽脑汁地想办法让我们舒服些；一个小女孩端来几盘苹果、李子和橘子蜜饯；士兵们跪下来帮我们脱靴子，另一个士兵站在洗脸盆旁，等着给我们倒水洗手；马蒂奇自己也在房间里踱来踱去，手里拿着一瓶拉基亚酒，招待我们喝饮料，他还整理着椅子和桌子，恼怒地对仆人们发出刺耳的命令。

"我们感到非常荣幸，"他用一种混杂着法语、德语和英语的蹩脚腔调说，"在塞尔维亚，陌生人能来家中拜访，对主人来说是最高的荣誉。"

我们已多次体验到塞尔维亚人对外国人的热情。记得有一次，我们在一个陌生的小镇上，这里已经好几个星期都没有新的补给，更没有烟草，但我们想去商店买些香烟。

"香烟？"店主摆摆手说，"香烟的价格等于相同重量黄金的两倍。"他看了我们一会儿。"你们是外地人？"我们说："是的。"于是，他打开了一个铁制保险柜，递给我们每人一包香烟。"不要钱，"他说，"你们是外国人嘛。"

我们的朋友马蒂奇眼含泪水地指着墙上的两张照片——一张是留着白胡子的老人，另一张是一个年轻女孩。

"这个人是我的父亲，"他说，"他死的时候 77 岁。当奥地利人占领沙巴茨时，他们把我父亲作为战俘送到布达佩斯，他最终死在了匈牙利。至于我的妹妹，他们也把她带走了——自从 8 月以来，我就没有得到她的任何消息了，我不知道她是死是活。"

在这里，我们第一次听到奥地利人在西部边境的暴行。起初，我们简直不敢相信；后来，在贝尔格莱德、沙巴茨、洛斯尼察，我们从逃亡者、死囚或狱中在押人员的家属口中，从宣誓证词效忠的人嘴里听到，从奥地利官方送交给塞尔维亚红十字会的俘虏名单中看到，他们一再重复着这些话，讲述着奥地利人的暴行。在占领边境城镇时，奥地利人把平民——妇女、老人和儿童——聚集在一起，然后把他们作为战俘驱赶至奥匈帝国。仅贝尔格莱德就有700多人被带走，沙巴茨有1500人被这样带走。奥地利政府的官方战俘名单颇具讽刺地写道：

> 埃恩·图弗·柴斯，84岁；
> 达林卡·安提奇（女），23岁；
> 乔治·格奥尔基维奇，78岁；
> 沃伊斯拉夫·彼得罗涅维奇，12岁；
> 玛丽亚·温兹，69岁。

奥地利军官说，他们这样做是因为这是一次针对塞尔维亚人的惩罚性远征，而不是两国间的战争！

在混乱中，我们听说我们必须在夜间启程前往沙巴茨，因为沿着河岸的这条道路已完全在敌人的火力覆盖范围之内。于是晚饭后，所有人都陪我们回到了马蒂奇家。主人一直不停地往我们的杯子里添满酸酸口感的拉基亚酒。我们手挽着手，沿着村里的街道走着，又喊又唱。当听说我们不打算在他家过夜时，马蒂奇几乎要哭出来。

"请留下来！"他抓住我们的胳膊喊道，"我的房子哪里不够好？

你们还缺什么吗?"

最后,他叹了口气,把我们推搡进了饭厅。我们坐在那里向他们道别,马蒂奇和他妻子端来酒和盐腌牛肉干,让我们解渴。一位彬彬有礼的军官向约翰逊询问,在法国如何举杯健康祝福,但他听到的只是这样的回答:"跟着感觉走(A votre sentir)!"他一遍又一遍地重复着。我们为马蒂奇太太的健康干杯,这让这位善良的女人感到十分尴尬。我们在热烈的掌声中唱起了美国歌曲。有人在罗宾逊的口袋里塞满了牛肉干,后来的几天,这些牛肉干都从他的衣服里掉了出来。时间已经临近午夜,然而我们本该 10 点钟就出发的。突然,马蒂奇站了起来。"波勃拉欣(Porbratim)[①]!"他喊道,所有的人都附和着,"波勃拉欣!"

"我现在让你们成为我的兄弟(Porbratim),我的亲兄弟,"他友好地说,"这是古老的塞尔维亚仪式。把你和我的手臂挽起来——就这样!"

我们一个接一个地挽着胳膊肘喝酒,然后把胳膊搭在彼此的脖子上,碰触双颊,大声拥抱。这群人在桌子上咆哮着,捶打着。仪式完成了——直到今日,我们仍是盖亚·马蒂奇的兄弟。

最后,我们上了马车。车夫们挥了挥鞭子,我们在"上帝保佑你们(S Bogom)!保重!晚安(Laku Noch)!"的道别声中离开了。

月色明亮皎洁。当经过村庄的外围时,两个骑在马背上的武装人士一声不响地跟在我们的第一辆马车后面,随我们一起行进,直到穿过危险地带。我们时而在岩石路面上颠簸,时而在深深的泥坑中打转;河水淹没了道路,马在水里扑腾,溅起了水花,洪水涨到

[①] 塞尔维亚语"兄弟"的意思。

了轮毂处。车夫们不再挥舞鞭子,也不再叫喊了——他们低声咒骂着马,因为我们已经在奥地利战壕所能听到的范围内。除了马蹄声和马车的嘎吱声,什么声音也听不见。

夜晚驾车前往沙巴茨。车夫们低声咒骂着马,因为我们听得见奥地利战壕里的声音近在咫尺。

月亮缓缓地沉了下去。骑兵护卫神秘地消失了,就像他们来的时候一样悄无声息。我们继续摇晃着前行。广阔的星空渐渐暗淡下来,黎明降临了。在东边,越过塞尔维亚人粉碎奥地利人第一次进攻的地方——策尔(Tser)山脉的上空,出现了白色和银色的曙光。在一座草木丛生的小山上,有一座被炮火毁坏的巨大的白色希腊教堂,山下有一百余辆牛车散落在田野里,车夫们裹着鲜艳的毯子正在沉睡,或者蹲坐在把脸映得通红的早些时候生起的火堆旁。他们要去贝尔格莱德,为我们将要前往的饥饿国度带去食物,而这需要缓慢地花上一个星期的时间。

炙热而炫目的日头跃过山头，我们的马车嘎嘎作响地驶入沙巴茨的街道，穿过无数排被砸烂、被洗劫一空的房屋，整个城镇还没有从睡梦中醒来。

一家咖啡馆开着门。我们冲过去点了咖啡。"有什么吃的吗？我们都很饿。"女人摇了摇头："沙巴茨连面包都没有。"

"鸡蛋呢！"我们叫道。

约翰逊懒洋洋地举起双手。"我亲爱的先生们！打扰一下。这里没有鸡蛋，只有战争！"

"但是我在街上看到母鸡了，"我坚持说。最后约翰逊答应去问问那个女人。

"这里没有鸡蛋出售，"她回答，"但是，既然先生们是外地人，我们就给你们一些。"

沙巴茨曾经是一个富裕而重要的城镇，是塞尔维亚最富有的地区马切瓦的大都市，也是水果、葡萄酒、羊毛和丝绸贸易的中心。这里曾有2500座房屋，但现在有些被炮火摧毁了；还有更多的房屋被人肆意烧毁了，所有房屋都遭到入侵和洗劫。沿街走上几英里——每座房子都被洗劫一空。入侵者拿走了亚麻布、照片、儿童玩具、家具——那些太沉或太笨重而无法搬动的东西，则被他们用斧头砸碎了。他们还把马养在这些漂亮房子的卧室里。在私人藏书室里，所有的书本都散落在地板上，污秽不堪，书的封皮被故意剥下。不是只有几栋房子遭遇了这种命运，每幢房子都是如此。亲眼看到这些，真是太可怕了。

在沙巴茨第一次遭受入侵时，许多人选择留下来，他们相信自己会安全无事。但奥地利士兵们却像野兽一样在城里乱窜，焚烧，抢劫，奸淫。我们看到了被洗劫一空的欧洲饭店，看到了被熏黑且残缺不全的教堂,三千名男女老小曾被聚集起来关在这里,而且整整四天都没有食物和水,然后他们被分成两组——一组作为战俘被送回奥地利,另一组被驱赶南下,送到对抗塞尔维亚的奥匈军队里。这不像在法国和比利时经常发生的那样,是毫无根据的谣言或歇斯底里的指责,这一事实得到了大量宣誓证词的证明,得到了数百名参加了那次可怕行军的人的证明。我们和几个人进行了交谈:一位非常年迈的女人在刺刀的威胁下被迫站在部队前面行进,走了35英里到达瓦列沃,她脚上的鞋子已经烂掉了——她光着脚在石子路上走了10英里。

在被熏黑的、残缺不堪的教堂里,三千名男女和孩童被关在一起,四天没有食物和水。

我们查阅了这个县政府的数百份报告、书面宣誓证词和照片,上面写着受难者的姓名、年龄、住址，以及奥地利人①所做的可怕事情的细节。一张在莱奇尼察村拍摄的照片显示，100多名妇女和儿童被绑在一起，他们的头被砍下，然后被堆在不同的地方。在克拉维察（Kravitza），老人、妇女和儿童都受到酷刑和恶魔般的蹂躏，然后被屠杀。在伊夫雷莫瓦兹（Yvremovatz），50人被赶进地窖活活烧死。5个不设防的城镇被夷为平地，42个村庄被洗劫，大部分居民遭受屠杀。由奥地利军队带入这个国家的斑疹伤寒，仍然在沙巴茨和整个地区肆虐，而这里既没有医生，也没有医院。

说句公道话，无论走到哪里，我们都被告知是匈牙利人犯下了这些可怕的暴行，而不是奥地利的日耳曼人。不管是在这里，还是在克罗地亚地区，匈牙利人一直都是塞尔维亚人的敌人。奥地利人似乎表现得相当不错，他们拿东西时都付了钱，并没有打扰和平的平民。

但是匈牙利人又回归到了自己野蛮的祖先的样子——匈奴人。②12月，当匈牙利人从沙巴茨撤退时，他们把300名在战斗中被俘的塞尔维亚士兵聚集在加契奇药房的院子里，慢慢地向他们开枪，然后扭断他们的脖子。连比利时也没有比这些更恐怖的画面……犯下这些罪行的冷血恶魔借口说，这是因为镇上的人私自窝藏民兵。他们的长官吩咐，这些塞尔维亚民兵是野蛮的土匪，一经发现就将他们直接枪毙。但在这整个地区，没有民兵，从来就没有。在这个国家，匈牙利士兵假装相信塞尔维亚农民的服装就是民兵的制服——由于每个平民，男人、女人和孩童都穿这种衣服，因此他们把这些

---

① 作者所说的奥地利人应是指奥匈帝国的士兵，包括匈牙利人、奥地利人以及其他民族。

② 关于匈牙利人是匈奴人后裔的说法，最早起源于18世纪末，这一说法得到了那个时代欧洲史学界的"公认"，英国人索性用"Huns"来统称匈牙利人和匈奴。

平民都屠杀了。屠杀战俘是不需要理由的。

在这个曾经繁荣宜人的城市里，现在仅有不到 200 人，他们悲惨地露宿在自己的破房子里，没有足够的食物。我们在烈日下漫步，穿过空无一人的街道，经过一个广场——那里曾经是塞尔维亚西北部的大市场，农民们会穿着鲜艳的衣服，从数百公里外富饶的山谷和肥沃的平原上远道而来，在这里聚集。这天是赶集日。几个衣衫褴褛的可怜妇女，神情悲伤地站在她们的篮子旁边，篮子里装着恹恹的蔬菜。在被洗劫一空的县政府的台阶上坐着一个年轻人，他的眼睛被匈牙利人的刺刀刺瞎了。这个小伙子身材高大，肩膀宽阔，脸颊红润，穿着一件耀眼的土亚麻布农民夏装，帽子上还饰有黄色的蒲公英。他用塞尔维亚的马头小提琴演奏了一首忧郁的曲子，口中唱道：

> 我很难过，因为我看不见太阳，看不见绿色的田野，看不见盛开的梅子树。愿上帝赐福给你，谢谢你给我 1 格罗斯（grosh，相当于 4 分钱）。祝福所有将要施舍给我钱的人……

这里的行政长官指了指那些被毁坏的建筑物。"战争结束后，我们将建立一个新的沙巴茨，"他说，"政府已经下令，任何人都不得修缮那些被毁坏的老房子，必须重新建造。"

一个几近灭绝的民族

第二天早上,我们登上了窄轨铁路的火车,这条铁路通往马切瓦最富饶的地方,连接了德里纳(Drina)河谷和萨瓦河谷。4辆箱式货车跟在我们的客车车厢后面,车上挤满了悲惨的难民,主要是妇女和儿童——6个月前,在奥地利人的戕害下,他们一贫如洗,徒步逃亡,现在终于能够返回家园。我们沿着广袤肥沃的平原缓缓前进,平原上的白色是盛开的果实,绿色是高高的草丛和新发的枝叶,在杂草丛生的荒地之间,那些被火熏黑的白房子在我们面前一闪而过。整个国家被烧毁、被洗劫,人民被杀害。途中,我们没有看到一头牛,几英里之内也没有看到一个人。我们经过一些小镇,那里的街道上长满了草,一个人也没有。有时,火车会停下来让难民下车;他们站在铁轨旁,肩上背着装着所有家当的麻袋,默默地凝视着已成废墟的家园……

县长和我们同行,他在不同的村庄让火车停了大约一个小时,以便带我们参观风景。于是,我们参观了普尔尼亚沃尔(Prnjavor),这是个曾经有着3000居民的富裕的小地方,现在满目疮痍,到处都是被烧毁和炸毁的建筑。车站里站着一个高大魁梧的老农民,穿着粗糙的棕色羊毛的农民服装。通过介绍,我们得知他是萨穆罗维奇先生（Mr. Samourovitch），是议会的代表。他指着铁轨旁的一摊泥水，泥水里露出了一坨泥土的顶部，上面有两个木制十字架。

"那是我年迈的父亲和母亲的墓地，"他不带感情地说，"斯瓦比亚人说他们窝藏民兵，把他俩枪杀了。"我们继续向镇上走去，来到了一个地方，这里曾经是栋房子，现在却只有一堆黑色灰烬和烧焦的木头。"就在这个地方，"他接着说，"匈牙利人把 100 名普尔尼亚沃尔市民聚在一起——他们没法把这些人全部塞进房子里，所以就让剩下的进不了房子的人靠在一起，用绳子把他们绑在房子外面，然后放火点燃了房子，又射杀了试图逃跑的人……这里又长又低的泥土堆就是他们的坟墓。"这个故事过于恐怖离奇，似乎不可能发生，所以我特意打听了一下。但这确实是真的。瑞士医生检查了现场，并在下葬前拍下了尸体的照片；他们都是老人、妇女和儿童。

街道上残留着最近雨后的积水，上面覆盖着绿色的烂泥。空气中弥漫着腐烂的尸体味和被忽视的污秽的气味。几乎在每栋房子前面的篱笆上，都至少画着一个不祥的白色十字架，这表明斑疹伤寒病人正在那里或曾经在那里。在一处院子里，草地被挖成一个巨大的坟墓，埋葬了许多人。一个满脸皱纹、一瘸一拐的女人站在 9 个孩子的身边，这些孩子都不到 15 岁。其中两个孩子脸色惨白，因为高烧而浑身发抖，几乎站不起来；另外 3 个孩子中，其中一个还是婴儿，全身长满了巨大的脓疮和痂。这个瘸腿女人用手指了指坟堆：

> 我失去了所有的亲人，除了他们［这些孩子们］——我的丈夫、我的妹妹、我的父亲、我的姐姐和姐夫。我们没有合适的食物来喂养这些生病的孩子。政府给孩子们送的炼乳——镇

长只分给支持他的政治选民，那些不诚实的社会党人！

这个女人和她的孩子们生活在悲惨肮脏的环境中，这些都是曾经强大的扎德鲁加的遗存。两幢白色平房正对着街道，在街道的直角拐弯处，环绕着一个天井，上面长满了杂草和野花，一棵古老的橡树掩映着天井。要进入这些房子须得从花园里找到入口，后面还有一栋房子，里面有办公室、马厩和酿酒室，这家人在那里酿造自己的拉基亚酒。这里曾经住着三代人，女人和她们的丈夫，男人和他们的妻子，每对夫妇带着自己的孩子，更不用说堂兄弟、堂姐妹、阿姨、叔叔——总共有40多口人，他们共同分享土地和所有财产。如今这些建筑物被毁坏和烧毁；其中一些人战死沙场，一些人被匈牙利人杀害，其余的则死于斑疹伤寒。

"他们做了可怕的事。"当我们向火车走去时，老萨穆罗维奇先生说，"我们很高兴在12月狠狠地痛击了奥地利人，让他们为此付出了代价。"在塞尔维亚，我们发现人们很少感到悲痛，这令人惊奇；人们似乎认为，奥地利的惨败是因为他们犯下了滔天罪行，因为他们杀害了自己的兄弟，因为他们带来了斑疹伤寒，这是对奥地利的报复。

我们穿过开满了紫色飞燕草和毛茛的草地，穿过长满了桃子、苹果、樱桃和李子花的果园；在这里，土耳其的影响荡然无存，泥屋完全变成了塞尔维亚风格的房子——屋顶不再是红瓦铺砌，而是用粗糙的木瓦做的尖顶。然后，西边的平原上又出现了波斯尼亚的绿色山脉，我们来到了洛斯尼察，再次处于德里纳河对岸奥地利人的炮火覆盖之下。

我们参观了一家斑疹伤寒医院，这里曾经是一所学校。当塞尔维亚医生打开一个又一个房间的门时,一股令人作呕的污秽肮脏的衣服的味道和空气不流通的恶臭味一下就传了出来。窗户都关着。这里的病人大部分是士兵,他们穿着未曾清洗过的破旧制服,彼此挨着躺在肮脏的稻草铺就的简易地铺上。房间没有使用消毒剂的痕迹。有的人虚弱地倚靠在胳膊肘上,无力地抓着虱虫;有的人在精神错乱中翻来覆去,喋喋不休;有的人则一动不动地躺着,眼睛半睁着,像死人一样。

"情况一天比一天好,"医生搓着手说,"两周前,我们这里有400人,现在只有86人了……"他若有所思地瞥了一眼那些挤在一起的病人,他们肩并肩,几乎压在了一起,"那个时候,我们更是忙得不可开交。"

黄昏时分,我们坐在洛斯尼察广场的一张咖啡桌旁,喝着土耳其咖啡,吃着黑面包和土耳其冻奶油(kaymak)——一种美味的黄色奶酪黄油。在昏暗的暮色中,牛跪坐在大车旁,身穿白色亚麻布衣的农民们三五成群地站在一起聊天。在这广阔的空间里,10家不同的酒吧门口黄色的灯光倾泻而下,伴随着一阵阵的小提琴音乐和歌声。我们站起身来,踱到一个人跟前;老板娘是一个黄头发、骨瘦如柴的女人,她一看见我们,就尖声喊道:"你们为什么站在街上?你为什么不到我这儿来坐坐呢?我这儿有各种各样的好葡萄酒、啤酒和干邑白兰地(koniak)!"我们老实地照做了。

"我们是美国人,"我尽力地解释,"我们不懂你们的语言。"

"这可不是你们不能喝酒的理由!"她厚着脸皮叫道,并拍了拍我的背,"我可不管你们用什么语言喝酒!"

两个吉普赛人在屋里演奏,一个拉着小提琴,一个吹着短号;一个老农民仰着头,用鼻子哼着《轰炸贝尔格莱德》这首歌谣:

乔治娜夫人做了一个梦,
著名的塞尔维亚总理尼古拉·帕希奇忠诚的妻子;
在她位于贝尔格莱德中心的宫殿里
她做了一个梦,这就是她的梦:

大地的北方震动着——
斯雷姆(Srem)、巴奇卡和匈牙利颤抖着——
还有一片可怕的黑暗
向南滚动到贝尔格莱德,
白色之城在水上驰骋。
闪电穿过幽暗,
雷声紧随其后,
击打着房屋和宫殿,
破坏了别墅和酒店
还有贝尔格莱德的高档商店。
从萨瓦河和多瑙河
咆哮的水龙翱翔——
在贝尔格莱德上空,
雷电交加;
炸毁房屋和街道,
酒店和宫殿被夷为平地,
砸碎了木质路面,
烧毁了漂亮的商店,
扰乱了大教堂和小教堂;

到处都是孩童和残障者的尖叫声,
到处都是老妪和老翁的哭声!
就像最后可怕的审判之日
攻破了贝尔格莱德!

夜里,乔治娜夫人醒了,
她问自己发生了什么事,
她开始哭泣,
因为她不知道如何解释自己的梦。
尼古拉·帕希奇也醒了,
他对忠诚的妻子说:

"你怎么啦,我亲爱的夫人,
你在夜里醒来,
泪水打湿了你的脸颊?
你在害怕什么呢?
告诉我吧,我忠诚的爱人,
上帝一直保佑着你!"

于是帕希奇夫人说:

"我的主君!帕希奇,尼古拉!
今晚我做了一个可怕的梦。
我做了梦,在梦中看到了许多东西,
但我无法解读它们,

因此我很痛苦，很担心。"

她开始讲述她的梦……①

在陡峭的、皱巴巴的屋顶上，向西是一座希腊教堂的圆顶，在温暖的黄色天空的映衬下呈现出黑色。那里有棵参天大树，像花边一样散布在天空中，已经暗淡的星星在天空中闪烁。一轮细细的新月在朦胧的波斯尼亚山脉上升起，那里是塞尔维亚歌曲的中心和诞生地——亲爱的土地，我们流亡在外如此之久……

---

① 还有三百多行，主要是帕希奇先生对实际发生的事情的准确预言。——作者注

古切沃和尸谷

第二天天还没亮，我们就骑上马，从洛斯尼察出发，奔向古切沃山，那座山矗立在南面 3000 英尺高的树木丛生的山峰上，高耸入云。奥地利人在第二次入侵时，就占领并固守在古切沃的顶峰。塞尔维亚人无视奥地利人的炮火，一步一步地从东面攀爬上去，直到也在狭窄的山顶建立了自己的战壕。在一个荒凉的山头上，双方在 10 英里长的战线上进行了一场奇怪的"云上之战"，这场战斗持续了 54 天，最后塞尔维亚人撤退了，因为奥地利人的第三次入侵打破了塞尔维亚在克鲁帕尼的防线。在瓦列沃的溃败之后，奥地利人毫不犹豫地抛弃了古切沃。

途中护送我们的那位和蔼的年轻上尉曾经是一名民兵团指挥，他受政府指派，组织起义——先是在马其顿，然后是在奥匈帝国的波斯尼亚和黑塞哥维那。

"在我们自愿为民兵团服务之前，"他说，"我们被送到柏林和维也纳的大学学习如何组织革命，尤其是意大利复兴运动（Italian Risorgimento）① 的组织情况……"

---

① 也称意大利统一复兴运动，是 19 世纪末 20 世纪初，将意大利半岛内各个国家统一为意大利的政治社会过程。

我们从大路转到崎岖不平的乡间小路，深陷泥泞，然后转到了一条只有骡子和行人才能通过的小路——蜿蜒向上，穿过巨大的橡树和废墟，在湍急的山溪中迷路打转，又被灌木丛堵住了去路。经过一个小时的艰苦攀登，我们到达了第一座山的顶峰，从那里可以看到埃米诺维沃德（Eminove Vode）的险峰——"埃米之水（Waters of Emin）"，正如土耳其老人所说的那样，从中间的小山谷中高耸而起，绿色的嫩叶和巨大岩石疙瘩闪闪发光，非常壮观。

在高高的山谷里，一座村庄里的许多白色房屋半隐在一片艳丽的李子花花海中。村民们的窗户都开得很大——房门懒洋洋地前后摆动着。在一堵我们看不见的墙后，有一个女人的声音在凄厉地、单调地、歇斯底里地哭号着单调的哀悼死者的歌曲。上尉拉住马，大喊了一声——最后，一个瘦削憔悴的女人慢慢地穿过果园走了过来。

"姐妹，你有拉基亚酒吗？"

"等下（Ima）。我有。"她回去后拿了一个石壶和一个长颈瓶给我们喝。

"这是什么地方？"

"这是制作拉基亚酒的富裕村庄啊。"

"那人都到哪儿去了？"

"他们都因为斑点热（斑疹伤寒）死了。"

我们在美好的寂静中疾驰向前，空气中弥漫着李子树的芳香，耳边传来嗡嗡的蜂鸣。哭号从身后渐渐消失了。人们寻常走的路到这里就结束了，再远处就是一条山路，过去，这条路除了古切沃的猎人和牧羊人之外，从没有人走过，但现在，这条路已经被成千上万的人踩踏过。许多人在岩石和灌木丛中拖着沉重的身体，走过这里已经伤痕累累的车辙道。

古切沃山的女人

"军队从这里爬上了古切沃山,"上尉说,"这里留下的痕迹就是我们在那里架设大炮的标志……"他指着高耸的埃米诺维沃德的险峰。"这里用马拉是不管用的——牛也累坏了。于是我们用人力把大炮一门门拉上来——每门炮需要 120 个人。"

这条小路沿着山的侧面蜿蜒向上,穿过一条湍急的小溪,我们曾从这条小溪涉水而过,小溪到这里断流了;但在另一边,深削的山坡几乎笔直地上升了 500 英尺。我们下了马,牵着步履蹒跚、喘着粗气的山地马,在一块块泥土和碎裂的岩石间曲折地走着。

"他们花了三天时间才把大炮拖到这儿来。"上尉气喘吁吁地说道。

我们休息一会儿,走一会儿,在平地上行驶了一小段路,然后爬上山顶,穿过一处大约在 1000 英尺高地上的山林,地上散落着黄铜弹壳、少量皮革、塞尔维亚制服的碎片和破碎的大炮轮子。树林里到处都是用树叶和树枝搭建的茅屋,地面上还凿了洞穴,雪天时,塞尔维亚军队在这些洞穴里住了两个月。在更高的地方,我们注意到树的下方长满了树叶,但树的顶部似乎已经枯死了;我们慢慢地爬上了枯死的地方,直到有一半的森林露出了枯槁、破碎的尖刺,原来是恶毒的枪林弹雨撕开了树木的顶部——光秃秃的树枝裸露在外。我们穿过了两排深深的战壕,来到了古切沃山光秃秃的山顶,那里曾经郁郁葱葱,但现在只剩下参差不齐的树桩,上面点缀着闪闪发光的子弹。

这片空地的一边是塞尔维亚的战壕,另一边是奥地利的战壕。两方阵地相距不过 20 码。两边的战壕合并成巨大的坑,周围大约宽 40 英尺,深 50 英尺,是敌人破坏和炸毁了它们。中间的地面隆起成不规则的土堆。走近时,我们看到了一些可怕的东西:从这些小土堆里鼓出来几块制服,有头发乱蓬蓬的头骨,上面还挂着破碎的肌肉;白骨的末端长着腐烂的手,血淋淋的骨头从士兵穿的靴子里伸出来。一股难闻的气味笼罩着这里。一群群半野化的狗在森林边缘偷偷摸摸地溜达着,我们可以看到远处有两条狗在撕扯着什么东西,那东西半露半埋在地上。上尉一声不吭掏出左轮手枪开了枪。一只狗摇摇晃晃地摔倒在地,然后一动不动——另一只狗嚎叫着逃进了树林；突然，仿佛是作为回应，四周树林的深处传来一声似乎是狼发出的可怖的嚎叫，一直传播到战场边缘好几英里之远。

古切沃山未被埋葬的死者。

我们走在尸堆上，尸堆太厚了，以至于我们的脚有时会陷进腐烂的肉坑里，踩得骨头嘎吱作响。脚下的小坑突然被踩开，一脚陷进去，里面挤满了灰色的蛆。大多数尸体只被一层泥土覆盖，部分覆土被雨水冲走，还有许多人根本没有被埋葬。成堆的奥地利人在绝望的冲锋中倒下，以可怕的行动姿态堆积在地上。塞尔维亚人也在其中。在一个地方，一个奥地利人和一个塞尔维亚人的骨架已被吃了一半，两具骷髅纠缠在一起，它们的胳膊和腿紧紧地绕在一起，直到现在也无法松开。奥地利战壕前线的后方设有一道带刺铁丝网的路障，对于被困在这个死亡陷阱里的人，其中的精神意义重大——因为他们大多是来自奥地利斯拉夫省份的塞尔维亚人,被人用左轮手枪逼着,才与自己的兄弟战斗。

被爆炸的炮弹击中。

沿着古切沃的山顶,有 6 英里的地方都堆着这样的尸体——有 1

万具,上尉说。从这里,我们可以看到周边 40 英里的地方——波斯尼亚的青色山脉穿过银色的德里纳河,白色的小村庄和平坦的道路,田野里新种的庄稼呈现出黄色和绿色,新翻犁过的褐色的土地,还有在河湾可爱的树林中闪闪发光的奥地利兹尔沃尼克(Svornik)的塔楼和明亮的房屋;它们绵延的线条向南延伸,似乎在移动,它们是那么的生气勃勃,扬起并切断了古切沃的山峰。沿着这些山峰蜿蜒而行,在视野的尽头,是壕沟之间险恶的田野……

我们骑马穿过开满鲜花的果园,穿过大片的橡树、山毛榉和盛开的栗子林;在树木繁茂的高山下,山坡上有百片起伏的山间草地,像丝绸一样沐浴着阳光。到处都有泉水从山谷中涌出,清澈的溪流从长满青葱的峡谷中奔流而下,土耳其人曾经称古切沃为"水山",而如今,这里到处都是腐烂的尸体。塞尔维亚的这片土地是由古切沃的泉水浇灌的;河从另一边流入德里纳河,再从那里流入塞纳河和多瑙河,流经数百万人的居住区,人们在里面饮水、洗涤和捕鱼。古切沃的尸毒已流入黑海……

下午晚些时候,我们沿着通往瓦列沃的主路下山,奥地利军队就是从这条公路进入塞尔维亚的中心地带的。晚上,我们沿着克鲁帕尼这个白色小村庄的主要街道咔哒咔哒地前进,在那里,副县长、警察局长、镇长和各区的军官穿着他们最好的制服迎接我们。我们的晚餐包括切碎的烤乳猪肉、啤酒、葡萄酒、拉基亚酒、干邑白兰地和皮塔森颂(pitta smesson)——一种油炸的酥皮碎肉。

在温暖的春日黄昏的黑暗中,传来了风笛的尖鸣声、脚步踩踏声、拖着脚走路的声音,以及急促而粗野的喊叫声。我们从窗口探出身子。一个高大的吉普赛人胳膊下夹着鼓鼓的塞尔维亚风笛,在鹅卵石铺就的街道上走来走去，后面跟着几百名士兵，手牵着手，正以一种粗犷的波尔卡舞步——科洛舞（kolo）① 缓缓前进，这边的世界都在跳这种舞蹈。他们一路摇晃着，叫嚷着，来到了村里的广场。这些人在那里围成一个巨大的不规则圆圈，吉普赛人则在中间。这时曲调变得更轻快、更狂野。跳舞的人把腿踢得更高，跳得更快，花样百出，每一种跳法都对应着不同村庄的特色，他们边跳边笑，又合唱了一小段。

"每个星期天，塞尔维亚各地的农民都会聚集在村里的广场上跳科洛舞，"上尉解释说。"婚礼上要跳科洛舞，洗礼时要跳科洛舞，各种场合都有科洛舞。"每个政党都有各自的选举科洛舞，他们现在跳的这首是激进派的科洛舞（Radical kolo，目前是执政党的舞种），他们唱的歌属于激进派的歌曲：

如果你愿意为我纳税的话，

那我就投你一票！

……

凌晨 4 点 45 分，我们的早餐端上来了——一杯干邑白兰地，一杯茶，还有一小杯土耳其咖啡。这顿饭大概要维持我们一整天的所需，因为从这里到瓦列沃，一路都满目疮痍。5 点的时候，我们爬上了一辆牛车，顶上有弓形的垫子，像草原篷车顶一样。垫子铺得太低了，我们窝在里面，连身子也坐不直。牛车不仅没有减震弹簧，而且路的每一处不平整的凹凸处都因此而仿佛被放大了一百倍，颠

---

① 一种围成圈子的群体舞蹈，通常由男女手牵手共同跳舞。

簸还会传递到身体的每一个部位。我们途经了塞尔维亚最糟糕的道路，这条路现在由于冬季两支大军的双重行军而无法通行。旅程大部分的颠簸都是因为牛车艰难驶过深不见底的泥浆，其中往往藏着巨石。克鲁帕尼和瓦列沃相距 80 千米。

"嗨呦！驾！"车夫吼叫着鞭打着马。他是个衣衫褴褛的士兵，浑身脏兮兮，满是跳蚤——不久，这些跳蚤就会跑到罗宾逊和我身上饱餐一顿。我们以可怕的速度在铺满鹅卵石的街道上疾驰，伴随着马车在岩石上发出的可怕的咔嗒声，我们颤抖着撞上了车顶。

"看那些马怎么跑的！"士兵骄傲地笑着叫道，"全塞尔维亚最好的马！我给这匹公马取名为米契奇将军，给那匹母马取名为彼得国王（King Peter）。"

我们坐在"米契奇将军"和"彼得国王"拉的车上。

在村里的最后一家咖啡馆，车夫大摇大摆地停下车，在一张桌子旁坐了下来，大声发出敲击声，示意他要一杯酒。他在那里待了半个小时，拥抱女主人，拍拍孩子们的头，在一群姑娘的赞赏中啜饮着酒，姑娘们咯咯地笑着，迎合着他说的俏皮话。最后，我们勃然大怒，要求约翰逊去把车夫叫回来。

"对不起，先生们！"我们的向导回答说，"你们必须得有点耐心，这可是战争期间！"

我们再次以最快的速度出发，车子在石头上"跳来跳去"，陷进了泥里。

"我迟到了！"车夫解释道，"我们必须快点！"

"那么，你为什么在咖啡馆待了那么久？"

他一脸惊讶地盯着我们："因为我想说说话，喝口酒！"

最后，马累得跑不动了，路面状况变得非常糟糕，我们只好下车徒步。车夫们大喊着拉着缰绳，鞭打着马，竭力让它们穿过泥潭和大石头堆。

一路上，奥地利军队撤退时残留的痕迹仍然散落在道路的两边——数百辆运输马车、大炮的侧架、坏掉的火炮、成堆生锈的步枪和未使用的子弹、制服、帽子、毛茸茸的背包和皮制弹药带。这条路沿着一条峡谷的边缘延伸，峡谷中有一条河流流过，一股令人作呕的恶臭从水里散发出来。在撤退路线上发现的人和马的尸体都被扔进了这条河。河水在这里变宽，轰隆隆地冲过一座巨大的堤坝；往下，我们可以看到清澈的水在一堆湿透的布上流淌，尸体呈现肿胀的灰色——瀑布上笔直伸出了一根骨头，一缕缕的碎肉和衣服碎片在水流中摆动。

这段噩梦般的旅程持续了5个小时，直到我们到达了丑陋荒芜的扎夫拉卡村，这里已然被洗劫一空。我们饿得快昏过去，请求约翰逊给我们弄点吃的。他从浅睡中醒来，开始说："对不起，先生们！这是……"

"我才不管是不是战争期间！"罗宾逊尖叫道。"你出去弄点鸡蛋来！快去（Haide）①！"

我们吃了一些鸡蛋，然后继续赶路。整整一天，我们沿着山谷匍匐而下，这条路实则是一个长达 50 英里的奥地利人的坟墓群。

深夜，我们绕过一座树木繁茂的小山，第一军的营火在巨大的橡树下绵延数英里，士兵们躺在营火周围，唱着战争的史诗，我们终于来到了瓦列沃的街道上。

瓦列沃曾经是塞尔维亚受斑疹伤寒侵袭最严重的地区之一。即使现在疾病已经大大减少，瓦列沃的街道上也只有医院。我们被带到了其中一所。

"现在，"负责的塞尔维亚医生说，"你们将看到一家很好的塞尔维亚医院。你们已经看到了那些情况糟糕的医院，在那里，病人的救治受到医药必需品缺乏的阻碍。但是我的这家医院和贝尔格莱德的美国医院不相上下。"

我们走进一间粉刷过的大厅，这里干净得不能再干净了，空气中还散发着消毒水的味道。在病房里，每个病人都有自己的床，他们穿着干净的新睡衣，躺在干净的毯子里，所有的窗户都敞开着，阳光和空气能自由地进来。医生们在制服外面套上一件白上衣，用净水洗手，并让我们也照做。这家医院的环境让我们陶醉。不过，医院的中央有一个用石灰粉刷过的露天场地，康复期的病人在那里慢慢地走来走去。这个场地的一边是一个开放式的小棚子，里面躺着 5 个死人，他们穿着进医院时穿的那一身破衣服。这些尸体已经停放了两天，因为塞尔维亚人得备好棺材才能下葬，但在瓦列沃，做棺材的人还没来得及完成订单。场地的另一边是露天厕所，而场

---

① 原文多次出现 haide，这是塞尔维亚语，意为"走吧"，用于鼓励某人一起做某事或前往某地，文中根据不同的语境，进行了翻译的调整。

地向中间倾斜的地方，竟然是一口供饮用的水井！

这里有一个可怕的房间，里面全是患斑疹伤寒后得了坏疽的人，这种可怕的疾病几乎感染了50%的士兵，在斑疹伤寒之后，这会导致人的肉腐烂和骨头碎裂。阻止它的唯一希望是切除受折磨的部分——这个房间里挤满了没有胳膊、没有腿，脸和胸脯都腐烂了的男人。他们呻吟着，尖叫着，哭喊着："我亲爱的妈妈呀（Kuku Mayka），圣母啊，救救我吧！"对这里的大多数人来说，他们已经无计可施。他们亲眼看着自己身上的肉渐渐脱落，直到有一天细菌蔓延至心脏或大脑，然后，死亡在可怕的痛苦中到来。

我们在瓦列沃闲逛了两天，注意到了为阻止疫情而采取的卫生措施。人们在所有的东西上喷洒消毒液。尽管街上和每个院子里都堆满了污物和垃圾，但是几乎没有人试图移走这些污秽物，甚至还往旧垃圾上面堆新垃圾——不过刚刚撒了石灰。这就是塞尔维亚人对待卫生的态度，这也是关键所在。他们根本不明白——他们一点也不知道这意味着什么。这是一种现代的、欧洲的、文明世界用来预防疾病的手段；于是，他们一边把消毒液洒得到处都是，一边又带着半轻蔑的嘲笑，对那些胆小到采取这种预防措施的人嗤之以鼻，继续像往常一样藏污纳垢。

深夜，我们去往火车站，准备乘火车去往尼什和俄国。在蓝色电弧的灯光下，一长列的奥地利俘虏正在车站卸下面粉，以在播种和采摘的季节到来前，为这个荒凉的国家提供粮食。在站台上等候的时候，我惊奇地回想起这些塞尔维亚人，想到他们的起源和命运。在所有巴尔干民族中，只有他们自8个世纪前第一次来到这个国家以来，一直没有同其他的种族融合混居——只有塞尔维亚人建立了自己的文明，没有受到任何其他文明的改造。罗马人在这个地区有一连串的山间堡垒——他们没有在这里建立殖民地；十字军从他们身边经过；在保加利亚的鞑靼人、罗马尼亚的达契亚人、北方的匈奴人和捷克人（Tchek）的进攻下，塞尔维亚人守住了狭窄的隘口。在邻国借助欧洲国家武装的帮助摆脱土耳其人的压迫之前，塞尔维亚早已获得了国家自由。当欧洲对保加利亚、罗马尼亚与希腊施加种种压迫和制裁时，塞尔维亚已然实现了自治。每时每刻，这样的血脉情愫，这样的民族独立历史，这种对帝国的憧憬向往，在塞尔维亚农民士兵的心中滋长和激荡，塞尔维亚的民族野心将把这个国家带入多么巨大的冲突中啊！

一个士兵在站台上站岗——一个高个子、瘦骨嶙峋、留着胡子的男人，穿着破破烂烂的制服，脚上穿着用牛皮做的凉鞋和绣着花的高袜。他倚在一支奥地利步枪上，目光越过满头大汗的工人的头顶，望向远处黑暗中隐没的群山。他一边凝视着，一边随着节奏轻轻地摇摆着，唱着最古老的塞尔维亚民谣，开头是：

"您怎么样了，塞尔维亚，我亲爱的祖国母亲？"

"您怎么样了,塞尔维亚,我亲爱的祖国母亲?"

第三部

俄 国

俄国的后门

令全世界惊讶的是，5月底，俄军从喀尔巴阡山脉大举撤退，甚至惊人地后撤了200多英里。在布科维纳地区，在强大的奥地利军队面前，俄军放弃了切尔诺维茨，撤退到普鲁特河的后方。我们决定越过前线，也就是罗马尼亚的摩尔达维亚（Moldavia）、奥地利的布科维纳和俄国的比萨拉比亚（Bessarabia）三座城市在普鲁特河转弯处的交汇地，试图在战乱中穿越俄国前线。

从罗马尼亚铁路的北部终点站多罗霍伊（Dorohoi）出发，翻山越岭要走20英里才能到达边境。我们讨价还价，买了一辆四轮马车准备出发，但是多罗霍伊的警察局长微笑着摇了摇头。

"未经高级官员的许可，你们不能通过边境，"他说，"罗马尼亚的海关已经关闭了。"他若有所思地打量了我们一番，"不过，我今晚要去俄国，如果愿意的话，你们可以坐我的汽车与我同去。我会把你们介绍给新谢利察（Novo Sielitza）[①]的指挥官，新谢利察是俄国第三集团军的总部所在……指挥官是我的好朋友，我经常去看他。俄国人是很好客的。顺便说一下，如果你们带点酒来，他们会很感

[①] 作者在本书中用英语转译当地语言时，与现在的通行写法有细微差别。此处 Novo Sielitza 现一般写作 Novoselytisia。

激的——"

我们兴高采烈地出去买了干邑白兰地,然后打发了马车。在经历了整整一天的雨后,当灰色的黄昏仿佛淹没了整个世界,当云层像窗帘一样向后卷起,在浅绿色的天空中堆积成金色的尖峰之时,我们乘着汽车从赫尔扎(Hertza)滴雨的森林中呼啸而出。除了一个小村庄的白墙和茅草屋顶之外,我们还看到了绵延数英里的丘陵,翠绿色的小麦被浸湿后闪闪发光,肥沃黑森林的土地在雨后腾起了烟雾;再往远处,左边是绿色、金色和棕色相间的连绵起伏的布科维纳乡村;右边是普鲁特河对岸的平原,后面是高低起伏的丘陵——俄国的比萨拉比亚。在奥地利一侧,远处可见蜿蜒的白色道路,绿荫中点缀着令人眼花缭乱的度假别墅,偶尔能瞥见一个闪闪发光的城镇——那里象征着秩序与繁荣;在俄国一边,一堆木棚屋盖着潮湿的铁皮屋顶,还有数间泥土色的茅草屋,只有一条蜿蜒的泥泞小道——与奥地利一侧形成巨大反差。在这广阔的景观中,除了从山后面慢慢升起的神秘的黑烟——那里就是切尔诺维茨,以及从新谢利察呼啸而过的火车上冒出的蒸汽外,一切都静谧不动。但空气中却回荡着低沉而慵懒的声音——普鲁特河沿岸远处的某个地方正在开炮。

就在正前方,群山之间的河流也映入眼帘,河流随处可见,像古老的黄铜一样黯淡地闪烁着光芒。我们在汽笛的呼啸声中穿过赫尔扎村。村里的农民们穿着绣花的白色亚麻布衣,聚集在草地上载歌载舞,还举起宽边帽向我们致意。汽车继续前行,穿过葡萄园和玉米地,来到坐落于泥泞河岸上的马莫尼塔(Mamornitza)。

夕阳在西面的整个天空中形成了一团炽热的火焰,火焰环绕着翻滚的云朵边缘,把碧金色倾泻在田野上。之后光芒褪去,当我们到达河边的时候,天已经很黑了,只有北方的天空低垂着一条宽阔的红色光带。在河对面,在这片贫瘠的沙地、石头和泥土中建起了一个摇摇欲坠的棚屋——春汛中的普鲁特河呼啸而过。但这是俄国,神圣的俄国——阴郁、宏伟、辽阔、支离破碎,连它自己对此也一无所知。

在那间几近废弃的海关大楼里,海关的工作人员接到了通知。一个衣衫褴褛的小个子男人在一间长期无人看管而发霉的房间里为我们办理了护照。随后,我们在两名士兵的护送下向下朝河边走去,那里有一只平底船,舱里灌了半满的水,一根系在岸边的绳子似乎在黑暗中一直延伸到俄国!我们看不见河对岸,但当我们划进褐色的激流时,罗马尼亚的河岸在船尾滑离,渐渐消失了;我们在无边无际的大海上漂流了一会儿,然后,在昏暗的红色天空中,有什么东西冒了出来,一个拿着长刺刀步枪的高大魁梧的士兵隐约出现,

乘一艘灌了近半舱水的平底船,横渡普鲁特河。

前额的帽檐高高翘起,只有俄国人戴这种款式的帽子。他身旁映照出一辆两匹马拉的车的影子。

普鲁特河岸边的马车

哨兵二话没说就把我们的行李放进了马车,我们也跟了上去进了马车。他跳到箱子上,驱车穿过深深的沙地,鞭子抽得噼啪作响……黑暗中突然传来一声低沉的吼声,另一名高大的士兵在夜色中出现在了马车旁边。我们的哨兵递给他一张纸条,他倒着拿着纸条,假装在看——尽管现在天完全黑了,尽管他完全不识字。

"科罗恰(Koracho)[①]!好的!"他哼了一声,挥手示意我们继续前进。"走吧(Pajal's)!"

最后一束红光从天空中消失了,马车吱嘎吱嘎地穿过一片没有星星的黑暗,伴随着一支军队休息时发出的混乱声音。在我们右边远处的地方,手风琴毫无生气地颤动着,低沉有力的合唱声在缓慢而肃穆的歌曲中涌动。

---

① 现为俄罗斯西部别尔哥罗德州中部。

左边突然出现了一片开阔的草地，簇簇篝火照亮了视野。到处都拴着马——在一个角落里，两匹公马用力拽着绳子，尖叫着。草地上有高高的马鞍，五颜六色的睡毯，地上放着黄铜茶炊，火焰上的铜锅冒着烟。火堆旁，一群黝黑的平脸男人以东方人的姿态蹲着，臀部陷在两膝之间——他们有着中国人的眼睛和像柚木一样光滑的颧骨，身穿长袍，头戴高耸的毛皮帽。我们听到了他们说话时那带鼻音、懒散的声音。其中一位笔直地站在炉火旁，火光照耀着他腰带上的银质饰带和挂在身侧的镶金的长弯刀（yataghan）上，闪闪发光。

来自里海以外的土库曼人和来自亚洲的大草原的土库曼人。

"土库曼人，"坐在行李箱上的士兵解释道。

来自里海对岸和亚洲大草原的土库曼人——他们就像一个沸腾的间歇泉（geyser），曾在蒙古人大举入侵时淹没了欧洲这个神秘的人类摇篮。这些勇士的父辈曾追随成吉思汗、帖木儿和阿提拉。他们的堂兄弟是君士坦丁堡的苏丹，曾坐上了北京的龙椅。我们瞥了他们一眼，这些人是从俄国向西方涌来的庞大游牧民族中的一小部分——然后我们就来到了奥地利新谢利察的废墟中，这是过去的边境。

在这里，房子没有屋顶，窗户上布满弹孔，墙壁被烧焦后已经轰然倒塌，巨大的海关仓库也已被大火烧毁。俄国人在战争一开始就破坏了一切——我们不愿去想原本在这里的这些人的下场。一座灰泥粉刷的大旅馆被一枚爆炸的炮弹击中。在从旅馆照出的灯光的映衬下，门口站着穿着衬衫和大靴子的士兵成了一幅剪影。我们行驶的道路洁白而平坦，身影朦胧的骑兵叮叮当当地从我们旁边走过，散乱的光线洒在哥萨克人毫无防备的刀柄上。昏暗中闪闪发光的白色亚麻布料表明这是一些来自摩尔达维亚的农民，他们在黑暗中拖着脚步走着，笑着，轻声说着意大利方言。

另一名哨兵站在桥上，当他看到白纸的闪光时，他挥手示意我们过去——现在我们到了俄国的新谢利察。这里没有遭到破坏，我们走的路虽没有很艰难，却也需要摇晃着穿过一大片泥泞的池塘和干涸的车辙，上面有数千条足迹。这条路的两边各有一条深沟，用来排水和排污，上面架起了人行木桥。宽敞、杂乱的木屋与一片片犹太小商店交替出现，商店里挤满了尖叫、抱怨、讨价还价的人，这里散发出我们在纽约下东区所熟知的那种恶臭味。穿着长大衣、戴着圆顶礼帽的老犹太人，长着蓬乱的胡须，手肘和双手不停地做着手势——就像滑稽表演中喜感的犹太人。浑身脏兮兮的婴儿在灯光下爬来爬去，一排排的妇女都穿着哈伯德妈妈[①]款式的衣服，戴着

---

① "哈伯德妈妈"来自16世纪英国诗人埃德蒙·斯宾塞创作的一首寓言诗中的人物哈伯德妈妈。书中指的是一种女性服装风格，尤其风行于19世纪末20世纪初。哈伯德妈妈连衣裙的特点是宽松、长而流畅的设计，这种裙子能够覆盖身体的大部分。因为舒适且不具有限制性，更适合家务和休闲穿着而广受女性的喜爱和欢迎。

棕色假发,一边照看着婴儿,一边在门口台阶上用意第绪语(Yiddish)①尖声聊着八卦。

我们拐进一条像沥青一样黑的小街,两边的尖桩篱笆后面都有栋长木屋。

"我们到了,"我们的向导说,"现在你们将看到一个真正的俄国房子和家庭。"

门突然开了,一个身材魁梧、蓄着胡子的军官站在门槛上,将一盏灯举过了头顶,他是弗拉基米尔·康斯坦丁诺维奇·马吉上尉(Captain Vladimir Constantinovitch Madji),新谢利察的指挥官。上尉后面是一个秃顶的男人,留着浓密的白色山羊胡。这个男人的肩膀后面又露出一张咧嘴笑的脸,就像一张胖胖的小男孩的脸,这个人抽着烟,一条白色的丝质方头巾紧紧地裹在前额上。

"请进!请进!快坐下(Povtim)!"上尉用罗马尼亚语说,做了些欢迎的手势。"快来!"其他人用俄语喊道。

警察局长解释道,他带来了两个朋友,是美国人。他们又高兴地齐声喊道:"朋友们!欢迎!"他们挤出身子看着我们,语速飞快地说着俄语。

"他们既不会说俄语,也不会说罗马尼亚语。只会说法语——"

"请进(Entrez)!"上尉带着轻微的口音说,然后用同样生疏的德语说道:"过来,先生们!(Kommen Sie herein, meine Herren)!"

"在这里!怎么样!如何!坐在这里!"秃头男人叫道。

"我哥哥只懂这几句法语!"我们进去时,马吉上尉解释道。那张胖胖的脸的主人原来是一个身材惊人、精力充沛的姑娘。她猛地

---

① 意第绪语,是一种日耳曼语,属于西日耳曼语支,源自中古德语,通常用希伯来字母书写,约有300万人在使用,大部分的使用者为犹太人。

抽着烟,捏着我们的双手,抓住我们外套的翻领,摇晃着我们,喊着俄国话,当我们听不懂时,她就放声大笑。

上尉热情好客:"亚历山德拉·亚历山德罗夫娜,去拿茶炊!"

她跑开了,向我们看不见的仆人们大声命令。"安东尼娜·费奥多罗夫娜(Antonina Feodorovna)!茶炊的水开了!"不一会儿,她就回来了,叼着一支新的香烟,烟雾缭绕,头上则围着一条新的黄头巾。

马吉用手指了指她,"我的丈夫!这是我的丈夫!①"他用蹩脚的法语说。

马吉用手指了指她:"这是我的丈夫!"他用蹩脚的法语说道。

他的哥哥像一匹老种马一样跳了起来,也指着她;重复了一遍:"我的丈夫!"接着又用凶狠的声音补充道:"非常漂亮!非常漂亮!非常美(Très jolie)!"他一遍又一遍地重复着:"非常漂亮!"他很高兴又记住了一个法语短语……

---

① 原文多次出现的都是法文的"我的丈夫",实际马吉上尉想表达的是我的妻子,但因为他的法语非常蹩脚,所以可能出现了用词错误。

至于那个胖女孩,我们从头到尾都没搞清楚她是谁的"丈夫"……还有亚历山德拉·安东诺夫娜(Alexandra Antonovna),一个严肃的小女孩,大约 13 岁,却像所有的俄国小女孩一样,有着一双成年女人的老练的眼睛;她在家里的地位也是个谜。无论如何,这不重要,因为这是在俄国,这样的事情并不重要……

在餐厅里,我们开始一杯接一杯地喝茶。桌上堆满了一盒盒的香烟。坐在桌子一头的是亚历山德拉·亚历山德罗夫娜,她点了一支又一支的香烟,笑得浑身发抖,对任何人、所有人都是大喊大叫。桌子的另一端是那位老人,他笑容满面地看着我们,喊道:"看!怎么样!非常漂亮!"仆人安东尼娜慢吞吞地进进出出,时不时地参与大家的谈话,对每一道命令都提出异议,给茶炊添水——用完全平等的姿态。

罗宾逊向老人解释说,他长得和果戈理笔下的哥萨克英雄塔拉斯·布尔巴(Taras Bulba)一模一样。老人听了很高兴。从那时起,我们就不再叫他名字,而是称呼他为"塔拉斯·布尔巴将军"。

不时有其他军官顺路进来拜访,他们身穿束带俄国衬衫,扣子扣到脖子上,头发剪得很短。他们亲吻了一下亚历山德拉的手,在桌子周围转一圈,低声报上自己的名字。

他们中的大多数人都会说一些法语或德语,而且对当前的战况都出奇的坦率。

"是的,我们像魔鬼一样在后退。这主要是因为我们缺乏弹药;但是还有其他的原因。贪腐——组织涣散——"

一个中尉插嘴说:"你知道 B 上校的事吗?他在与日本的战争(日俄战争)中战绩不佳。但当这场战争爆发时,他却被任命为伊万诺夫将军的参谋长。就是他迫使军队开始从喀尔巴阡山脉撤退;伊万诺夫不在的时候，B上校命令整个军团撤退——于是暴露了另一支部队的侧翼。这样做没有任何理由，人们都说他疯了……不过这件事被压了下来，他又成了迪米特里耶夫将军（General Dimitriev）的参谋长，又再次做出同样的事情！你以为这样就能让他完蛋吗？啊，不！他在彼得格勒有一些有权有势的朋友——现在他是另一个将军的参谋长！"

另一个人平静地说："就是这样。前进，后退。进攻，撤退。如果我们现在撤退，那么，我们还会再前进的。"

"但是战争会持续多久呢？"

"我们何必在乎它会持续多久？"另一个上尉咧嘴笑着说，"只要英国出钱，地球提供人口，我们在乎什么呢？"

大约10点钟的时候，亚历山德拉突然决定用餐。她和安东尼娜摆好了餐具，塔拉斯·布尔巴匆匆忙忙地发出相互矛盾的指令。拼盘（zakouska）里有沙丁鱼、烟熏鲱鱼和生鲱鱼、金枪鱼、鱼子酱、香肠、煎蛋和泡菜，为了开胃，配有7种不同的酒：干邑白兰地、本尼迪克特甜酒、库梅尔白兰地、覆盆子和李子白兰地，以及基辅和比萨拉比亚葡萄酒。之后上桌的是一大盘的玉米粥，然后是大块的猪肉和土豆。我们有12个人。晚宴开始时，大家轮流斟满了干邑白兰地，最后又喝了几杯土耳其咖啡和7种不同的酒。然后茶炊拿来了，我们开始坐下来喝着好像永远都喝不完的茶。彼时已是午夜。

"啊，"一位军官感叹道，"要是我们现在有伏特加就好了！"

"这在俄国真的是被禁止的吗？"

"除了在基辅、敖德萨、莫斯科这些大城市的一流餐馆外是被禁止的。你仍然可以买到外国饮品。但是它们很昂贵……你看，政令（ukase）① 的目的是不让下层阶级喝酒，富人仍然可以买到……"

一个名叫阿米西斯托夫（Amethystov）的年轻人是克里米亚鞑靼人兵团的中尉，他问我们是否听说过俾斯麦雕像的故事。

"那是坦能堡（Tannenberg）战役结束后，我们从东普鲁士撤退的时候，"他说，他那张茫然又狂热的脸上露出温柔的微笑，"我所在的团在约翰尼斯堡（Johannisberg）②，那里有一尊大约12英尺高的俾斯麦铜像——德国各地有数百尊这样的铜像。我的鞑靼下属想把它拆掉作为战利品带走，但将军严令禁止。他说'这将引发一场国际事件'，好像现在这场战争还不够国际事件似的！好吧，所以我们偷了它——晚上的时候我们把雕塑拉下来，把它竖着放在一个野营用的火炉里，然后用防水油布盖住，但我们无法将底部伸出的巨大的青铜脚给盖住……我们一直走到蒂尔西特——有一天，将军骑着马沿着队伍走来，看到了那双脚！

"'谁拿的这东西？'他喊道。哦，他怒不可遏！'明天早上，我会找出是谁干的，就算对整个军团进行军事审判，我也要把他揪出来！雕塑必须留在这里——你们明白吗？'"

"当然，他有权利生气，因为我们用了4匹军马拉这东西，由于缺乏交通工具，我们不得不为此放弃了很多行李……"

"所以那天晚上，我们又把俾斯麦从车里抬出来，放在一块地里，在他周围举行了告别仪式……我记得我们发表了演讲，还在他身上打碎了香槟酒瓶。第二天，你瞧瞧，他不见了——被一个西伯利亚步兵团偷走了……谁知道这个雕塑现在在哪里？"他沉思着，

---

① 旧俄国时代指的是沙皇、政府具有法律效力的宣告，相当于法令或诏令。
② 德国黑森的一个村庄，位于莱茵河右岸。

"也许正和西伯利亚人一起在加利西亚撤退呢!"

在桌子的另一头坐着的,是阿塔曼斯基团的一名哥萨克上尉,他细长的眼睛闪闪发光,说道:"您见过哥萨克的无柄刀吗?"他向我们展示了自己的剑。"这剑在他们手里太可怕了!他们挥出一记侧击——嗖嗖!就能把人劈成两半!漂亮极了!但他们喜欢杀人。当俘虏向他们投降时,他们总是对上校说:'阿迦(Aga)[1]!让我们砍了他们!把这群婴儿当俘虏带回去会让我们感到耻辱。'"

我们试图解释我们来这里的目的,但上尉总是带着爽朗的笑容打断我们:"我的朋友们,你们想去哪儿就去哪儿。明天我们会安排好所有的一切……现在就吃好喝好,吃好喝好——"

亚历山德拉·亚历山德罗夫娜在一团烟雾中大声喝道:"来拜访朋友,说要离开是不礼貌的!"

"非常漂亮!"[2] 塔拉斯·布尔巴大喊大叫起来,"在教会我说法语、德语、西班牙语、意大利语和汉语之前,你们不能离开这里!我对语言很感兴趣——"

现在已经是凌晨一点钟,我们都精疲力竭。

"瞧着吧!(Voyow)"马吉反驳道,"打发夜晚时光,睡觉真是一种荒谬的方式……"

---

[1] 意为"主人、兄长、首领",是奥斯曼帝国文武百官长官的敬称。
[2] 此处是在重复前文对亚历山德拉的形容,布尔巴在学舌。

新谢利察的生活

他们为我们安排了一个睡觉的地方,我们坐上一辆由士兵驾驶的马车前往休息地。除了军官们驻扎的房子里偶尔透出灯光外,整个镇子没有一点光亮。我们把车停在一间夹在拥挤的犹太商店之间的简陋砖房前,蹚过一个散发着污水味的水坑。然后,士兵砰砰地敲响了门——门缝里透出亮光,一个女人的声音胆怯地呜咽着。士兵咒骂她是犹太人。"日耳曼佬(Germanski)!"他说,"来了外国人!"锁链和门栓嘎吱作响,一阵恶臭扑面而来。那女人棱角分明,弯腰驼背,一顶粗糙的棕色假发歪歪斜斜地戴着,倚在门口谄媚地笑着露出了牙龈。她领着客人爬了一段自逾越节①以来就没有打扫过的楼梯,用沙哑的意第绪语喋喋不休地说:

"高贵的先生们(Herren)是什么人?他们在这里做什么?他们来自哪里?美国!"她突然停了下来,惊奇地低头看着我们。"太妙了(Wun-der-bar)!我在美国有朋友,比如约瑟夫·赫尔佐维奇(Josef Hertzovici)。你认识他吗?不,当然不认识。美国可是一块很大的土地,比这里大得多……在美国生活感觉如何?有很多钱——

---

① 犹太人的一个重要的春季节日,庆祝的是犹太人出埃及而脱离奴役,重获自由。

是不是？还有纽约的高楼大厦。得有 50 层高吧？天啊！……但是，你们为什么离开美国来俄国？"

"为什么这么问？"我说，"住在这儿不好吗？"

她满腹怀疑地看了我一眼，又呜咽起来：

"这里几乎没有钱赚，高贵的先生们，这对穷人来说很艰难……不过这儿很令人愉快——"

她打开一扇门，先是小心翼翼地摸了摸钉在门框上的一张折叠的祈祷纸，然后踮起脚尖示意我们跟着走。桌子的角落里坐着一个上了年纪的犹太人，头戴无边帽，身穿黑色长袍，脚穿无跟拖鞋，正借着烛光读《托拉》（Torah）①。他那双浑浊模糊的眼睛透过牛角眼镜向下凝视，白色的胡子随着神圣话语的低沉的喻喻声而颤动。他转过身来，没有看我们一眼，只是恭敬地鞠了一躬……一位至圣的拉比！

一位年老的犹太人

我们的房间就在尽头，里面摆着两张沙发，形状和质地跟停尸房里的大理石板一模一样。确实，沙发上铺着干净的亚麻布，但它闻起来仍然有很强烈的去骨鱼（gefültefisch）② 的味道……

---

① 《圣经》中首五部，即《摩西五经》。

② 是一种很受犹太人欢迎的菜肴，一般用多种去骨鱼肉混合煮熟后制成，在安息日和逾越节等犹太节日很受欢迎。此处应是对应前文说这个旅馆自逾越节来未曾打扫过，所以才会残留有去骨鱼的味道。

我们的房间里有一个阳台，向外凸出延伸到一个宽阔的广场上，广场上满是泥土、垃圾和踩踏过的稻草，农民进城时会把没有减震弹簧的马车停在那里。广场周围是深深的沟渠，排水沟缓缓流过一道恶臭的污水，四周是一排排简陋的小屋，犹太人就住在那里。在那个广场上，一整天都在上演着戏剧性的种族盛会——有时意义重大，有时语无伦次，有时晦涩难懂。温良顺从的摩尔达维亚农民穿着白色亚麻布衣服，戴着宽边低顶帽子，长长的卷发披在肩头；而他们的妻子，则在头巾下戴着一个圆形的婚用药盒式样的头饰，她们就像能自由活动的大块头，结实的双腿裸露到膝盖处。身穿罩衫、头戴尖顶帽的俄国农夫（mujiks）[①]，穿着沉重的靴子，成群结队地走在一起。这些长着大胡子的巨人，五官简单，面无表情，还有脸色苍白、相貌平平的俄国妇女，她们的头巾和衬衫的颜色组合在一起，令人悚然——一个戴着黄色和鲜红色，另一个戴着米砂色、苹果绿和婴儿蓝。这里到处都是俄国教皇扭曲的、满怀算计的脸，他留着长发，袍子前面有一个巨大的十字架在跳动。顿河上的哥萨克，他们的制服没有什么特别，除了裤子上一条宽宽的红色条纹、无护柄的镶银军刀和搭在左眼旁的一簇鬓发；满脸麻子的鞑靼人，是进攻神圣莫斯科的金帐汗国的后裔，是军队中的壮士，身上有一条狭窄的红色条纹；土库曼人穿着巨大的白色或黑色熊皮、褪了色的紫色或蓝色长筒长衫，向上翘的尖头靴——佩戴着金链子、镶嵌腰带、匕首和弯刀，这一身装束让人眼前一亮。总有犹太人，犹太人，到处都有犹太人：他们佝偻着腰，瘦弱不堪，戴着破旧的圆顶礼帽，身着油腻的长外

[①] 俄语中对农民或普通农村居民的称呼。下文中统一翻译为农夫。

套，留着浓密的胡子，他们有着狡猾而绝望的眼睛，对警察、士兵和牧师畏畏缩缩，对农民则咆哮厌烦——这是一个被追捕的民族，在肮脏、拥挤的苍白城市里，勒索、虐待和凶残的竞争使他们变得面目可憎。穿着肮脏的衣服，戴着粗糙的假发，情绪激动，哭哭啼啼的犹太妇女；德高望重的拉比（ravs）和大学者们在贤德岁月的重压下弯着腰，腋下夹着皮革装订的大部头书籍；在去犹太人儿童团宗教学校（heder）的路上，一群神经敏感的男孩一边赶路，一边背课文。犹太人由于近亲交配和狭隘的学识而受到毒害，因为他们"为了正义而受到迫害"，在街上被打着十字架旗号的人屠杀。犹太人融入到人群之中——空气中弥漫着犹太人的味道……

在打过补丁的铁皮屋顶上，俄国教堂的顶上挂着头朝下的大葱。一个失明的农家男孩笔直地跪在我们阳台下面的泥地里，嘴里念念有词地祷告，手在胸前画着十字。远处街道的市场上，人们正在讨价还价。警察们穿着黄衬衫和靴子，靴子后侧镶着马刺，踱来踱去，他们用手指摩挲着挂在脖子上的红色枪绳，绳子系在显眼的左轮手枪上——他们欺凌犹太人、压榨农民——警察对付弱者的方式全世界都一样。仅仅距离这里10英里远的地方，恶臭的空气随着大炮的声音不断地震动，而这个对此习以为常的世界却没有注意到。

在马吉的房子里，这家人一个接一个没精打采地走出来，打着哈欠，揉着眼睛。这时已经上午10点多了。在门厅里，安东尼娜正在劈柴，她把柴火放在茶炊的火炉里——然后把木炭摇了摇，在茶壶里装满了新鲜的茶叶，我们又开始在俄国人的家里整日整夜地饮茶。

我们小心翼翼地提醒上尉留意我们的愿望。

"你们当然可以去前线，"他说。"不过这没什么意思——除非你喜欢用大炮决斗。现在暂时停战了。北边的战况很激烈——你们为什么不往北边去呢？"

我们趁势抓住了这个机会。

"你们想去哪里？"

美国驻布加勒斯特公使馆现在授权我们报道在俄国人占领的布科维纳地区和加利西亚地区生活的一些美国公民的状况，我查阅了这份美国公民的名单。没有人确切地知道现如今前线具体在什么位置，但通过计算俄国人每天撤退的英里数，并在查阅地图后，我们选择了扎列希基（Zalezchik），一个有美国公民的小镇，这也是个可能处于行动区的地点。

马吉带我们到参谋总部拜访了将军，将军欣然同意；于是指挥官给我们开了一张前往扎列希基的通行证。更重要的是，马吉召来了一个犹太人，这个犹太人拥有一个农奴——他拥有农奴的马、车、身体和灵魂——马吉还为这趟旅程讨价还价。最终，价格说定在 25 卢布，预付——农奴大概只能拿到其中的 2 卢布。我们定于第二天早上 6 点出发。

独臂的多什多夫斯基上校（Colonel Doshdovsky）是俄军中土库曼人部队的指挥官，他佩戴着圣乔治十字勋章、一级和二级弗拉基米尔勋章——因为他是一个伟大的英雄——他带着的那把杀气腾腾的土库曼刀上镀满了金子，刻满了波斯诗句。我们和他一起视察了土库曼部队的营地。战士们住在田野里的一个敞棚里，他们的马被单独地拴在栅栏上，因为这些都是充满野性的公马。我从来没有见过这么漂亮的马——身材柔韧、强壮、肌肉发达，有着赛马特有的拱形脖子和小脑袋。骑兵们不时地为它们忙活——给它们打磨、修剪蹄子，梳理它们的鬃毛，用钳子仔细检查它们光滑的皮毛，揪出比其他毛发长或短的毛发，把它们裹在毯子里。

"土库曼人必须自己为马提供装备。"上校说，"他们的马就是他们的骄傲。马通常代表主人的全部财产。如果马匹在巡逻的小冲突中被打死，这个可怜的家伙也就被毁掉了。土库曼人一生都要服兵役。"

许多人脱下了长衫，露出在腰部系得很紧的薄薄的黑色内衣，一直垂到宽松的红色裤子上。其他人都脱下了那顶大皮帽，帽子下是一个棕色的剃得光光的脑袋，只留了一绺小辫，上面还盖着一顶小小的丝绸便帽。高高的马鞍上镶着银饰，一捆捆从希瓦（Khiva）、布哈拉和撒马尔罕运来的五颜六色的布放在边上，还有睡毯和祈祷毯——它们的编织工艺和颜色是不可言说的秘密。他

成吉思汗的一支后裔，土库曼人（*Turcoman*）。

们背上挂着缠绕的银链，束着明亮的丝绸制的宽大腰带，手持镶嵌着贵金属的直柄弯刀，剑鞘装饰华丽，或许帖木儿也见过。他们用蒙古人的斜眼盯着我们，如此漠然，带着世界征服者的优越感，彼此微笑着，讥讽地议论着我们。但罗宾逊拿出画板，为这些土库曼人画了肖像，又把画像赠送给他们——他们就像孩子一样兴奋地摆出姿势，挤在一起。

在马吉家，一整天都是茶水不断，似乎已经没有固定的饭点，我们断断续续地吃着，不断有人进进出出。亚历山德拉·亚历山德罗夫娜又喊又笑，不停地抽烟，换了20次头巾。塔拉斯·布尔巴坚持要同时学习法语、西班牙语和德语，他大声嚷嚷，但成效甚微。上尉也很忙，他心烦意乱——有几件重要的事情要处理；参谋们拿着一捆捆的文件走进来，挤满了他的办公室，大家同时大声交谈。似乎毫无章法可言。这些人往往从一个房间走到另一个房间，喝茶，闲聊一些无关紧要的事情。马吉会毅然拿起纸笔，好像要开始工作一样，然后又把一切都忘了，随后走进餐厅，听别人讲一些有趣的故事。不一会儿，又新来了一群军官在这里吃晚饭，这和前一天晚上的状况一样出乎意料，只是比前一次晚了半个小时——不过，鉴于明天要早起出发，我们只好挣脱开那些好客挽留的手。亚历山德拉、上尉和老塔拉斯·布尔巴来到门口与我们告别。马吉微笑着祝我们好运；亚历山德拉夸张地捏着我们的手，恳求我们一定要再来。至于老塔拉斯·布尔巴，他似乎在努力寻找一个合适的法语短语。我们刚踏上马车，布尔巴就想到了，他的脸亮了起来，摆出一副装腔作势的样子，伸出一只胳膊，做了个极妙的手势，面容坚定地说："我爱你们——我喜欢你们！（*Je vous aime*——*Je vous adore*）！"

闯入布科维纳

第二天一大早，我们刚从住处出来，就听到一片刺耳的声音，意第绪语的祝福声和责备声混杂在一起，我们发现提前约好的犹太人在搓着双手假笑着。

"马车在哪里？"我问道，怀疑他还要敲诈一笔。犹太人指着一个用来挖自流井的临时脚手架，脚手架上坐着一个神情沮丧得令人难以置信的农夫——他要做我们这一路的车夫。仔细一看，我们发现了车轮，用一些铁丝和绳子随意地固定着；两匹上了年纪的、让我们幻想破灭的马依偎在一起，显然根本不属于这个装置。

"B—r—r—r—r—r—r—r—r！"农夫对这些动物叫唤着，仿佛是说如果他不这样做，它们就会逃跑，"B—r—r—r—r—r—r！"

我们上了车，犹太人恶狠狠地向他的农夫强调，我们要经过博扬（Boyan）和扎斯塔夫纳（Zastevna），到扎列希基去。犹太人还告诉农夫从我们这里尽可能地敲诈点钱……这番长谈结束后，农夫站起来，用一根拴在棍子上的长鞭，迟钝地抽打马，嘶哑地喊道："啊！呃！"马醒了，叹了口气，试探性地动了起来——由于某种机械奇迹，轮子转动了起来，一阵寒颤沿着我们的脊椎骨窜了上来，出发啦！

我们颠簸着过了桥,进入了奥地利的新谢利察,沿着通往前线的崎岖道路,慢慢地赶超了一长列由士兵驾驶的装满弹药的牛车。现在我们来到了布科维纳。在左边,低矮的田野上长满了嫩绿的庄稼,一直延伸到普鲁特河沿岸的树林里,河对岸耸立着富饶的罗马尼亚山丘;山谷向右延伸数英里,一直延伸到绵延起伏的耕地。6月的太阳带来了无风的湿热。车夫逐渐塌下了脊背,马的步伐放慢到仅仅是个位数的速度,我们在一层炙热的尘土中缓慢行进,就像隐藏在云层中的宙斯。

"嘿!"我们拍了拍他的背。"快点走,戴夫(Dave)!"

他朝我们转过脸来,那张鼻孔朝天的肮脏的脸上,一双眼睛透过乱蓬蓬的头发望向我们,他的嘴慢慢裂开,露出一种可怕的、熟悉的笑容——带着精于算计的聪明表情。我们立即给他命名为恐怖伊凡(Ivan the Horrible)[1]……

"啊!"他假装凶猛地叫道,挥舞着鞭子,"啊驾!"

马儿们假装受到了鼓舞,开始拖着蹄子走起来;但10分钟后,伊凡又沉浸在无限的沉思中,马儿几乎静止不动,我们在白色的尘土中龟速前进……

恐怖伊凡

就这样,我们慢慢地靠近了悠然的炮声,在新谢利察隆隆雷声

---

[1] 指的应该是伊凡四世,1547—1584年担任俄罗斯首位沙皇,以其残忍和暴虐闻名。这里以此人物给车夫取了绰号。

的回响中，这炮声更清晰地显现出来。我们爬上一座陡峭的小山，山顶上有一个零星散乱的茅草屋组成的村庄，我们在那里看到了炮台。它们坐落在一座连绵起伏的大山的这边，田野上有一道绵延数英里的红色裂缝。每隔半分钟就有一声炮响；但是你既看不见烟，也看不见火——只有一些微小的身影在四处奔跑，有时一动不动，然后又恢复了活力。炮弹飞起时嗡嗡作响，随后河对岸绿树成荫的山丘上就冒出阵阵烟雾。那里是切尔诺维茨的白色塔楼，在阳光下闪闪发光。我们经过的村子里挤满了身材高大的棕色皮肤的士兵，他们用阴沉而怀疑的眼光打量我们。在一扇大门上方，悬挂着一面红十字会的旗帜，路上一直有伤员经过，虽然人数并不多，他们有的靠在同伴身上，有的头上缠着绷带，有的胳膊上吊着绷带；农民的小车颠簸而过，车上载着一群发出微弱呻吟的伤员……

这条路向下倾斜，沿着这条路，我们靠近了正在开炮的炮兵阵地。在断断续续但规模浩大的炮战声中，我们行驶了几个小时。火炮一门接着一门，都安放在掩体之中，掩体上面覆盖着灌木，以免被飞机发现。汗流浃背的炮兵们因为炮弹的重压，摇摇晃晃，他们在闪闪发光的弹药箱周围走动；枪炮的后膛因为后坐力而有条不紊地弹了回来，标尺上能够看到射程。一名炮手猛地拉了一下挂绳——狂怒的烟雾立即从炮口中喷涌而出，炮身因后坐力向后退，炮弹则呼啸着向前——数英里内俄国火炮的射击声，就像在演奏一首庄严的大炮乐曲。

就在炮兵阵地上，农民们正平静地牵着牛耕地。在咆哮的大炮前，一个身穿白色亚麻衣服的男孩正赶着牛群翻过小山，朝河边的牧场走去。我们遇到了长头发的农民，他们的帽子上别着橙色的罂粟花，漫不经心地赶着车进城。向东，世界在另一座缓慢的山丘上起伏，丘陵上满是弯弯曲曲的麦田，在风的吹拂下泛起了巨大的波浪。山丘的顶部被规模浩大的挖掘工程踩躏得伤痕累累，无数矮小的人涌向新的战壕和铁丝网。这是二线阵地，他们在为终将到来的撤退做准备……

布科维纳的炮兵阵地。

我们转向北方，远离了火炮，越过一座高耸的小山上光秃秃的山脊。在这里，大地波澜壮阔，在风的吹拂下，片片绿色、棕色和黄色的田野闪闪发光。穿过两侧像鸟儿俯冲般倾斜的山谷，我们看到方格状的斜坡和远处柔和的灌木丛。在遥远的西方，喀尔巴阡山脉的淡蓝色山脊穿过地平线。绿树掩映的村庄蜷缩在广袤且起伏的山峦里——村庄里的土屋都是手工建造，凹凸不平，但很漂亮，房子刷得洁白无瑕，底部有一条亮蓝色的条纹，屋顶上精心地铺着茅草。许多房子被遗弃，被砸烂，被火烧得一片漆黑——尤其是那些犹太人居住的地方。这里还没有发生过战争，但是留下了大肆掠夺的痕迹，门被砸开，窗户被撕破，到处都是破烂的家具和撕碎的衣服。自战争开始以来，奥地利人就没有来过这里，这是俄国人干的……

农民的小车颠簸而过，车上载着一群发出微弱的呻吟声的伤员。

当我们经过的时候，农民们露出温柔友好的微笑，摘下了帽子向我们行礼。一个瘦弱的男人抱着一个瘦弱的婴儿跑上前，当我递给他一块巧克力时，他亲吻了我的手。路边立着一些用古老斯拉夫语写着神圣诗句的石质十字架，农民们在十字架前脱帽，虔诚地在胸前画十字。还有粗糙的木制十字架，就像在墨西哥一样，用来标记人们被谋杀的地点……

在一片高高的草地上，可以远眺河流和绵延起伏的布科维纳平原，我们看到了一个土库曼人的营地——他们的马已经备好了鞍，被拴在木桩上，正吃着草，篝火熊熊燃烧。他们脸色冷酷，眼睛斜视，蹲在锅旁，或者在马群中走动，在这片绿色的北方田野上形成了一种野蛮的色彩，他们的祖先可能在一千年前和匈奴王阿提拉

(Attila)一起在这里扎营过。在河的另一边,他们的兄弟躺在敌人的战壕里——在遥远的西部山脉之外是匈牙利,这是一片富饶的土地,从亚洲而来的上帝之鞭①最终在那里被阻挡并就此安息。在大路再次进入山谷的地方,有一座古老的石砌小教堂,形状呈圆形,四周有一道优美的柱廊,现在它已被洗劫一空,土库曼军官的马被拴在里面……

在任何十字路口面前,我们总是知道该走哪条路,因为伊凡总是选择走另一条路。虽然他在15英里外的新谢利察出生和长大,但他从未到过这么远的地方。更糟糕的是,不管重复多少次,他那空洞的记忆都记不住我们目的地的名字。每隔一会儿,他就转过身来,望着我们,哼哼着。"扎列希基!"我们齐声喊道,然后他开始用粗鲁的叫声鞭策着马匹,有时他停下车来,直到我们指着一个当地人,示意伊凡问路。

"你好,"伊凡喃喃地说,"哪条路能通往……"

"通往哪里,朋友?"那个人问,伊凡挠了挠头。

"你们想去哪里来着?"

伊凡不好意思地笑了笑。

"扎列希基!"我们大叫——伊凡重复了一遍——"啊,是的,扎列希基!"

中午,我们曲折地爬上一座陡峭的山,进入一片松树林,遇到了一长列卡车,车上满载着浮桥上的钢制浮筒。高大的顿河哥萨克骑着瘦骨嶙峋的小马护送着车队,他们的头发从帽子下面随意地露

---

① 阿提拉,古代亚欧大陆匈奴人的领袖和帝王,被欧洲人称为"上帝之鞭",他曾两次横渡多瑙河,掠夺巴尔干半岛,但未能攻下君士坦丁堡。

出来。

"喂，大人（Barin）！"其中一个司机指着西南方向喊道，"是普鲁特河（Eto Pruth）？那是普鲁特河？"

我点了点头。

"两天！"他拍着浮筒叫道，"要花上两天过河……到切尔诺维茨！"

他们仍然沿着山顶叮当作响地行进。我们一头冲进森林，遇到了许多大马车，车夫们一边呐喊着，一边挥舞着鞭子。路更险更陡了；树木变得稀疏起来，突然间，所有树都消失了，德涅斯特河谷的壮观全景就这样展现在眼前——正方形、平行四边形和弧形的斑斓色彩相互碰撞，交织成一幅肥沃田野的壮丽织锦，巨大的圆形丘陵像隆起的地面一样壮观地伸展开来，漫无边际的白色农舍像船一样沿着缎带般的公路蜿蜒而行，村庄消失在洼地之中。浮桥马车摇摇晃晃地驶来，每辆车由8匹马和20名士兵拉着，士兵们齐声叫喊着：一起用力！山下长达一英里的路上满是笨重的浮桥，左右摇晃着，马身上有白色的泡沫，肩膀宽阔的男人们吃力地弯着腰……

现在我们进入了一个新的天地。虽然农民们仍然穿着白色亚麻布，但他们的头饰变了；一些人戴着黑色毛皮的高圆帽，另一些人则戴着威尔士妇女过去常戴的高高的钟形帽。斯拉夫十字架被高大的天主教十字架所取代，上面装饰着耶稣受难的所有工具——长矛、海绵、手套和锤子。我们遇到了不会说罗马尼亚语的人——取而代之的是波兰语。沿路耸立着一栋父权制家庭住过的田庄——巨大的房子里配备有客厅、马厩、谷仓，全都在一个屋檐下，一条路从前到后贯穿房子的正中间。这是一个荒芜悲惨的国家，战火纷飞，两支大军曾于此三次交锋。被践踏的谷物在田野里呈现出病态的黄色；

整个村庄都成了废墟，除了俄国士兵、老人和残疾人外，几乎看不到男人，只有女人和孩子，他们目光躲闪，脸庞凹陷。正在生长的庄稼地里，老旧的战壕坍塌了，锈迹斑斑的铁丝网缠结在麦田里，到处都是。在公路左侧数英里的地方，人们正在疯狂地建造巨大的新战壕和炮兵阵地。成千上万的士兵蜂拥而至，午后的阳光照在他们举起的铁锹上。满载工具和铁丝网的马车堵塞了道路。在扎斯塔夫纳附近，我们看到农妇和儿童在士官的监督下挖土，他们排成了一长列，用头顶着筐运走泥土。为什么在这距离仅仅一月前俄国人占领的阵地还有 20 英里的地方进行如此狂热的活动？

144 / 东线之战：1915 年穿越巴尔干之旅

在扎斯塔夫纳附近抢挖战壕。

可怕的扎列希基

在扎斯塔夫纳的另一边,我们在几座破房子边停下来喝酒,在那里,我们看见了一群奥地利俘虏。他们在烈日下一瘸一拐地走着,大约有30人,由两个骑马的顿河哥萨克骑兵押解。俘虏们灰色的制服已经被灰尘染白,胡子拉碴的脸因疲劳而显得十分憔悴。一个人的左上半脸裹着绷带,血已经浸透了绷带,渗了出来;另一个人的手上缠着绷带;还有一些人拄着临时制作的拐杖蹒跚而行。两个哥萨克骑兵下了马,在哥萨克的示意下,这群人摇摇晃晃地走到路边,闷闷不乐地躺在阴凉处。俘虏群中,有两个面色黝黑的男人像野兽一样互相吼叫;那个头部受伤的人呻吟着,用缠着绷带的手颤抖着打开纱布。两个哥萨克很和气地向我们挥手,允许我们同他们进行谈话,于是我们拿着一把香烟走了过去。他们贪婪地夺走了香烟,就像长期没有烟草的烟民一样——只有一个满脸傲慢的年轻人冷淡地拒绝了我们的香烟,他拿出一个漂亮的盒子,里面装满了金头香烟,他自己拿了一支,没有给其他人。

"他是一位伯爵。"一个农民面孔的朴实男孩敬畏地向我们解释道。

那个手部受伤的人终于解开了绷带,带着一种着迷的神情盯着自己血淋淋的手掌。

"我看还是重新包扎起来比较好，"他最后说，一面胆怯地瞥了一眼一个戴着红十字会臂章、身材粗壮、闷闷不乐的人。后者轻蔑地望着对面，懒洋洋地耸了耸肩。

"我们有一些绷带，"我说着，拿出了一块。这时，一个哥萨克走过来，皱着眉朝我摇了摇头。他带着厌恶的表情踢了踢戴着红十字会臂章的人，并指了指另一个人。那个胖男人咕哝着什么，生气地在箱子里摸索着，猛地掏出一块绷带，无精打采地走了过来。

这群俘虏共有30人，其中竟然涵盖了35个民族的代表：捷克人、克罗地亚人、马扎尔人、波兰人和奥地利人。其中又有1个克罗地亚人，2个马扎尔人，3个捷克人，他们除了自己的语言之外，绝不会说其他语言，当然，奥地利人也不会说波西米亚语、克罗地亚语、匈牙利语或波兰语。奥地利人中有蒂罗尔人（Tyroleans）、维也纳人，还有一个来自波兰的拥有一半意大利血统的人。克罗地亚人憎恨马扎尔人，马扎尔人憎恨奥地利人——至于捷克人，谁都不愿意跟他们说话。此外，他们都被划分成泾渭分明的社会等级，每一个等级都轻视低于自己等级的人……作为弗朗茨·约瑟夫军队的一个样本，这群人是最有代表性的。

这群人是在普鲁特河沿岸的一次夜间袭击中被俘虏的，被俘后，他们在两天内走了20多英里，但是他们都热情地赞扬负责押送他们的哥萨克护骑兵。

"他们非常体贴和善良，"一名男子说，"当我们停下来过夜时，哥萨克会亲自到每个人身边去，查看他是否舒服。他们经常让我们休息……"

"哥萨克是很优秀的军人，"另一个人插嘴说，"我和他们一起战斗过，他们非常勇敢。但愿我们也有像他们那样的骑兵！"

一个波兰军团的年轻志愿兵急切地询问罗马尼亚人是否会参战。当我们回答说好像会的时候，他突然颤抖着喊道："我的上帝！我的天啊！我们能做什么？这场可怕的战争还要持续多久？我们只想要和平、安静和休息！我们被打败了——我们被光荣地打败了。英国，法国，俄国，意大利，整个世界都在对抗我们。我们现在可以光荣地放下武器了！为什么要继续这种毫无意义的屠杀呢？"

其余的人则坐在那里，忧郁地听着他感慨，一言不发……

傍晚时分，我们沿着悬崖间一条陡峭的沟壑嘎吱嘎吱地走下去。一条小溪在路边奔流而下，带动了一百个水车，但水车的磨坊已被炮火震得粉碎，残垣断壁上的棚屋在沟壑中彼此相接。在东面的悬崖顶上，我们可以看到若隐若现的壕沟和弯弯曲曲的铁丝网构成的地狱，一个月前，俄国人曾在这里炮击并突袭了奥地利的防御工事。数以百计的工人在那里清理残骸，建造新的工事。我们突然拐了个弯，来到德涅斯特河岸边，就在那座高大的铁路桥的下面，被炸成一团的钢梁和缆绳没入水中。河水在这里拐了个大弯，在 100 英尺高的土崖下面流过，越过一座被大炮堵住的浮桥，曾经美丽的扎列希基小镇就坐落在树林里。我们过河的时候，赤裸的哥萨克骑兵正骑着马在激流中泅水，叫喊着，溅起水花，他们强壮的白色身体沐浴在金色的光芒中……

扎列希基小镇曾 3 次被双方军队攻占、焚烧和劫掠，还被炮击了 15 天，大部分居民都被占领这里的军队屠杀了，因为小镇曾给占领这里的敌对方提供了援助和照料。当我们驾车进入市场时，夜幕已然降临，周围的高大建筑展现出令人震惊的破败。在歪歪斜斜的破棚子下面，有个简陋的市场正在营业，目光悲伤的农妇们在一群士兵中间摊开她们仅有的蔬菜和面包。几个犹太人在角落里鬼鬼祟祟。伊凡想要找一家旅馆，但那人微笑着指着一面摇摇欲坠的高大砖墙，上面醒目地画着"大酒店"——这里只有这个了。我们又能在哪里吃点东西呢？

"吃点什么？这个镇上甚至都没有足够的食物来养活我的老婆和孩子。"

一种恐怖的气氛笼罩在这个地方，我们从空气中就能感受到。它出现在沿着摇摇欲坠的墙壁偷偷摸摸地走着的抑或蜷缩的犹太人的身影中；出现在农民们脱下帽子，从我们的马车旁躲闪开时；出现在士兵们走过时，孩子们脸上露出的畏缩怯却的表情中。天黑了，我们坐在马车里，讨论着该怎么办。

街角上有一家"药房（Apteka）①"，这里相对还算没有受到太大损坏，药房里有一盏灯。我发现只有一个药剂师，他是一位会说德语的犹太人。

"你是哪里人？"他怀疑地盯着我问。

"我是个美国人。"

"这里没有旅馆。"他突然脱口而出。"没有地方住，也没有东西吃。一个月前，俄国人来到这里，他们屠杀了犹太人，把妇女和儿童赶了出去。"他用手指了指西边……"这里没有地方——"

"那么，"我说，"这里的军队最高长官必须照顾我们。我在哪里可以找到他？"

药剂师回答道："我会打发我的助手与你同去。"突然，他的脸

---

① 波兰语，药房的意思。

吓得僵住了。"你不会把我说的话告诉他们吧,尊贵的先生?"两个俄国士兵的闯入打断了他的话,药剂师站起来,为了维护那两个俄国士兵的利益,他变了一副傲慢的神情对我说:

"我不能把你们赶出商店。这是一家公共商店。但请记住,我对你们没有任何责任,不是我叫你们来这里的,我不认识你们。"毕竟,我们可能是不受欢迎的人。

我们给了伊凡一枚 2 卢布的硬币,他咬了一口,把钱放进口袋里,发出嘶哑的声音,表示感激。我们让他把车停在广场中央,他坐在车里等着,眼神放空。当我们从药房出来时,他还在那儿,弓着背,保持着原来的姿势。一个小时以后,当我们从上校的司令部出来时,虽然天已经很黑了,但他依旧没动。伊凡那沼泽般的头脑里在想些什么?也许他是在努力记住他的家乡新谢利察的名字——也许他只是想知道该如何回去……

我们与和蔼可亲的上校及参谋长坐在一起吃了很久的饭,用支离破碎的德语聊着政治和八卦。在场的其他军官中,有一位年轻的芬兰中尉和一位年老的哥萨克少校,他那张蒙古人种的脸上布满皱纹,和照片中的李鸿章一样,他对卢西塔尼亚号的沉没[①]感到非常兴奋,并确信美国即将参战。

"我们能为你们做些什么呢?"上校问道。

我们说,如果哪里有战斗的话,我们想去前线看看。

"恐怕在这里是不可能看到的,"他遗憾地说,"但是,如果你到

[①] 1915 年 5 月 7 日,德国潜水艇在爱尔兰海面击沉从美国驶往英国的英国卢西塔尼亚号邮轮,有 1198 名乘客遇难,其中有 115 名美国人。这一事件激起全世界人们的愤怒,美国和德国接近战事边缘。德国迫于国际舆论压力,一度放弃无限制潜艇战。

塔尔诺波尔（Tarnopol）① 去，指挥这支军队的将军一定会准许。不过，你们必须回到这里来，我很乐意亲自陪你们。开往塔尔诺波尔的火车今晚 11 点发车。"

他能告诉我们前线发生了什么吗？

"非常乐意，"他急切地说，吩咐勤务兵把地图拿来。他把地图摊在桌子上，"现在在这里，在扎达贡拉（Zadagora）附近，我们在这些阵地上部署了 10 门大炮，以阻止从普鲁特河涌上来的奥地利侧翼纵队。在这里，靠近卡鲁兹（Kaluz）的地方，奥地利人以为我们只有骑兵，但大约 3 天之内，我们将派出 3 个步兵团从这里越过这条小溪——"

我注意到，所有这些地图好像都是德国或奥地利的地图。

"哦，是的，"他回答，"战争开始时，我们根本没有布科维纳或加利西亚的地图。我们甚至不知道陆地上各个区域的布局，直到我们缴获了一些地图……"

---

① 1944 年前称"塔尔诺波尔"，现称为捷尔诺波尔。在德涅斯特河左岸支流谢列特河畔。1920—1939 年属波兰，1939 年划归苏联，现为乌克兰城市。

俄国大撤退的背后

清晨，我们局促地从三等车厢的长椅上醒来，感到浑身僵硬，向窗外望去，只见一望无际的加利西亚大草原上长满了金黄色的小麦，耕地比天鹅绒还要深；10英里长的平坦地面平缓地倾斜在地平线上，巨大的风车围着中轴向下转，就像海上的船只。我们在9小时内走了30英里。

火车呼啸着凯旋而下，长长地排成一排，气喘吁吁地爬上山坡，绵延数英里的斜坡上能看到不断上升的铁轨。我们的车厢内坐满了军官，他们兴高采烈，俄国人聚在一起，总会发出欢快的喧闹声。从后面载满部队的10节货车车厢里传来带鼻音的手风琴乐曲、大嗓门的歌声、叫嚷声和欢呼声。在小车站里，面孔单调、衣着朴素的波兰农民和他们那围着明亮头巾、大屁股的妇女呆呆地盯着火车，数百名士兵和军官拿着茶壶，一起挤在沸水壶（kipiatok）周围，每个俄国火车站都有这样一个巨大的沸水壶，人们不停地喝着茶。一位带着勤务兵的高级军官，在我们隔壁的车厢里放了一套小型黄铜制的茶炊……

塔尔诺波尔车站

这位军官肩膀的皮带上挂着一把镶金的哥萨克剑,这是沙皇对他勇敢的奖励,剑上还有弗拉基米尔勋章的流苏。他的勤务兵大概是庄园里的一个农工,亲切地称呼他为"伊万·伊万诺维奇(Ivan Ivanovitch)"。不久,这位军官带着真正的俄式热情走了过来,用法语邀请我们一起喝杯茶。然后我们聊起了战争。

"尽管如此,要打败俄国是不可能的。"他说。

我不同意俄国被打败过很多次的说法。

"你是说对日战争(日俄战争)。我曾在满洲服役,我想我可以告诉你为什么我们被打败。首先,农民对战争的起因一无所知,也没有人愿意告诉他们。他们从未听说过日本人。农夫说:'我们又不生日本人的气,才不管他们是谁,''我们为什么要和他们开战?'"

"在管理方面,一切都糟糕透顶。我曾见过军队在食物不足的情况下,经历了40天的铁路行军,疲惫不堪,饿得半死,连一个小时的休息都没有，就要投入战场作战。还有伏特加酒，这东西我们现在都不敢奢求。在奉天之战之前，我看到整个团都喝醉了躺在地上……这是一场不得人心的战争——农民心中没有爱国主义。"

"那么，现在有爱国主义了吗？"

"是的，他们非常爱国——他们憎恨德国人。你看，大部分农业机械都来自德国，这些机器代替了许多人的工作，农民被赶到了彼得格勒、莫斯科、里加（Riga）和敖德萨的工厂里。然后，德国人以低于俄国产品的价格向俄国倾销廉价商品，导致我们的工厂关闭，数千人失业。在波罗的海各省，德国地主拥有所有的土地，农民过着悲惨的生活。在俄国的任何地方，只要他们对德国人没有感情，我们就告诉他们这些事情……哦，是的，这次俄国人知道他们为什么打仗了！"

"所以俄国农民认为打败德国人就能摆脱贫困和压迫？"

他愉快地点点头。罗宾逊和我想法一样：如果农民们想要收拾谁，为什么不先从国内开始呢？后来我们才发现，他们确实是从国内开始的。

上午晚些时候，我们在能看到塔尔诺波尔塔楼的地方停了下来，旁边是一列巨大的医疗列车，上面印着帝国的纹章，写着："医疗专列，亚历山德拉·费奥多萝芙娜皇后（Imperatrice Alexandra Feodorovna）① 的礼物。"

"走吧，"我们的朋友说道，并吩咐把行李拿出来，"我们最好换列火车。我们的列车可能要在这儿待到下午。"

我们登上了即将开动的医疗专列，然后发现自己坐在一节被一块粗糙的木板隔成两个空间的小车厢里。木制的铺位靠墙折叠起来；

---

① 沙皇尼古拉一世的妻子，沙皇亚历山大二世的母亲。

角落里有一个炉子，上面摆满了肮脏的锅碗瓢盆；箱子和一个锡制的洗脸盆放在固定在墙上的箱子上方，钉子上挂着衣服，看起来就像一艘船的前舱。

一个车厢里坐着两个低级别的中年军官，另一个车厢里坐着一个胖胖的长相看上去很舒服的女人以及一个年轻姑娘。这两对男女抽着烟，并将烟蒂扔在斑驳的地板上，桌上散落着几杯热气腾腾的茶，窗户都紧闭着。

这个年轻女孩会说德语和一点法语；那个胖胖的女人是她的母亲，头发花白的卫生中尉是她的父亲，另一个工兵上尉是她的叔叔。自从10个月前战争开始以来，他们就一直待在这辆车里，这辆车从维尔纳（Vilna）和基辅开往前线，回程时会带着伤员回来。

"我妈妈不允许爸爸去打仗而不带着她，她也太大惊小怪了，结果爸爸把我们俩都带上了……我叔叔的岳父是明斯克政府的一名大学评议员①和法官，所以他设法让我们住在了这辆车里。"

"你们目睹过战争吗？"

"两次，"她回答，"去年冬天，在华沙附近，一枚德军炮弹击中了我们的一节车厢，把它炸成了碎片——我们一整天都处于炮火之下。就在上周，在卡鲁什（Kalusz）城外，整列火车都被奥地利人占领了。但是他们又让我们走了……我们正带着一车伤员前往维尔纳。两天后我们就回来了……"

茶和香烟都端上来了，这是俄国人传统的热情好客，我们围坐在一起，听他们向我们讲述像自己的祖先——游牧的俄国部落那样去全世界旅行的永恒乐趣。

---

① 19世纪俄罗斯帝国官僚体系中的一种职位，负责评估、审查和报告相关教育事务。

塔尔诺波尔车站是个混乱不堪的地方。拿着锡茶壶的士兵从一列长长的军用火车涌向沸水壶，冲撞了正在向另一列列车行进的步兵纵队。军官们又喊又骂，用剑面不断抽打着。发动机歇斯底里地呼啸着，号角声震耳欲聋——催促着人们回到自己的车里。有些人犹豫了一下，停了下来，不知道是向前走还是向后走；其他人则跑得更快。热水箱周围是一群沸腾的大喊大叫的暴徒，滚滚的蒸汽不断地从水龙头里冒出来……数以百计的农民难民——波兰人、摩尔达维亚人和匈牙利人——蹲在站台上，在他们的捆包和一卷卷被褥中呆呆地、不知所措地等待着，因为当他们撤退的时候，俄国人正在清除所有的活物，摧毁房屋和庄稼……车站站长在一群大声喊叫的军官和平民中间徒劳地挥动着双手，他们都挥舞着通行证，询问自己的火车何时出发……

难民……呆呆地、不知所措地，站在他们的捆包中间等待。

车站门口的一个武装哨兵试图阻拦我们，但我们推搡过去了。他拿着步枪，走了一步，又犹豫地停了下来，威胁的动作做了一半，吼着要看通行证什么的，但我们没理他，继续往前走。看来，即便是 100 名间谍也可以进入塔尔诺波尔……

"别停下来（Na Stap）！"我们对马车夫喊道，"去参谋部！"两边的铁路调车场上都是堆积如山的麻袋和箱子，比房子还要高。塔尔诺波尔是一座有着坚固的波兰建筑的城市，偶尔会有大型的现代德国建筑，你会突然看到狭窄繁忙的街道，街道两旁排列着数百家商店，所有商店都贴着店内出售商品的招牌；街上挤满了身穿黑色长外套、头戴卷边黑帽的犹太人。在这里，他们看起来比在新谢利察的状况好多了，也不那么卑躬屈膝了。就像在加利西亚和波兰的任何地方一样，这里有一种混合了"犹太洁食（kosher）"、"靴子皮革（boot-leather）"和我们所说的"波拉人（Polak）"① 的气味；它弥漫在空气中，污染了我们吃的食物，浸渍了我们的被褥。

我们在这条街上走到一半的时候，遇到了一队士兵，他们四人一组并排朝着火车站行进，准备上前线去，但只有不到 1/3 的人有步枪。他们像穿着靴子的农民一样迈着沉重的步伐朝我们走来，昂着头，摆动着手臂——像大胡子巨人，手和脸都是砖红色的，脏褐色的束带衬衫，肩上披着毛毯，腰带上挂着挖战壕的工具，靴子上插着大木勺，大地在他们脚下震颤。这些有着坚强、茫然、冷漠面孔的士兵，一排又一排地向西奔向未知的战场——出于他们无法理解的原因。他们一边行军，一边唱歌——一首简单而伟大的圣歌，就像希伯来语赞美诗。纵队最前面的一个中尉唱了一小节，第一个中

---

① Polak，波兰语，是对有波兰血统的人的歧视性称呼。

士接了下去——随后，3000 名士兵低沉而从容的声音就像一条阻塞的河流突然爆发，从他们巨大的胸膛里迸发出来的声音，像风琴的轰鸣一样高涨：

> 这是我最后一次和你们一起散步，我的朋友们，
> 最后一次！
> 明天，一大早，
> 我的母亲和兄弟将会哭泣，
> 因为我要奔赴战场！
> 我的心上人也会哭泣，
> 我深爱她很多年，很多年。
> 我希望有一天能和她一起步入教堂……
> 我发誓我会永远爱她，直到死去！

他们走过去了，那缓慢而咆哮的合唱此起彼伏，越来越微弱。现在我们骑着马穿梭于连绵不绝的医院之间，在那些医院里，裹着白布的憔悴身影无精打采地从窗户里探出身子来，由于长期待在屋子里，他们苍白的皮肤已经开始发黄。街上挤满了士兵——挂着拐杖的伤兵、退伍的后备役（Landwehr）老兵、正规军，还有不到 17 岁的男孩。平民与士兵的比例达到了 1∶3，尽管这可能部分是由于当俄国人进入该镇时，许多犹太人被"驱逐"了——这是一个黑暗而血腥的谜团。每个街角都站着一个全副武装的哨兵，用一种凶狠的目光怀疑地审视着过往的行人，像个多疑的农民。当我们戴着牛仔宽边帽、穿着灯笼裤和绑腿驾车经过时，他们目瞪口呆地盯着我们看。你可以从他们痛苦的脸上读出那种与生俱来的对我们的怀

疑——但那时我们已经离他们几个街区远了。

终身失明（科威尔）。

"站住（Stowi）！"参谋部门前的卫兵放下刺刀，咆哮道，"停下！你们是谁（Shto takoi）？"

我们需要一位会说法语或德语的军官。

"你们是涅梅茨基（Niemetsk）吗？"他问道，用的是古代农民对德国人的称呼——意思是"哑巴"，因为第一批来到俄国的德国人不会说这种语言。

"我们是美国人。"其他士兵聚过来一起倾听。

"美国人！"一个人带着狡黠的微笑说。"如果你是美国人，告诉我美国人说什么语言。"

"他们说英语。"

听了这话，他们都好奇地看着那位博学的士兵，他点了点头。一个军官出现了，他严厉地上下打量我们，用德语问我们是谁，在做什么。我们解释了一番。然后他就挠了挠头，耸了耸肩，离开了。另一个长着大胡子的人现在急急忙忙地走了出来，用俄语、波兰语和蹩脚的法语来试探我们。这对他来说显然也是个难题，因为他一边茫然地走来走去，一边捋着胡子。最后，他给几个勤务兵下了不同的命令，并示意我们跟着他走。我们走进一间大房间，这里显然曾是一个剧院，因为舞台的一端挂着一块颜色艳俗的幕布。大约30个穿着便服的人伏在办公桌前，吃力地写着冗长的官僚程序文件。其中一个正在小心翼翼地试验一项新发明——打字机，显然他们谁也没见过，这一幕让所有人都感到非常好笑。

一个年轻的军官从里面的一间房间里走了出来，开始用流利的法语向我们提出了一连串严厉的问题。我们是谁？我们在这里做什么？我们是怎么来的？我们讲述了自己的故事。

"穿过布科维纳和加利西亚！"他吃惊地叫道，"但是平民是不允许进入布科维纳和加利西亚的!"

我们出示了通行证。

"你们是记者啊?可是,你们难道不知道记者是不能到塔尔诺波尔来的吗?"

我们指出现实就是我们确实来到了这里。他似乎不知所措。

"你们是干什么的?"他不确定地说。

我告诉他,应美国驻布加勒斯特公使的要求,我们将去参观第九军的前线,还要去了解一下加利西亚的一些美国公民的情况。然后,他就把名单扫了一遍。

"呸!犹太人!"他厌恶地说,"为什么你们国家要承认犹太人的公民身份?或者,如果可以的话,为什么不把他们关在家里?你们想去哪儿,斯特雷(Strij)?卡鲁什?这是不可能的!"

"啊,"我说,"那么斯特雷和卡鲁什现在都是战场第一线了?"

他咧嘴一笑:"没有,那是二线,德国的二线!"

我们对德国人推进的速度感到震惊。

"这只是时间问题,"他换了一种方式继续说,"他们很快就来了。"突然,他立正,然后说道,"将军!"

那坐着的30名军官也一下子跳了起来。

"你们好,我的孩子们。"一个愉快的声音说。

"将军,您好!"职员们齐声喊道——然后又坐下来开始工作。利希斯基将军(General Lichisky)还未到中年,有一张热情的笑脸,他向我们敬礼并友善地同我们握了手。

"这么说,你们想去前线?"长官解释后,他说,"我不明白你们是怎么到这里来的——因为记者根本不被允许进入塔尔诺波尔。不过,你们的证件令人非常满意。可是我不能让你们去参观第一线;

大公已经下令绝对禁止这样的事情。你们最好去利沃夫（Lvov），也就是伦贝格（Lemberg），看看加利西亚总督博布林斯基王子（Prince Bobrinski）能为你们做些什么……我会给你们通行证。此外，只要需要，你们想在这里待多久就待多久……"

他派了一位会说英语的年轻副官来照顾我们，并命令我们住在为参谋人员预留的旅馆里，还安排我们在他们的餐厅用餐。

我们在城镇里闲逛。塔尔诺波尔到处都是军队——有从前线回来休整的兵团，其他要出城的兵团，还有更多的新部队，他们来自俄国，军服还未被战斗弄脏；他们用不断高涨的大嗓门发出震耳欲聋的合唱声，声音相互震动和碰撞着。没有几个人携带武器。长长的马车车队载着大量的面粉、肉类和罐头食品向西行进，但我们没有看到弹药。

一位年轻的中尉告诉了我们一些事情。他经历了马苏里亚湖（Masurian Lakes）的灾难，后来又经历了喀尔巴阡山脉的灾难。

"甚至在撤退之前，"他说，"我们的步枪和弹药都未能满足战场一半的需求量。例如，我的连驻扎在两条战壕中，一条是前沿战壕，另一条是后备战壕。我们 1/3 的人在第一道前沿战壕里，他们都有步枪。其余的人都没有步枪——他们的职责是向前冲，一个接一个地向前冲，捡起那些被杀战友的步枪继续前进……"

当我们闲逛的时候，街角的卫兵聚集在了一起，他们看着我们，窃窃私语，认定我们是德国间谍——然后逮捕了我们，又把我们带到了县政府。没人知道该拿我们怎么办，所以我们被正式押往参谋部，在那里，我们那位会说法语的军官朋友，再次帮忙释放了我们，还把抓我们的人骂了一顿。可怜的卫兵们迷惑不解地溜走了：他们接到的命令是逮捕任何形迹可疑的人，然而当他们严格执行命令的时候，却受到被笞打的威胁。一整天，我们每隔一段时间就会被一批新的卫兵逮捕，同样的闹剧一次又一次地上演。

"蠢货！"军官喊道，向那些可怜又迷惑不解的士兵挥舞着拳头，"一群傻瓜！我要惩罚你们！"

我们温和地建议这位军官朋友给我们一张通行证，这样当有人拦住我们的时候，我们可以向他们出示，但他说自己没有这样的权力……

下午晚些时候，我们站在军营附近，看着一长列面色阴郁的奥地利战俘在卫兵之间缓缓而行。一个值班士兵目瞪口呆地看了看我们的绑腿，眼睛慢慢地顺着我们的服装来回扫了几分钟，最后逮捕了我们，把我们带到一个站在角落里戴眼镜的少校面前。

一个值班士兵看到我们的绑腿，目瞪口呆了几分钟（塔尔诺波尔）。

他用德语问我们,我也做出了回答。他又透过眼镜怀疑地打量着我们。

"你们的护照呢?"

我说护照落在旅馆了。

"我想我应该带你们到参谋部去。"他说。

"我们已经去过参谋部了。"我说。

"哼!"他沉思着。"那就再去警察局。"

"那有什么用呢?我们已经去过警察局了。"

"哼!"这真令人费解,于是他改变了话题,"你们是记者?你们都去过哪些国家?"

"我们刚从塞尔维亚回来。"

"塞尔维亚怎么样?"

我说那里疫情很严重。

"疫情?"他说,"什么病?"他从未听说过斑疹伤寒。"真的!"他用冷漠的语气说,"告诉我,意大利会参战吗,你对此怎么看?"

"意大利已经参战 6 个星期了。"

"真想不到!"他打了个哈欠,"好了,先生们,我得走了。很高兴认识你们,非常愉快(sehr angenehm)。"他鞠了一躬,走开了。

没人知道开往伦贝格的火车什么时候出发。照顾我们的军官给军需官打了电话,军需官又给运输局长打了电话,运输局长又问了铁路管理局局长。答案是,所有事情都乱作一团,无法确定——货车可能在 5 分钟内出发,也可能在明天早上出发。于是,我们在车站又陷入了可怕的混乱(mêlée)中,只好把行李靠在墙上,坐下来等待。长长的担架排成一排,痛苦呻吟着的伤员们被抬到医疗专列

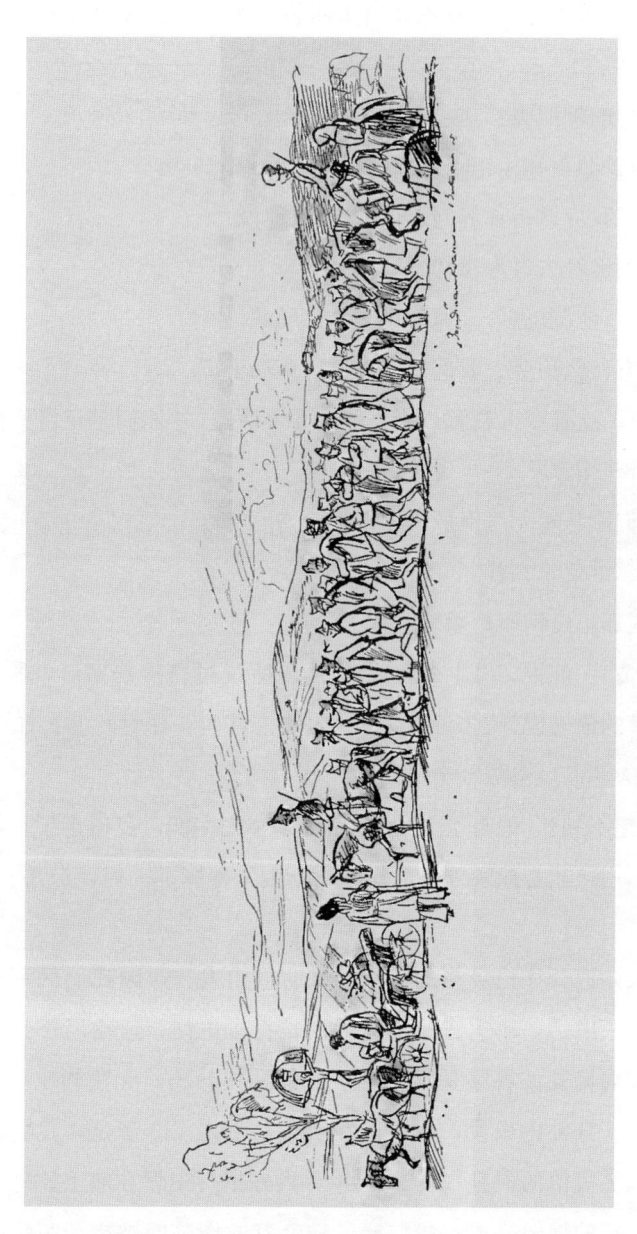

和奥地利囚犯一起走在布科维纳同行。

上；奔跑的士兵们相互推搡，军官们扯着嘶哑的喉咙大喊大叫；面对火车在铁轨上总是受阻的情况，汗流浃背的列车员做出绝望的手势。一位胖胖的上校向这位心烦意乱的站长指指他那沿货运站台延伸的兵团。

"我的火车到底在哪里？"他喊道。站长耸耸肩。

有些骑兵穿着绿裤子，佩着宽大的军刀；运输部队和飞行部队的中尉拿着象牙柄的钝匕首代替剑；来自乌拉尔和库班的哥萨克指挥官穿着尖头翻面的靴子，前胸是敞开的长衫，腰上系着带子，高高的毛皮帽子上带有金色和红色的条纹，腰带上镶着贵重金属，腰间佩戴着银色的长弯刀；代表不同级别的将军军衔。这里有跛足的军官，有近视看不清字的军官，还有独臂的癫痫病军官。邮政和铁路的小官员们穿得像大元帅，手里还拿着剑。几乎每个人都穿着金色或银色肩带的制服，它们的数量和种类都非常丰富。几乎每个军官的胸前都佩戴着理工学院或工程学校的金银徽章和弗拉基米尔勋章、圣乔治勋章或圣迈克尔勋章的亮色绶带；金柄荣誉剑随处可见。每个人都不停地向彼此敬礼……

7个小时后，我们终于登上了开往伦贝格的火车，和两个衣衫褴

不同类型的军官。

楼的中年中尉坐在了同一个隔间,他们是大部分俄国小官僚的典型代表。我们开始用蹩脚的德语同他们交谈,询问关于政府管控伏特加的问题。

"伏特加!"一个中尉说,"可以肯定的是,如果不是因为没法以别的方式赚到钱,他们是不会管控伏特加的。在战争时期,这一切都很好——你知道,1905年的革命①完全是由于农民喝伏特加喝醉了闹事,但战争结束后,我们将再次畅饮伏特加。每个人都想要伏特加。他们阻止不了。"

他的同伴问我们美国是否有义务兵役。我说没有。

"像英国一样,"他点了点头,"这对你们来说很好,但在俄国就完全不行,这里的农民根本不懂打仗。"

"但我认为人们对战争非常热情?"

"呸!"他轻蔑地回答,"俄国的农民是一个非常愚蠢的群体。他们既不会读也不会写。如果你让他们自告奋勇,他会说自己在这里很舒服,也不在乎被杀。但如果你命令他们走,他们抬腿就走!"

我想知道是否曾有人有组织地反对过这场战争。第一个人点了点头。

"15名杜马议员——因为他们不能处决杜马议员——因为向军队进行革命宣传而被关进监狱。在部队里进行宣传的人都被枪毙了。他们大多是犹太人……"

45英里的路程花费了14个小时。我们在铁路道岔处停了几个小时,让军列先通过,还有长长的白色车队,无声无息,散发出碘仿②

---

① 1905年1月16日,彼得堡普捷洛工人为反对工厂主开除4名工人而罢工,其他工厂的工人们群起响应。1月22日,成千上万名工人前往冬宫广场,准备向沙皇提交请愿书,结果遭到军警的野蛮枪杀。

② 20世纪初开始,碘仿被用作伤口防腐药,现已被其他药物代替。

的气味。绵延数英里的麦田又泛黄了——这里将迎来大丰收。这个国家到处都是士兵,他们挤满了每一个车站。半武装的兵团沿着站台没精打采地等着火车;一列列的骑兵带着马匹;在我们的前方和后方,是一列列堆满了给养的平板车,有时这些车会超过我们,驶向不同的方向。到处都是一片混乱——一个营一整天都在原地停滞不前,他们没有食物,但是只要再往前走一段路,就是一个巨大的饭棚,然而因为士兵们没有来,那里无数的饭菜都变质了。发动机不耐烦地鸣着笛,想要开辟一条畅通的轨道。这里给人的印象是,庞大的力量和物资被漫不经心地肆意乱丢,四处都是无人关心的冷漠,处处都是巨大的浪费。

这与我在法国北部被占领四个月后看到的情况多么的不同啊!那里真是一部完美运作的德国机器!那里同样面对着如何运送数百万人的问题,面对着调度士兵和为军队运送武器、弹药、食物和衣服的问题。还有一点,尽管法国北部布满铁路,而加利西亚没有铁路,德国人还是在法国北部修建了四条新的铁路,这些铁路穿越乡村,穿过城市,跨越钢和混凝土建造的桥梁,这一切仅仅在18天内就完成了,在德法之间,火车从不晚点……

德国人到来之前的伦贝格

伦贝格，在波兰语中叫利沃夫，这座城市巨大的车站里挤满了奔跑和叫喊的部队，士兵们睡在肮脏的地板上，惊慌失措的难民们茫然地四处游荡。虽然伦贝格是禁区之一，但没有人质问或阻挠我们。我们开车穿过这座古老的波兰皇家城市，在那些阴暗的墙壁仿若罗马和佛罗伦萨的宫殿墙壁的巨大石头建筑间穿行。这里曾经是世界上最骄傲的贵族的居所。从中世纪延续至今的曲折的街道中间有座小广场，广场上矗立着伟大时期的哥特式教堂——高高的薄屋顶，精致的石制花饰的尖顶和华丽的玫瑰窗。宏伟的现代德国建筑耸立在壮阔的天际线上，那里有明亮的商店、餐馆和咖啡馆，还有这座大城市宽阔的绿色广场。破旧的犹太人居住区破坏了整洁的街道，到处都是污秽和吵闹的希伯来人，但在这里，他们的房子和商店比我们去过的其他地方的更宽敞，他们脸上的笑容更灿烂，走路更像自由的人。士兵——到处都是士兵——还有步履蹒跚的犹太人，动作敏捷、爱打手势的波兰人——世界上最丑陋的种族——挤满了这条人行道。到处都是处于各个康复阶段的伤员。整条街道的房屋都变成了临时医院。在战争期间，我从未在任何一个国家，看到像俄国战线后方有如此大量伤员的情况。

帝国饭店是一座古老的宫殿。我们的房间长 35 英尺，宽 25 英尺，高 14 英尺，外墙厚 9 英尺。吃完早饭后，我们迷失在这个大房间的无用空间中。然后，因为我们的通行证上标注着："持证人必须立即向加利西亚总督府（Chancellery）报告"，我们就去了古老的波兰国王宫殿，如今驻扎在这里的是正在笨拙而无能地运作着的俄国当地官僚机构。

汹涌而来的难民和平民在前厅里接待室职员的桌子旁熙攘走动。最后，办事员接过我们的通行证，仔细地读了两三遍，把它翻过来看了看，然后耸耸肩把它递了回来，随后就不再理睬我们。于是，我们挤过几个哨兵，进入一间内部办公室，一名军官正端坐在一张写字台前写字。他看了看我们的通行证，灿烂地笑了。

"看不懂，"他说，"我什么也看不懂。"

我们要求找一位会说法语或德语的人，他就去找了一个。3 刻钟后，他带着一个会说点德语的老上尉回来了。我们解释说，利希斯基将军命令我们向总督府报告，因为我们要上前线去。

"我带你们去，这边走。"上尉示意我们穿过一条通道。我们继续走了一段时间，环顾四周，突然发现他没在身边，我们也没再见到他。

我们继续走着，突然看到正前方有一扇门，上面写着"总督办公室（Staff of the Governor-General）"，我们推门进去，告诉勤务兵我们要找一个懂法语或德语的人做翻译。一位和蔼可亲的上校立刻出现了，他与我们握手，并自我介绍说："我是彼得·斯特凡诺维奇·维尔霍夫斯基（Piotr Stefanovitch Verchovsky），为您效劳。"我们讲述了自己的来历。

"请等几分钟，先生们，"他说，"我来安排你们的事情。"

他拿着我们的通行证离开了。4个小时后,一个勤务兵走进房间,耸耸肩,把通行证递给我。

"维尔霍夫斯基上校在哪儿?"我们质问道。

"听不懂(Ne poniemayo)!"他低声抱怨,"我听不懂!"

我走到门口,叫勤务兵去找上校来。几分钟后,他露面了,像之前一样彬彬有礼,但看到我们还在那里,他感到非常惊讶。

"你们的通行证上清楚地写着你们必须向总督府报到,"他解释说,"但是我费尽力气也没有找到合适的部门。事实是,由于今天早上的新闻,我们这里非常混乱。我建议你们去博布林斯基王子的私人总部,并要求与他的副官特鲁贝茨科伊亲王(Prince Troubetskoi)见面谈谈……但可别说是我让你们去的。"

在去总督府的路上,我们要经过四组疑神疑鬼的哨兵岗哨。我们把名片递了过去,哨兵马上领我们进了一个房间,里面坐满了穿着得体的军官,他们抽着烟,有说有笑,翻看着报纸。一位穿着轻骑兵制服的英俊小伙,在一群快乐的人的簇拥下,正在用法语讲述自己在尼斯艳遇波兰伯爵夫人的故事……一位面容温和、蓄着络腮胡的俄国主教,身穿一件黑色丝绸法衣,银项链上坠着一个巨大的银十字架,他与一个浑身饰有勋章的粗脖子上校手挽着手踱来踱去……没有什么比战争离这伙随和又有礼的人们更遥远的了。

一位高大英俊的年轻人走上前,向我们伸出手来,在浓密的胡子下,他的牙齿闪闪发光。

"我是特鲁贝茨科伊,"他用英语说,"你们到底是怎么到这里来的?记者是不可能进入伦贝格的!"

我们拿出了大量由将军及参谋长签署的通行证。

"美国人!"他叹了口气,咬着嘴唇忍住笑。"美国人啊!只要有美国人在，规章制度就派不上用场。我不明白你们是怎么发现我在这里的，你们为什么来找我。"

我们低声说在纽约见过雕塑家特鲁贝茨科伊。

"啊，是的，"他说。"那可是一个国际名人。他不会说俄语，我相信……但现在你们来了，我能为你们做什么呢？"

"我们想上前线。"当我们说到这里时，只见他疑惑地摇了摇头，"我们以为总督至少会允许我们参观普热梅希尔（Przsemysl）。"

"我相信他会的，"这位亲王笑着说，"但是今天早晨来了不幸的消息，奥地利人 8 点钟就进入普热梅希尔了！"

我们做梦也没有想到普热梅希尔这么快就沦陷了。"你认为他们会打到伦贝格吗？"

"很有可能，"他以一种不感兴趣的语调回答，"现在这两个地方都没有任何战略价值。我们正在整顿我们的战线。"然后，他改变了话题，说要亲自去见总督，问问总督能为我们做些什么，又问我们是否能早上再过来。

一直在旁倾听的主教用非常流利的英语问我们来自美国的哪个地方。

"我在美国待了 16 年，"他笑着说，"我在纽约扬克斯的希腊教堂当了 8 年牧师。为了战争，我回到了这里，尽我所能……现在我只等着能平安回到美国去。"

当我们回到街道上时，看到一队身材高大的士兵，拖着沉重的步子，排着四列纵队，别着摇晃的锡桶绕过街角，正准备去厨房吃晚饭。就在宫殿前面，前面的队伍突然唱起了

一位俄国主教。

歌，后面的队伍也高喊着加入其中：

> 我记得当我还是个小女孩的时候，
> 在军队演习期间，
> 一个年轻的军官和士兵们一起，
> 来到我的村子，这名军官对我说，
> "给我点水喝。"
> 喝完水后，他从马背上弯下腰来，
> 亲吻了我。
> 当他离去时，我久久地站着，目送他，
> 整晚我都无法入睡——
> 他整晚都出现在我的梦里……
> 多年以后，我已经是个寡妇，
> 已经把我的4个女儿嫁了出去，
> 一位老将军来到我的村子；
> 他被打得遍体鳞伤。
> 他呻吟着。当我看着他时，我的心跳得很快，
> 这就是当年那个年轻的军官，我不会认错：
> 他一如既往的果敢——有着同样的声音，
> 他一如既往的英勇——还是同样的眼睛，
> 但他的胡子白了许多。
> 所以，和许多年前一样，这个晚上我再次无法入眠，
> 整晚他都在我的梦里……

现在，所有的街道上都挤满了唱歌的士兵。我们可以看到他们

的帽子沿着林荫大道的尽头，飘过一个小山丘的顶端。洪亮的合唱声相遇了，回声在高楼大厦之间交汇，像海浪在相互碰撞——这座城市奏出了深沉的旋律。这就是俄国取之不尽、用之不竭的力量，她的血管里充满着强大的血液，男子气概就像取之不尽的源泉一样，随意地流出来，被国家浪费、挥霍。这里有一个悖论，一支虽战败却在集结力量的军队，他们的撤退对征服者来说是致命的。

高喊的军团。

我们的俄国卢布快用完了，所以我们早上就出门了，想用英国金币兑换一些卢布。但是没有人想要英国黄金。每个人都低声地向我们问同一个问题，他们向四周张望，观察有没有士兵听见："你有奥地利钱币吗？"因为城里已经有传言说奥地利人又要来了。

我们遵守了与特鲁贝茨科伊亲王的约定，他领着我们穿过宫殿里古老的御前厅，来到总督助理的办公室。这是一位举止有礼的官员，外套上点缀着闪闪发光的装饰品。

"特鲁贝茨科伊亲王和我确实为您二位尽了最大的努力，"他友好地微笑着说。"但是总督无法允许你们参观前线,他对此深感抱歉。如果你们想要参观前线就必须向军方负责人申请,你们知道的——总督只是一个文职官员……不过,我毫不怀疑军方会批准的。如果得到了批准,就回到这里来吧,我们非常乐意照顾你们。"

我们询问在哪里可以得到许可。

"您或许有两种方式可以得到许可。一种是去彼得格勒,您可以通过大使与尼古拉·尼古拉耶维奇大公殿下(Grand Duke Nicolai Nicolaievitch)商议,或者到波兰的霍尔姆(Cholm)去,那里是西南方面军总司令伊万诺夫将军(General Ivanov)的司令部。特鲁贝茨科伊亲王和我都认为,如果您向伊万诺夫将军提出申请,会更容易成功,总督阁下也是同样的看法。我会给你们通行证,保证你们可以到达霍尔姆。"

午夜时分,我们离开旅馆去赶开往霍尔姆的火车,我们看不到出租车,一位正好要前往车站的军官用法语向我们叫喊,他很乐意我们与他同乘。他那带有一半闪族人特征的鹅蛋脸简直像从亚述壁画上复制下来的,他说自己是高加索地区的格鲁吉亚人。

"由于格鲁吉亚各军团的英勇作战,军团从土耳其前线奉命来到这里。大公做得很对,我们格鲁吉亚人是目前军队中最勇敢的士兵。"他说。

"奥地利人会占领伦贝格吗?"罗宾逊问。

"噢,是的,"他得意扬扬地回答,"我们现在每天都盼着奥地利人来呢。但没关系,你们知道,明年冬天或者后年冬天,我们会卷土重来。"

一场乐观的朝圣之旅

霍尔姆与伦贝格相距不到 100 英里，但两地之间没有直达铁路；去那里必须先绕道去俄国，再经波兰返回，总共有 300 多英里的路程。

我们坐在一个四人车厢里，另外两个人中有一位沉默寡言的年轻中尉，穿着靴子躺在铺位上抽烟；还有一位是脾气古怪的老将军，他因残疾而退役。将军试图关上车厢门窗——因为俄国人和其他大陆民族一样，对新鲜空气有一种病态的恐惧。接下来是一场持续了一整夜的戏剧性战斗，在这场战斗中，身穿制服的沙皇的仆从执拗地想要关闭那扇窗户，而顽强的美国男子不顾一切，多次努力阻挠——两人最终在黎明时分被铁路警察制止了。

白俄罗斯。一连几个小时，我们都在穿越一片未被开垦的桦树和松林荒野，其间没有看到一所房子，也没有看到一个人，只有火车发动机的汽笛声，打破了树林里回荡的寂静。有时，透过森林的缝隙可以瞥见广阔的黄色平原，黑色的树桩矗立在麦田里。破败的村庄蜷缩在伏特加商店周围，而这些商店现在已经关闭了，木屋的屋顶覆盖着被忽视的茅草，这些茅草惨淡地散落在泥泞又车辙斑驳的地上，到处都是正在拱土的猪和成群的鹅……

肩膀宽阔的妇女们在地里干农活，她们用粗大的镰刀有节奏地割草，她们可能来自遥远国家的割草女工协会。到处都是年轻力壮的农夫。他们在轰然倒下的树木中挥舞着斧头，沿着路边唱着歌，农夫们成群结队地蜂拥在数英里长的用于建造棚屋的托梁和木材聚集区，这里覆盖着堆积如山的军需品。然而，我们一刻也不能忘记战争。城镇里到处都是大喊大叫的士兵；一列接一列的火车满载着他们，向西飞驰而去。当我们停在铁路侧线的时候，一辆辆白色的医疗专列从我们身边驶过，伤员们苍白而痛苦的脸上裹着绷带，从窗户向外张望。每个村庄都有自己的军队医院……

我们在罗夫诺（Rovno）的换乘需要等上 9 个小时。在那里，我们遇见了米罗什尼科夫（Miroshnikov）。正是那位会说英语的副官，他曾经在塔尔诺波尔照顾过我们，如今要去北方办公务。

"我们四处走走吧，"他提议道，"我想带你们去看一个典型的栅栏区犹太小镇。"

我们走在路上，我问他肩带边的红、白、蓝三色绳子是什么意思。

"这意味着我是一名志愿兵，不用服义务役。俄语里用'Volnoopredielyayoustchemusia'表示'志愿者'的意思。"他笑着回答。

我们完全放弃了学习这种语言的希望……

我永远不会忘记罗夫诺，栅栏区（Pale of Settlement）① 的一座犹太小镇。它是俄国式的，有种破旧的宽大，宽阔的街道半铺着鹅卵石，破旧的人行道，杂乱的木屋装饰着亮绿色的木屑片，还有成群的小官员们穿着制服。街上到处都是小轮子马车，拖着沉重的俄

---

① 沙俄西部的一个区域，是沙俄允许并仅允许犹太人永久居住的地方。

国轭，驾驶马车的是一群毛发旺盛的堕落之徒，他们穿着破破烂烂的棉绒长袍，戴着奇形怪状的钟形帽。其余的都是犹太人……街上堆满了臭气熏天的垃圾，每辆过往的交通工具都从水坑中溅起了黏糊糊的泥浆。一大团苍蝇嗡嗡地飞来飞去。道路两边有许多小商店互相挤在一起，店家那醒目的招牌上画满了在售商品，人们看过去，只是幅混乱的图景。油腻的店主们站在臭气熏天的门口，每个人都大声招呼我们进店买东西，而不要从对面善于坑蒙拐骗的竞争对手那里购买。太多的商店，太多的出租车司机，理发师，裁缝，聚集在这个狭窄的世界里，在这个犹太人在俄国仅有的生存空间；时不时地，从禁止进入的城市里被赶出来的悲惨的人们也会加入进来，他们为了能留在那里而贿赂警察。在栅栏区内，犹太人为呼吸而挣扎。

这些人与加利西亚城市里哪怕是最贫穷、最卑鄙的犹太人都是多么的不同啊！在这里，他们是一群苍白、佝偻、近亲繁殖的种族，有教养到愚蠢的地步。在罗夫诺，我们第一次注意到波兰犹太人戴的小尖顶帽，长外套下露出"神圣流苏"的畏畏缩缩的男人，这里的男孩脸上刚长出点小胡须，脸色很不健康，女孩们因为繁重的工作和没完没了的屈辱，过早地衰老，成年妇女一个个满脸皱纹、弯腰驼背，戴着假发，穿着邋遢的哈伯德妈妈款式的衣服。当你看向这些人的时候，他们会面露轻蔑和憎恨的微笑，在街上的时候会让非犹太人先通过。在这一切的正中心，一座俄国教堂敞开着大门，蓝色的熏香从里面喷涌而出，里面还有闪闪发光的黄金、珠宝和点着蜡烛的圣像，牧师们穿着镶有金线的沉重圣衣，缓慢而高贵地吟诵着圣歌。

一千年来，俄国人和他们的教会尽了最大的努力灭绝犹太人和犹太教。这取得了怎样的成功？在罗夫诺，成千上万的犹太人被锁在牢不可破的世界里，他们严格遵守一种不断被净化的宗教，遵守自己的风俗习惯，说自己的语言，遵从两种道德准则——一种是给彼此的，一种是给异教徒的。迫害只在俄国人的心中滋生了毒药和持续流脓的伤口。当我们在一个犹太小酒吧里喝格瓦斯的时候，米罗什尼科夫说，所有的犹太人都是俄国的叛徒，这话一点也不假。他们的确是叛徒。

这时，我们在火车上遇到的一位军官走了进来。他闻了闻空气，向我们鞠了一躬，恶狠狠地盯着那些被吓坏了的女服务员，直截了当地说："肮脏的犹太人！我讨厌他们！"说完就走了出去。

我们几乎一整天都在罗夫诺车站附近，但直到晚上警察才决定逮捕我们。我们向其中一个叫波拉托夫（Bolatov）的傲慢的上校求助，我们在旅途中遇到过他几次。他浑身都是华丽的装饰，手持一把金色荣誉剑，胸前有衬垫，茂盛的胡子还染了色。我们始终不知道他在全国各地悠闲地旅行都干了些什么。米罗什尼科夫告诉他，罗宾逊是一位著名的艺术家。

"让我们瞧瞧！"波拉托夫狡猾地说。他走近罗宾逊，说道："如果你是个画家，就给我画幅肖像吧。"他在弧光灯下摆出一副好战的姿态，挺起胸膛，手放在剑柄上，胡子也卷了起来，此时的罗宾逊正在为了

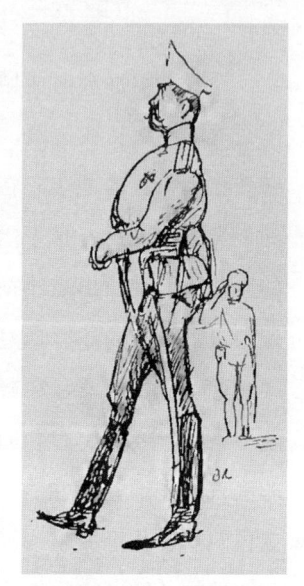

持怀疑态度的波拉托夫上校。

自己的生命而尽力创作。这幅肖像呈现出一种令人发指的奉承之感。波拉托夫上校十分满意地看了一眼,他向警察挥挥手,"放了这两位先生,"他傲慢地命令道。"他们是很有名的记者……介意在这张速写上签个名吗?"

那天晚上,我们睡在一辆运兵车的长椅上;在科威尔(Kovel)换乘,又等了7个小时,然后登上了一列开往霍尔姆的火车,尽管没人知道火车什么时候会到达那里。整个下午,我们缓慢地向西行进,穿过广阔的波兰平原——一望无际的麦田,边缘点缀着红色的罂粟花,像一片黄色海浪一样冲破了云雾缭绕的树木,和像群岛一样的满是茅草屋的欢乐村庄。在漫天飞舞的蝗虫群中,是闷得透不过气来的木制车站,热情好客的茶炊冒着热气,行动缓慢、面容沉重的农民一动不动地盯着火车——男人们穿着灰色的粗羊毛长外套,女人们穿着鲜艳的裙子,围着头巾,神情愉快。那天晚些时候,低垂的太阳把浓郁而柔和的阳光洒满了平坦的大地,所有的红、绿、黄都焕发出鲜艳的光芒,我们吹着口哨穿过一片沙质松林,看见眼前的霍尔姆的山丘被树木覆盖,一簇簇闪闪发光的希腊圆顶像金色的泡泡一样漂浮在绿叶之上。

马蒂涅夫上尉(Captain Martinev),一个我们新结识但已经倍感亲密的朋友,正以俄国人真正的坦率批评军队。

"可怕的浪费,"他说,"让我给你们讲个故事。10月,德军开始进攻华沙时,我和我所在的团正在蒂尔西特,我们接到紧急命令,要火速赶到波兰。从蒂尔西特到最近的火车站米陶(Mittau),有100俄里。我们用了3天的时间强行军,到达时军队状况很糟糕。当时出了一些问题,我们不得不在月台上等了24个小时,我们没法睡觉,因为天气很冷。我们坐了两天的火车到华沙,都快要饿死了,却没有人为我们安排食物。当我们到达时,罗兹(Lodz)已经陷落,于是我们又被迫穿过城市去乘坐另一列开往特蕾莎(Teresa)的火车,那里正在发生战斗,我们是在晚上上车的。但在离特蕾莎不远的地方,火车铁轨被炮弹炸毁了,凌晨两点钟,我们不得不在雨中下了车,步行了 5 个小时才到特蕾莎。

"8 点,我们到了 M 将军指挥的师部,他曾在满洲犯了可怕的错误。士兵们双脚的状况很糟糕,他们几乎 3 个晚上没有睡觉,两天内没有吃任何东西……半小时后,当我们在雨中已经精疲力竭之时,将军带着他的参谋长出来了。

"'这里有多少人?'他闷闷不乐地问。"

"'8000。'"

"'很好……派他们去接手战壕。'"

"我们的上校抗议道:'我的人不能进入战壕。他们必须休息好,填饱肚子。他们已经 5 天没有……'"

"'不要紧!'将军厉声说,'我不需要听你的意见。前进!'"

"将军回到床上。我们哄劝着,恳求着,威胁着,逼迫着——听到士兵们只是想乞求点食物和睡眠,这真的太可怕了——最终,纵队还是跟跟跄跄向前方的战壕走去……

"我们早上 10 点就进入战壕了,一整天都在一团熊熊烈火旁,火势太大了,炊事车要到半夜才能靠近,所以我们还是没有东西吃。德国人在夜里发动了两次进攻,所以我们又没能睡成觉。第二天早晨,重炮轰击了我们。这些士兵摇摇晃晃,个个像喝醉了酒,忘记了采取任何预防措施,甚至在开枪射击时睡着了。军官们眼冒怒火,像梦游一样喃喃自语,来回地用刀背抽打着士兵……我忘了我在做什么,我想大家都忘记了;事实上,我完全不记得接下来发生了什么——只知道我们在战壕里待了四天四夜。有一天晚上，炊事车送来了汤和面包。德军每晚趁着夜色至少三次用刺刀突袭。我们从一条战壕退到另一条战壕，像困在海湾里的野兽一样转来转去，尽管我们都失去了理智……

"终于，在第 5 天早上，他们让我们离开了那道战壕。8000 人中有 2000 人回来了，其中 1200 人进了医院。"

"但有趣的是，当我们在那里孤立无援被屠杀的时候，2 英里外却有 6 个团的后备部队！你们说，M 将军到底在想什么？"

被俄国人逮捕

"下一站,霍尔姆,"马蒂涅夫对着窗户点头说道。在这些拥挤的屋顶和尖塔中间,有伊万诺夫将军的司令部,伊万诺夫将军是俄国西南各集团军的总司令,权力仅次于尼古拉·尼古拉耶维奇大公(Grand Duke Nicolai Nicolaievitch)。终于有一位权威人士准许我们参观前线了。当我们在昏暗的霍尔姆街道上辚辚地行驶时,罗宾逊和我激烈地争论我们想看到什么样的战斗,罗宾逊渴望看到步兵冲锋,而我则坚持要和哥萨克骑兵一起骑马。

参谋部的哨兵说,所有人都去睡觉了。

"找一家最好的酒店(*Loutche gostinnitza*)!"我们对司机说。我们机械地寻找着连锁经营的布里斯托尔旅馆(Hotel Bristol),这种旅馆在欧洲大陆的每个城市、乡镇和村庄都能找到——但近来欧洲大陆的布里斯托尔旅馆都遭受了衰败。最好的酒店竟是一座三层楼高的板条和灰泥结构建筑,坐落在拥挤的犹太区一条陡峭街道的中间,上面用俄语写着:"英国酒店"。当然,那里没有人说英语——从来没有说英语的客人来过这个地方。但是一个留着黑胡子的小个子波兰人，会上蹿下跳地应付说着"Nomernoi"①的不耐烦的客人，他还会说两句法语："很漂亮（Très jolie）"和"马上（tout de suite）"。店主是个犹太人，说的当然是意第绪语。

第二天早上，我们穿戴整齐后，来了一位光头的军官，他礼貌地邀请我们和他一起去参谋部。他说，至少有4个人听到我们说德语，并报告说霍尔姆有间谍。我们被领进一个房间，一位和蔼可亲的人坐在一张小桌子旁，他微笑着和我们握手，说着法语。我们递给他通行证和特鲁贝茨科伊亲王出具的一张介绍卡。

"加利西亚总督建议我们到这里来，请求伊万诺夫将军允许我们上前线。"

他亲切地点点头。"很好。不过我们得先给大公打个电报，你知道这只是走个过场。最多两三个小时内就会得到答复。与此同时，请回到你们的旅馆，在那里等消息。"

我们的酒店房间在3楼，屋顶上方是一个倾斜的天花板和两扇天窗，可以俯瞰犹太人的房子里那光秃秃的、肮脏的院子。远处是拥挤的犹太小镇破旧的铁皮屋顶群，抬眼望去更远处是树木繁茂的小山，山顶上耸立着修道院的高塔和金色圆顶。右边一条鹅卵石铺砌的街道一直通往修道院庭院的大门，两边是破陋的小屋和挤满犹太人的高层公寓。从屋顶上往左边望去，远处是一望无际的平原，一直向北延伸，放眼望去，是成片的茂密树林、田野、村庄，以及附近的铁路场站，穿梭的火车在那里熙熙攘攘。

我们等了一整天也没有人来。第二天早晨，我们还没起床，光头军官就走进屋来，向我们鞠了一躬。

---

① 意为"有名无实的"。

"大公还没有回复，"他闪烁其词，"不过毫无疑问，他今天或者明天就会回复的。"

"也许明天！"我们一起叫起来，"我还以为只是两三个小时的事！"

他瞄了瞄四周，唯独不看我们："殿下很忙——"

"难道殿下不能从计划撤退中抽出几分钟的时间来处理我们的申请吗？"

"先生们，请耐心点。"军官不安地匆匆说道，"现在只是1个小时左右的问题。我向你们保证不会拖延太久……现在我奉命来要求你们，把手头所有的文件，不管是什么性质的文件，统统都交给我。"

我们被怀疑是间谍吗？他不自然地笑了笑，一边回答说没有，一边开了一张单子。

"现在，"他说，"我必须要得到你们的'荣誉誓词'保证，在收到回信之前不许离开旅馆。"

"我们是被捕了吗？"

"哦，天哪，当然不是。你们完全自由。但是这里是一个重要的军事哨所，你明白——"他含糊地咕哝着，尽可能快地离开了这个房间，以免再回答任何问题。

15分钟后，店主带着3个哥萨克毫不客气地走进我们的房间，面无表情地盯着我们。这些哥萨克身材魁梧，头戴高高的皮帽，脚穿尖头长靴，身穿开襟长衫；每条腰带前都斜挂着一把银制的长匕首，侧面是一把银制的哥萨克长刀。

"他们想要干什么？"我用德语问。

店主温和地笑了："只是看看绅士们……"

过了一会儿，当我下楼时，一个哥萨克正在我们门前踱来踱去。他靠到一边让我过去，却靠在楼梯栏杆上，用俄语喊了些什么；另一个站在楼下大厅里的人走上前来；我看见第三个人正从临街的旅馆大门向上张望。

我们给伊万诺夫将军写了一封义愤填膺的信件，抗议俄国人的"荣誉誓词"概念，对于受到如此对待，我们要求给出解释。半夜时分，上校来了，说这些哥萨克将立即退去，还带来了将军的致歉（第二天早上，他们确实退去了，退到了楼梯底下，在那里继续用怀疑的眼光瞪着我们）。至于我们被拘留的问题，上校解释说那是一件非常严重的事情，因为我们在没有出具正当通行证的情况下就进入了军事行动区。

"我们怎么知道哪些通行证是正当的呢？他们是由将军们签字，在伦贝格由博布林斯基亲王荣誉授予我们的。我们哪里做错了呢？"

"第一，"他说，"你们到霍尔姆来了，这个地方是禁止记者进入的。第二，你已经发现霍尔姆是伊万诺夫将军的总部，这可是一个军事秘密。"

"但是总督的副官——"

他打断了我的话："我意识到我们的一些官员很是轻率鲁莽。这件事闹出了一个大丑闻——派你们来的那些军官都已经被——"他做了个暗示的手势，"但这并不能代表你们的行为是合法的。"他在这波争论中又逃脱了。

星期六早上，我们的朋友，那个光头的中尉又出现了，他看上去比之前更加沮丧。

"先生们，我要向你们宣布一些令人非常不快的消息，"他一本正经地开始说,"大公已经回复了我们的电报。他说:'要严加看守犯人。'"

"那我们上前线的事情怎么样了?"

"他只回复了这些。"他匆匆忙忙地继续说道,"所以很不幸,你们将被迫留在这个房间里,等待进一步的命令。门口的卫兵会提供你们所需的东西。"

"你给我听着,"罗宾逊说,"你那愚蠢的亲王有什么毛病——"

"啊!"军官一脸震惊地插嘴说。

"你们为什么要把我们关起来?大公难道以为我们是间谍?"

"嗯,"他疑惑地回答,"你看,你的文件里有些奇怪的东西,有些无法解释的东西。首先是一份名单——"

我们已经不耐烦地解释了一百遍,这些是在俄国人控制的布科维纳和加利西亚地区因战争被俘虏的美国公民的名单,是驻布加勒斯特的美国公使交给我们调查的。

军官看上去同情但并不理解。"但其中很多都是犹太人的名字。"

"但他们是美国公民啊。"

他问:"啊!你的意思是说犹太人是美国公民?"我们肯定了这个非同寻常的事实,他也没有反驳我们,但你可以看出他根本不相信我们的说辞。

然后他下了命令,我们在任何情况下都不能离开这个房间。

"我们能在楼下大厅里来回走走吗?"

"对不起。"他耸了耸肩。

"这太荒谬了,"我说,"那我们的罪名是什么?我要求贵方允许我们给美国大使发电报。"

他挠了挠头,含糊其词地走了出去,嘴里嘟囔着要去问问他的头儿。两个哥萨克立即走上楼梯，在我们门外的小门厅里踱来踱去；另一个人站在下面的楼梯平台上；第四个在前门；第五个进入附近一所犹太人的房子，爬到院子里的一个棚子上，在旅馆下面三层楼高的地方，呆滞地凝视着我们的窗户。

经过商讨，罗宾逊和我坐下来，我们用英文写了一份给俄国政府的外交照会——这样他们还得面临翻译的麻烦——我们正式通知所有有关方面，从即日起，我们拒绝支付旅馆账单。我们叫来一个哥萨克，让他把照会交给参谋部。

现在大约是中午了。6月的太阳在广阔的波兰平原上缓缓升起，照在我们头顶倾斜的锡皮屋顶上。可以想象，犹太区拥挤的污秽中散发出来的气味，已经聚集在我们的窗前。我们一件一件地脱下衣服，挂在窗户外面，大口大口呼吸着空气。关于"英国旅馆"顶楼关着著名俘虏的消息已经传开了，住在我们楼下的那户犹太人从门口蜂拥而出，站在那儿抬头望着我们；有弯腰驼背、满脸皱纹、眼睛模糊的老妇人，有邋里邋遢、戴着假发的母亲，还有小女孩；有蓄着白胡子的德高望重的老拉比，有中年男子，有瘦削的戴眼镜的青年，还有小男孩，他们都戴着那种奇形怪状的尖顶帽子，穿着仿华达呢面料的大衣。院子栅栏那边是一群沉默的市民，几乎都是犹太人，默默地盯着我们的窗户。他们以为我们是被俘的德国间谍。俄国人认为所有的犹太人都是叛徒，事实上，身居俄国的犹太人，谁会不是叛徒呢？他们中的一些人一定怀着十分深切的情感凝视着我们，因为他们整天都能听到德国人炮火轰击发出的震撼人心的轰鸣声！

那天晚上，那个光头军官回来了，他允许我们给美国大使发电报，并带来伊万诺夫将军对我们照会的答复：他不知道大公为什么

"他们是德国间谍!"

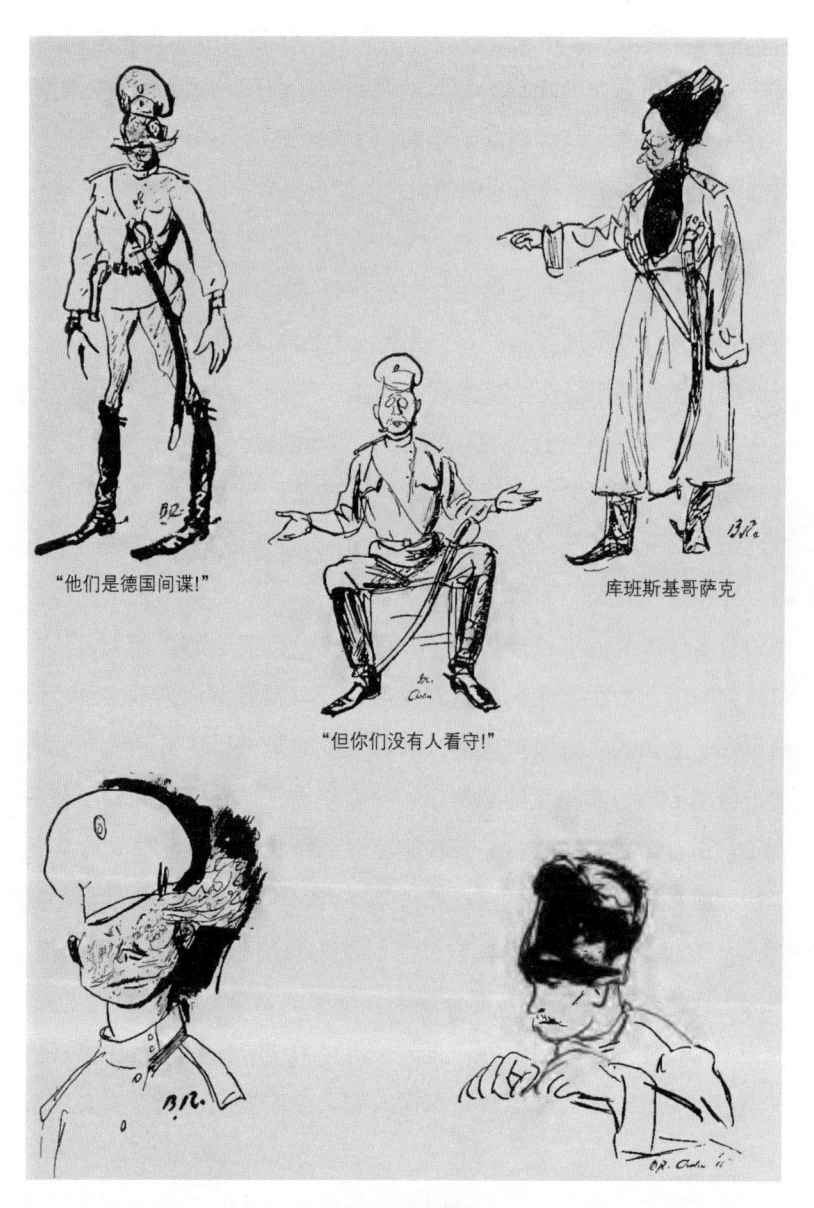

"但你们没有人看守!"

库班斯基哥萨克

在霍尔姆的遭遇。

下令把我们关起来。至于旅馆的账单,那将由俄国政府安排。当我们把这事告诉店主时,他脸色煞白。

"如果俄国军队付钱,"他喊道,"那我就永远拿不到钱了!"

与此同时,电报消失在茫茫的未知中,整整 8 天都没有回音。我们在炙热的锡皮屋顶下那间臭气熏天的屋子里住了 8 天。它宽四步,长五步。屋内什么书都没有,除了一本俄法互译词典和一本《秘密花园》(*Jardin de Supplice*)①,但这本书在读了 6 遍后也失去了魅力。大约在第 5 天的时候,店主在镇上的某个地方发现了一副纸牌,我们就玩起了双明手桥牌(double-dummy bridge),直到现在我还是一看到牌就尖叫起来。罗宾逊为我设计了一幢城镇房子和一幢乡村住宅来消磨时间。他为哥萨克设计了豪华的城市住宅,还给他们画肖像。我则写诗,精心制订了不可能成功的逃跑计划,还构思了一部小说。我们从窗户与楼下犹太人家的厨子闹着;向聚集在街上的市民发表演说,对着周围的空气大声咒骂,唱着下流的歌曲,我们走来走去,陷入沉睡,或者试图入睡。每天,我们都会花上一小时的时间,欢快地编写侮辱沙皇、杜马、帝国议会、大公、伊万诺夫将军及其参谋部的信件——然后强迫一个哥萨克把这些信件带到将军总部。

一大早,店主出现了——他是一个年轻的犹太人,皮肤黝黑,英俊,面无表情,脸上长着丝滑的棕色胡须——后面跟着一位可疑的哥萨克。

"早上好!"当我们把鼻子从被窝里露出来时,他用蹩脚的德语对我们喊道:"你们今天想吃什么?"

---

① Le Jazdin des Supplices,法国作家奥克塔夫·米尔博的作品,直译为"酷刑花园"中译名为《秘密花园》,描述了主人公在名为"刑场"的地方遭遇的磨难。

"有什么吃的?"我们总是这样回答。

"煎鸡蛋-牛肉-土豆-炸肉排-面包黄油-茶(*Spiegeleier—bitek—kartoffeln—schnitzel—brotbutter—chai*)。"

日复一日,我们拿着俄法互译词典,努力与店主沟通,期待饮食安排能有所变化;但是他看不懂俄语,当我们念这些单词时,他又拒绝理解。所以我们轮番吃着鸡蛋、嚼不动的牛排和小牛肉,每天至少喝6次没完没了的茶。我们窗下的阳台上烧着一壶茶,我或者罗宾逊会时不时地跑到门口,推开挡道的哥萨克,靠在楼梯上,大声喊:"店家!"这时,一个大喊大叫,满脸焦急的哥萨克会跑进来,门打开了,客人们探出头来,下面传来喊叫声。

"什么!"

"上茶(*Chai*)!"我们吼道,"两杯热茶——快点(*Dva chai—skorrie*)!"

我们想早餐吃鸡蛋,但店主拒绝了。"午餐吃鸡蛋,晚餐吃鸡蛋,但早餐不吃鸡蛋,"他平静地回应,"早餐吃鸡蛋非常不健康。"

有一次,经过一个小时的努力沟通,我终于让他明白了我们想要培根配鸡蛋。他惊恐地举起双手。"培根!"他说,"是的,这是可以办到的,但只有异教徒才吃培根,我不会给你们培根的。"

在霍尔姆的监狱生活

一群在霍尔姆作预备队的库班哥萨克（Kubans Cossacks）① 无事可做，只能驯马和监视我们。这些大约有百来人的半野蛮时代的巨人，穿着怪异的斯拉夫民族的古老服装，他们的主要任务是打仗，从 15 岁到 60 岁，他们都在战场上为沙皇效力；这些巨人头戴高高的皮帽，腰间系着暗粉色、蓝色或绿色的长衫，胸前配有倾斜的弹药袋，随身的长弯刀上镶嵌着金银，匕首上镶着未切割的宝石，靴子的前端高高翘起。起初，看守俘虏对这些哥萨克来说是一件有趣的新鲜事。白天，那些认识我们的看守会带着朋友来看望我们；而那些白天没能来的人，夜里也会不时地咚咚地走进来，他们会点上灯，然后用刀鞘戳醒我们。

哥萨克就像发育过度的孩子。有些人紧张地握着刀柄，又小心翼翼地退了出去，以免我们跟出去。其他人则害羞而容易相信别人，渴望交到新的朋友；他们会花上几个小时研读法俄互译词典，只为了能讲述自己的人生经历。其中特别有一个友好的哥萨克，他大部分时间都和罗宾逊待在一块，两人都费力地吹嘘自己的家庭和孩子。

---

① 库班哥萨克指的是居住在俄罗斯库班地区的哥萨克。

半野蛮的巨人穿着奇特的斯拉夫人的古代甲胄,他们的主要工作是坚守战争前线。

一名库班哥萨克。

在被关在房间的 8 天里,我们好几次见到了一整个中队的库班哥萨克。我们给这些哥萨克看守画了肖像,他们带着无尽的好奇仔细检查我们的服装,摸摸我们衣服的材质,抽我们的烟,对罗宾逊描绘出的纽约的天空线条感到惊奇,还没完没了地争论我们是不是德国间谍。他们中没有人去过西欧,不知道该怎么办。

这群人中的大多数人都是如此,对他们来说,我们是不是德国人,并没有什么区别,但是有一个瘦削的、满脸凶相的、留着金色胡子的年轻人伊万把我们当成了被俘虏的可憎敌人。当他值班的时候,他总是不敲门就大声地走进房间,拿起几根烟就抽起来,甚至随手拿走看到的钱。有时候,我正在看书,他还会从我手里猛地把书夺走。我们提出抗议,用英语直截了当地告诉他不要这样做,而他则往往用俄语无礼地作出回应。这样的情况持续了好几天。

一天,伊万傲慢地走进屋来,大摇大摆地走到桌子前,抓了一把烟,然后啐了一口唾沫在地板上。"出去,伊万!滚出去,不然我们就把你轰出去!"罗宾逊喊道,伊万只是用俄语嗤笑着回应。

此时,这个哥萨克背对着我,房门是敞开的。我突然从后面抓住他的腰,把他推到楼梯口,然后猛地推了他一下。在一阵刀和匕首的撞击声中,他从一段长长的楼梯上滚了下去;他爬起来,怒气冲冲地大吼着拔出武器,冲了上来,罗宾逊和我用力顶住门,伊万试图把他的军刀从缝隙里伸进来,他挥舞着,愤怒地咆哮着。然而,其他楼梯口的哥萨克只是靠在墙上,放声大笑。最后,伊万走了,再也没有回来……

这些哥萨克每天要巡逻 3 次,他们骑着马沿着陡峭的街道,绕过旅馆,穿过左边的道路。他们一边骑马,一边高唱着伟大振奋又响亮的歌曲,仿佛一首庄严古老的圣歌。当他们经过的时候,我们总是从窗口探出头来。当他们从我们下方经过的时候,每个人都会抬起头来,咧嘴笑着,举手行礼。除了伊万,他总是做出一副凶恶的鬼脸,向我们挥舞拳头,于是我们也俯身向他挥舞拳头。

每个人都抬起头来,咧着嘴笑,举手行礼。

有时,在令人窒息的夜晚,当楼下院子里的哥萨克疲于监视,溜出去喝一杯的时候,我们就从窗户爬到陡峭的屋顶上,俯瞰城里的锡皮屋顶和熙熙攘攘的街道。山的南面是一座宏伟古老的天主教堂,教堂有两个古老的尖顶,这是约翰·波尼亚托夫斯基(John Poniatowski)担任波兰国王时辉煌岁月的遗迹。在一条昏暗的小街上,有一幢矮矮的、没有任何标志的建筑,里面是犹太教堂(synagogue)和犹太儿童宗教学校(heder)——这幢建筑里日夜都会传出男孩们低声吟诵圣书的声音,还有拉比们更深沉的声音,他们热烈地讨论着错综复杂的法律问题。俄国正在兴起的浪潮,席卷了这座古老的波兰城市。从屋顶上,我们可以看到庞大的军营和组织机关,这个巨大建筑物的外墙就有1/4英里①长,就像彼得格勒;还有8座正在建造或已完工的教堂,它们的塔高耸入云,形似洋葱,涂以红色和蓝色,或呈鲜艳的菱形图案。我们房间窗户的正前方就是圣山。在一片郁郁葱葱的绿树之上,修道院奇异的高塔上设有6座金色的大钟。在傍晚或在礼拜日,总有深沉的钟声叮当作响。从早到晚,我们都能看到牧师们在街上走来走去——他们满脸狂热,留着络腮胡子,长长的卷发披在肩上,穿着垂到脚面的灰色或黑色绸衣。人行道上的犹太人乖顺地让出了道。现在,修道院成了一座军队医院。一群群戴着可爱的俄国红十字会白色头饰的姑娘们匆匆进出,修道院的门口总有两名士兵站岗守卫;总是有一群人沉默地透过铁栅栏好奇地向内凝视。偶尔可以听到远处传来一声高声鸣叫的汽笛声,声音渐渐响起又越来越近,不一会儿,就能看到一辆汽车在陡峭的街道上狂奔,车上挤满了受伤的军官们。有一次,飞奔而来一辆敞篷汽车,4名护士正在努力按住一位体形巨大的男人。在护士们七手八脚的控制下,这个男人痛苦地扭动着身体,他的肚子上满是鲜血和破布,汽车伴着男人的尖叫声一路上山,直到树林把汽车和哀嚎声同时吞没。

白天,城镇熙熙攘攘的喧闹声掩盖了一切声音。但是到了晚上,我们可以听到,或者更确切地说,可以感觉到,不足20英里外,敌人的枪炮发出的震撼人心的轰鸣。

就在我们眼前,俄国犹太人的生活戏剧每天都在上演。看守我们的哥萨克卫兵目空一切地在楼下的院子里踱来踱去,孩子们绕着

---

① 1英里=1609.344米,1/4英里差不多是400米。

他们走，年轻的姑娘们端来茶水，面对他们毫无分寸的亲近竭力微笑，老人们礼貌地停下来同他们交谈，但转过身时，又在他们背后向他们投去仇恨的目光。哥萨克卫兵趾高气扬，像个贵族，但他们是俄国军事机器中最卑微的奴隶，卑躬屈膝，巴结着占统治地位的种族。我们注意到，每隔两三天，所有的犹太人，无论男女老少，都会在胸前佩戴一枚纸质的小胸章。一天早晨，旅馆管家戴着一枚纸质胸章来到我们的房间：这是一幅廉价的电镀印刷画，画的是沙皇的女儿塔蒂亚娜大公夫人。

"那是什么？"我指着画问他。

他痛苦地耸了耸肩。"今天是大公夫人的生日，"他说。

"但我这周已经看到有人戴了两次了。"

他回答说："每隔两三天就是大公夫人的生日。至少哥萨克是这么说的。哥萨克要求每个犹太人在大公夫人生日那天买一张她的照片戴上。这要花上5卢布。我们只是些可怜的犹太人，我们太无知了，根本不知道大公夫人的生日是哪一天。但是哥萨克是俄国人，他们知道。"

"如果不买会怎么样呢？"我问。他意味深长地用手指划过喉咙，发出咯咯的声音。

这是一个肮脏的地方，两栋犹太人房子产生的垃圾和旅馆客人从窗户扔出去的东西堆满了院子。一道高高的木板栅栏把这个旅馆和街道隔开，几扇大木门用一根结实的铁棍拴着。房子的门和较低的窗户也被从内部固定的沉重的木制百叶窗保护着。这些都是为了防御大屠杀。篱笆旁斜立着一个木板平台，无数脏兮兮的孩子整天在上面爬上爬下，尖叫着，笑着，或者趴在地上，把鼻子伸到栅栏上，看哥萨克骑兵走过。婴儿们在院子的泥地里摊开四肢，嘤嘤啼哭。敞开的门窗内飘出永恒的"犹太洁食"的气味，还有太过拥挤、太穷和无法保持清洁的人们散发出的体味，就像你在纽约下东区遇到的那种味道。

但每周五中午，这里就像城里所有的犹太家庭一样，忙忙碌碌，为安息日做着准备。所有妇女都会穿上最旧的工作服；她们把泔水倒进院子里，门口的台阶上放着一只冒着热气的锡盆，人们从桶里舀出一桶桶水搬进屋内，随后传出刷洗、扫地、湿拖把拖地的啪啪声和犹太妇女干活时有节奏的歌声。当装满脏水的水桶被倒回锡盆里时，盆里的水都变成了棕色，浓稠得像汤一样。家里所有的容器——平底锅、陶器、刀叉、杯子和玻璃杯，都被搬出来洗了。泉水离得太远，因此不能浪费水。然后，每个孩子都从锡盆里舀了一桶水进去洗澡，其余的人则刷洗门框、窗台和门下的两个石阶，随着一首小调圣歌齐声摇摆。

挂在晾衣绳上的亚麻布被收了进来。一种喜悦和放松的感觉弥漫开来；工作日里可怕的阴郁似乎消散了，所有的犹太小店都早早打烊了，男人们就像完成工作的人一样，友好地三三两两结伴回家。每个人都穿上最好的长外套，戴上尖顶帽，脚上蹬着最闪亮的靴子，走出门去，加入到越来越多的穿着黑色长袍且持重素净的人群中，然后一起朝犹太教堂涌去。

在房子里，肮脏的地毯被卷起，露出白色的地板——除了安息日和重大的宗教节日，白色的地板总是被地毯盖着的。女人、少女和小孩子们一个接一个地穿着最好的衣服，嘻嘻哈哈地从这所整洁的房子里走出来，走到街上，其他的女人和孩子们则聚集在一起，闲聊着，炫耀着自己的服饰。

我们可以从窗户看到厨房的一角，屋子里那位满脸皱纹的老寡妇正在监督炉子是否密封严实；我们能听见为圣日准备的钥匙的叮当声，虽然它在视线之外。我们还能看见饭厅的桌子，桌子上放着一排为烛光祈祷仪式而点燃的蜡烛，餐桌上还铺着垫布，上面摆着安息日面包、酒瓶和祝圣杯（kiddush cup）。

男人们缓缓地从犹太教堂回家，那些面色苍白、举止文雅的年轻犹太知识分子在街上走着，兴致盎然地交谈着，在暮色降临时争论着律法的微妙之处。一家人默不作声地站着，紧紧地挤在一起，低着头，一边喝着酒，一边念着祝福的话，祝圣面包切开了，黄色的烛光照在他们橄榄色的皮肤上，映在他们那东方人的脸上奇特而锋利的轮廓上……晚饭后，孩子们穿着安息日的衣服，一本正经地安静地玩耍，妇女们聚集在屋前；随着夜色渐浓，每一间犹太房屋的窗户里都射出亮光，仿佛在告诉过路的人，上帝的灵在屋顶上沉思。我们可以透过二楼一间长长的、光秃秃的房间的窗户，看到犹太人的房屋内部，这屋子一周内都空无一人，而现在男人们聚在一起，桌上摊着大部头的书，人们一起唱着音调深沉、听起来很东方的曲调的赞美诗歌，直到深夜。

安息日清晨，众人前往犹太教堂。这一天，人们穿着安息日的衣服，忙于在各家各户之间拜访；接着是一顿冗长的正餐，持续了大半个下午，全家人拍手唱着欢快的歌曲；一个个盛装打扮的家庭，连同婴儿一起，会沿着通往圣山脚下的那条路，向开阔的乡村走去……然后，到了夜晚，他们打开密封的烤箱，铺上地毯，小雅各唱着哀歌向老师复习自己的功课，商店再次开门迎客，旧衣服再次上身，肮脏和恐惧也一起再次袭来。

差不多每天都会有一支悲惨的小队沿着修道院外墙的小路向那

边的监狱行进：三三两两的犹太人穿着他们特有的长外套，头戴尖顶帽，拖着沉重的脚步，面无表情，垂头丧气地耷拉着肩膀，前面和后面是一个蹒跚的大个子士兵，胳膊间夹着一支带刺刀的步枪。我们多次向店老板询问这些人的情况，但他总是说自己毫不知情。他们要去哪里？"去西伯利亚，"他会喃喃自语，"或者——"然后做出扣动扳机的手势。店老板是一位极其谨慎的人，但有时他会在我们的房间里站很长时间，看看罗宾逊，看看我，又看回罗宾逊，好像只要他敢于开口，我们之间就有很多话要说。最后，他摇了摇头，叹了口气，从警惕的哥萨克身边走过，又虔诚地摸了摸钉在门框上的祈祷纸。

大约每天都会有一支悲惨的小队，从修道院通往那边监狱的小路上经过。

最后，我们的最终通牒没有得到答复，那个光头军官也不再来了，看啊，回复我们的抗议是多么的令人不快！哥萨克也在别的地方找到了更有趣的事情，尽管他们骑马经过我们的窗口时，每次都会向我们敬礼，大声问候。所以，最后我们看到的只有店老板、负责守卫的哥萨克和两个咧嘴笑着、瘦得不成样子的波兰仆人——弗雷德和安妮——店老板给他们吃得太少和劳累过度才使他们成了这副模样，俄罗斯犹太人如果有机会翻身，也会这样对待基督徒。

软禁中的冒险

一天,一个身着华丽制服的邮差,在几位充满好奇心的朋友的陪同下,一行人弯腰点头,走进房间,给我们带来了美国大使的电报:

你们被捕了,因为未经授权进入了战区。外交部通知本使馆,你们将被遣送到彼得格勒。

仅此而已。寂静再次袭来,外面的世界从我们的视野中消失了。一天又一天,一片空白,单调乏味。我们被遗忘了。

几个晚上之后,我们的门口响起了叮叮当当的声音和轻轻的敲门声。两名军官庄严地列队而入;一位是身材魁梧、汗流浃背的小个子,自称伊万诺夫,是西南集团军的军需官,也是将军的堂兄;另一位军官身形瘦削,手臂干瘪,是个秃顶的癫痫病人,身上挂满了勋章——波将金中尉。他的身体和脸上的肌肉像得了圣维特斯舞蹈病似地抽搐着,波将金开始说话,过了一会儿,我们发现他说的是一种晦涩的英语方言,大意是我们自由了。

"我们可以回到布加勒斯特吗?"

"是的,先生们。"

"我们怎样才能去前线?"

"他说什么,他说什么?"军需官尖声问道。中尉翻译了一下,然后他俩都放声大笑起来。

"我建议您,"中尉结结巴巴地说,仿佛一具会说话的骷髅,"我建议您到彼得格勒去,向美国大使和大公请愿——是的,需要走外交程序。"他使劲地点了点头。

罗宾逊和我讨论了这个问题,如果我们去彼得格勒,也许还能去俄国前线。

"如果二位愿意来将军驻地的话,我们就把有效文件交还给你们。"中尉流利地接着说道。我们立刻和他一同前往,他把护照、信件、通行证和那份可疑的犹太公民名单还给了我们。我们要求一张去彼得格勒的通行证,这样路上就不会被逮捕了,但他说这没有必要,因为没有人会逮捕我们;然而,在我们的坚持下,他最终还是给我们开具了一个通行证。我们十分幸运,得到了这位军官给我们开具的证明,因为在前往彼得格勒的路上,我们至少被逮捕了20次。

当我们到达彼得格勒时,美国大使乔治·T. 马里先生(Mr. George T. Marye)正在旅馆里吃午饭。他是一位戴着眼镜、留着白胡子的一丝不苟的小个子男人。

"里德先生,"他用干涩颤抖的声音说,"我很高兴在彼得格勒见到您。你们的问题给这个办事处带来了太多的焦虑和压力——太多了。现在,里德先生,我并不想强调你们的不端行为,但我建议你们最好立即从最短的路线离开俄国。"

"离开俄国!"我惊讶地问,"为什么?"

"为什么?"他不耐烦地回答,"这应该非常明显了,你们是在军事警卫管制下被遣送到这里的——"

"不是这样的,"我回答,"我们被释放了,并被告知可以返回布加勒斯特。"

"布加勒斯特!"他难以置信地问,"但是我接到外交部的通知,你们是被捕后被遣送到这里的,并且即将被驱逐出俄国。如果事情不是这样,我也建议你们尽快离开这个国家。"

"可是我们做错了什么呢?"

"我从外交部收到了有关你的电报,里德先生,其中的内容非常令人担忧——非常令人担忧。前线对你进行检查的官员声称,在你身上发现了一本假护照和一些给反俄革命社团的犹太领导人的介绍信。而且,你们在没有合法文件的情况下就进入了俄国军事区。"

"但是我的护照是在华盛顿签发的,"我回答说,"我没有给任何党派的犹太人写信。俄国人在霍尔姆把我所有的文件都还给了我,如果你想看的话,这些文件就在这儿。至于没有证件就进入军事区的指控,我有足够的证据证明这是不实的,我有两位俄国将军和加利西亚总督的通行证,还有特鲁贝茨科伊亲王的一封信和美国驻布加勒斯特公使的委任状。"

马里先生看了我一眼,露出一副完全不相信的神情。"好吧,里德先生,"他冷冷地说,"你的说法肯定与俄国政府的说法不一致。"

事情是这样的:在霍尔姆逮捕我们的官员看到我们的通行证时非常尴尬。德国间谍最近已经在霍尔姆地区开展了卓有成效的工作,这些官员吃尽了他们的苦头。他们只是觉得必须抓住几个德国间谍,而我们不过是替罪羊而已。在检查我们证件的人看来，这份犹太裔美国公民的名单很可疑；此外，由于不懂英语，他也看不懂文件。也许，霍尔姆的工作人员也觉得这些官员过于热心了，甚至担心会因为关押了一名英国人和一名美国人而受到谴责。于是，有人捏造了这些荒唐的指控，寄给了大公，希望我们能被处死。这就是俄国人的思维方式。

事实上，我们后来才知道，俄国人本来已经决定在霍尔姆枪毙我们，但是美国和英国大使坚持要把我们遣送到彼得格勒去。

第二天，我去了美国大使馆，看看能做些什么。第一秘书暗示我是个骗子——因为我的陈述与俄国外交部的声明不一致。

"我知道，"他说，"你将会在斯德哥尔摩或符拉迪沃斯托克被驱逐出境。当然，你最好安静地待在酒店里。"

"但大使建议我离开这个国家。"

"不要试图离开，"他强调，"无论如何。"

"但我必须回到布加勒斯特！"我大声喊道，"大使馆会任由我因为虚无缥缈的指控而在斯德哥尔摩或符拉迪沃斯托克被驱逐出境吗？"

他冷冰冰地回答说："大使馆什么也做不了。"

我和罗宾逊一起前往英国大使馆，对于这种情况，英国大使的第一秘书只是笑了笑。"啊，这简直太荒唐啦！"他说，"他们当然不能把你们赶出俄国！写下你们的故事，我们会按照你们所说的事实采取行动。如果里德先生愿意，我们也很乐意将他也纳入保护。"

两小时后，英国大使的一份照会送到了俄国外交部，他为我们的证件担保，并保证我们的动机是清白的。大约一天以后，我又在旅馆的大堂见到了马里先生。

"怎么回事,里德先生,"他严厉地说,"你还没有离开俄国吗?"

"你的第一秘书命令我无论如何都不能离开。"

"啊!是吗?"大使不确定地说,"可是我想看着你离开这个国家,里德先生——你的情况让我非常担心!"

在俄国,就连上帝的磨都会磨得很慢①,而且会磨得很奇怪。3个星期后,晴空万里的某一天,两国大使馆的消息同时传来:里德和罗宾逊先生可以自由地在俄国逗留,只要他们愿意,想待多久都行,但他们离开时,必须从符拉迪沃斯托克港走。

"我们什么也做不了,什么也做不了,"马里先生说,"但我会和萨索诺夫先生(Mr. Sasonov)谈谈的。"

英国大使馆的秘书非常愤慨。"你别再进一步行动了,"他说,"大使本人将立即向萨索诺夫先生提出抗议。"

英国大使乔治·布坎南爵士(Sir George Buchanan)把整件事当作一个笑话。那天下午,他与俄国外交部长进行了会谈。

"我认为你们这些人目光短浅,"乔治爵士说,"这些人在美国报界为协约国做出了宝贵的贡献,他们来俄国是为了以友好的方式报道发生在这里的事情。而你们这样做,只会在美国制造对俄国的反感。"

萨索诺夫说:"彼此彼此,他们以这种方式进入俄国也是非常幼稚的。"

"不会有比你们自己的军事当局更幼稚的了。"乔治爵士反驳道。

---

① 这一谚语是指神圣报应缓慢但确定。

一个星期后,马里先生在大厅里迎接我,并热情地握了我的手。

"你好啊,里德先生,"他微笑着说,"你的事情进展得如何?"

"我还以为你在处理我的事呢,马里先生,"我回答,"你没有和萨索诺夫谈过吗?"

"我和萨索诺夫先生进行了友好的交谈,他向我保证,俄国政府不会做出任何让步。记住,里德先生,如果您遇到了困难,那不是我的错。您要记得,我曾坦率地建议您立即离开俄国,现在我建议您离开——从符拉迪沃斯托克出发。"

10天后,我们试图逃跑。我们拿35卢布贿赂了彼得格勒警察,说服他们在我们的护照上盖上了官方的"可以自由过境"字样;某天晚上,我们突然离开,换了几次出租马车,坐上了开往基辅和布加勒斯特的火车。但是第二天早晨,在维尔纳,一位面带微笑的宪兵军官走进我们的车厢,把我们叫醒。

"请原谅!"他说,他没有问我们是谁,也没有问我们要到哪里去。"我接到电报,要求你们在这里下车,然后返回彼得格勒,并立即经符拉迪沃斯托克离开俄国。"

返回彼得格勒花了我们一天半的时间。我们刚进旅馆,就来了两名秘密警察,通知我们到司令部与指挥官面谈。

奇怪的是,他们对我们企图逃跑的事仿佛一无所知。指挥官神情阴郁,体型臃肿,长着一副邪恶的面孔,他向我们宣读了刚刚从大公殿下那里直接收到的命令。这个命令的日期是三天前——也就是我们逃跑的前一天发来的——上面写着:

兹命令英国臣民博德曼·罗宾逊先生和美国公民约翰·里

德先生在收到此通知的 24 小时内离开彼得格勒前往符拉迪沃斯托克；否则，二人将被送至军事法庭，并受到严厉惩罚。

"严厉惩罚？"罗宾逊问，"如果我们被判无罪呢？"

"你们将受到严厉的惩罚。"指挥官木然地回答。

与此同时，我们的翻译查阅了火车时刻表——24 小时内没有开往符拉迪沃斯托克的火车！而且，我们的钱也花光了。所有这些对这位指挥官来说都没有什么触动，他坚持让我们出发离开，不管有没有火车，身上有钱还是没钱。

在一群群伪装成各种模样的侦探的追踪下，我们匆匆赶往各自国家的大使馆。

马里先生拒绝见我，但派了二等秘书怀特先生来。

"我们没法在经济上帮助你，里德先生，"他冷冷地说，"不过，我相信美国领事那里有专门帮助美国穷人的基金。"

在绝望之下，我匆忙解释说，我们被命令在 24 小时内出发前往符拉迪沃斯托克，但是 24 小时之内没有火车。他冷淡地回答说，他很怀疑是否还能为我们做些什么。于是，我不得不赶紧去找罗宾逊。

感谢上帝，英国大使馆替我们俩做了安排。大使阁下电告大公参谋部的英国随员，要求与大公殿下谈话。此外，乔治爵士还亲自前往外交部，以英国政府的名义提出抗议。外交大臣电告大公，要求撤销命令，并在电话里指示秘密警察不要再尾随骚扰我们。

一小时后，警察局长打来电话向我们道歉，并说他的人已经撤走了。

第二天，一位参谋官来到我们下塌的旅馆，恭恭敬敬地递给我们一张大公副官的便条，上面写着驱逐令已经被取消，我们可以随时前往布加勒斯特。

我们生怕有人会改变主意，平添变数，毫不犹豫地赶紧坐上了下一班开往南方的快速列车。边境指挥官把我们提溜到车站的一个角落里，派了4个士兵盯着我们，他们一寸一寸地戳我们的行李，撕开我们的钱包和衣服衬里，在其他乘客面前扒光我们的衣服。他们没收了我所有的文件和笔记，还有罗宾逊所有的素描。但一旦越过边境，进入中立地带，这代价与俄国军队的笨拙控制比起来就显得微不足道了。

俄国的面貌

那些没有坐过俄国宽轨铁路的人，永远不会知道这种比美国车厢宽一半的大车厢的乐趣——铺位又长又宽敞，天花板高到即便人在上铺都可以完全站起来。火车沿着平稳、悠闲的道路行驶，由燃烧木材的机车牵引，喷出芳香的桦树烟雾和阵阵火花。火车会在小站停很长时间，那些小站总是有好吃的餐馆。每到一站，男孩们就会端着一盘盘的茶、三明治、甜蛋糕和香烟上车，在车厢中穿行。任何站点的到达都没有特定的时间，吃饭或睡觉也没有固定的时间。在旅途中，我经常看到餐车在午夜时分还在营业，每个人都进去用餐，一边吃晚饭，一边滔滔不绝地交谈，一直持续到早餐时间。一个乘客从乘务员那里租了床上用品，然后在车厢里，在众目睽睽之下，脱光了衣服；其他人则睡在光秃秃的床垫上；剩下的人坐下来喝着无穷无尽的茶水，没完没了地争论着。窗户和门都紧紧地关着。有人被浓重的烟雾呛得喘不过气来，上铺传来鼾声，人们不停地起床、睡觉、进进出出。

在俄国，人人都在谈论自己的灵魂。几乎所有的对话都摘自陀思妥耶夫斯基的小说。俄国人在谈话中喝醉；声音响起，眼睛闪烁，他们因自我表露的激情而兴奋。在彼得格勒，我曾在凌晨两点钟看到一个拥挤的咖啡馆——这里当然没有酒——但人们大声喊叫，唱歌，敲击桌子，沉浸在各种思想中。

车窗外，令人惊叹的景色从眼前流过，大地平坦得像一张桌子；整整几个小时，古老的森林沿着火车轨道行进，绵延数里，这里还没有受到人类砍伐的影响，一切都神秘而阴沉。树林的边缘有一条尘土飞扬的小道，偶尔会有一辆笨重的马车驶过，那匹粗糙的马身上有一根巨大的木轭，上面挂着一个铜铃，车夫是个肩膀宽阔的农夫，粗野的脸上长满了毛发。几小时的车程后，火车来到了一座全是茅草屋的小镇，这里的房子都是用原始森林中的木材搭建而成的，周围是木制教堂，教堂有明亮的圆顶，政府的伏特加商店现在已经关门了，因此这个教堂无疑成了村里最值得炫耀的建筑。小镇里可以看到建在高桩上的木栈道，没有铺设的街道满是泥泞，狭窄得如同小巷一般。供发动机燃烧的巨大木头堆积在一起——这片天地就像一个坐落在大西北树林里的铁路小镇。身材高大的女人包着鲜艳的头巾，牙齿闪闪发光；穿着靴子的大个子男人戴着尖顶帽，蓄着络腮胡；牧师们穿着黑色的长外套，戴着带帽檐的大礼帽。站台上随处可见高大的警察，他们穿着黄衬衫，拿着猩红色的左轮手枪绳，手里握着刀。当然，四处都是士兵，成千上万……然后，大片的田野突然从树林里探出来，一直延伸到遥远的地平线，可以看见金黄色的小麦地里插着些许黑色的树桩。

我认为俄国人不像其他种族那样爱国。对他们来说，沙皇不是政府的首脑，而是神。政府本身，也就是政府官僚机构并没有得到人民的忠诚拥护，政府像是强加于人民身上的另一个单独的国家，一般来说，人民不知道自己的国旗长什么样子，即使知道，在他们心中，那也不是俄国的象征。俄国的国歌是一首赞美诗，一首带着半神秘色彩的伟大歌曲；每当国歌奏起，没有人觉得有必要起立脱帽。作为一个民族，他们不同情帝国主义——他们不希望通过对外征服使俄国成为一个伟大的国家——事实上，他们似乎没有意识到在俄国之外还有其他世界。这就是为什么他们在入侵别国时战斗得如此拙劣。不过，一旦敌人踏上俄国的土地，农民就会变成野兽，就像他们在1812年和1915年那样。他们无法容忍自己的农场、房屋、森林、平原和圣城都被异乡人踩在脚下，这就解释了为什么他们在防守战斗中表现得那么出色。

俄国人似乎对这片土地有一种希腊式的情感，他们对宽阔平坦的平原、茂密的森林、浩荡的河流、对俄国上空巨大的拱形天空、镶嵌着黄金和珠宝的教堂、无数代父辈触摸过圣像的教堂，有着深深的眷恋；他们对于为寻找圣河不惜让整个村庄漂泊的激情，对于北方冬天的严寒，对于凶猛的爱情和狂野的快乐，对于可怕的阴郁，对于俄国的神话传说，都抱有这样的情感。有一次，一位年轻军官和我们坐在了同一节车厢，一整天，他都凝视着窗外漆黑的树林、广阔的田野、小镇，泪水顺着脸颊滚落。"俄罗斯是一位伟大的母亲，俄罗斯是一位伟大的母亲，"他一遍又一遍地说……

还有一次，有一个中年平民，他的子弹型的脑袋剃得很干净，眼睛睁得大大的，淡蓝色的眼睛炯炯有神，让他看上去像一个神秘主义者。

"我们俄国人不知道自己有多伟大，"他说，"我们无法理解要与数百万人交流的想法。我们没有意识到我们拥有多少土地，多少财富。为什么呢？我可以告诉你个例子，莫斯科有位尤苏波夫先生（Mr. Yousoupov）[①]，他拥有的土地多得连他自己都不清楚有多少，

[①] 指的应该是尤苏波夫家族的费利克斯·尤斯波夫王子（1887—1967），其家族财富地位显赫，宫殿庄园遍布俄罗斯各地，曾参与刺杀拉斯普京。

他的地产比任何一个德国国王的领土都要大。没有一个俄国人能清楚地了解这个国家包容了多少民族；我自己也只知道 39 个……"

然而，这个由野蛮民族组成的庞大而混乱的群体，经历了几个世纪的残酷和暴政统治，只剩下最基本的相互交流的手段，在没有任何一种理想意识的情况下，发展成了一个在情感上和思想上高度统一的民族，以及一种靠自己的力量传播的原始文明。俄国这个国家松散、随和、强壮，侵入了遥远的亚洲野蛮部落的生活；它越过边界进入罗马尼亚、加利西亚、东普鲁士——尽管有组织的努力试图阻止这一切的发生。即使是在任何国家、任何条件下都固执地坚持自己的生活方式的英国人，也被俄国征服了，在莫斯科和彼得格勒的英国聚居地，人们过着半俄国式的生活。俄国风格占据了人们的思想，因为它是最舒适、最自由的生活方式。俄国人的思想是最令人振奋的，俄国人的思想是最自由的，俄国人的艺术是最繁茂丰富的；对我来说，俄国的食物和饮品是最好的，俄国人本身也许是世界上最有趣的人。

俄国人有适合自己的空间感和时间感。在美国，我们拥有一个伟大的帝国——但我们仍旧像生活在一个类似英格兰一样的小岛上，因为我们的文明来自那里。我们的街道狭窄，城市拥挤。我们住在层层叠叠的房子里，或者住在一层一层的公寓里；每个家庭都是一个封闭的小房间，以自我为中心，私密性极差。俄国也是一个伟大的帝国，但生活在那里的人们好像知道他们是一体的。在彼得格勒，有些街道有 1/4 英里宽，有些广场有 3/4 英里宽，一些建筑物的外立面往往绵延半英里都没有遮挡。俄国人的房子总是开放的：不论白天还是晚上，人们可以在任何时候互相拜访。他们边吃边喝茶，没完没了地谈天说地；每个人都想怎么做就怎么做，想说什么就说什么。没有特定的起床、睡觉或吃晚饭的时间，也没有传统的杀人方式或做爱方式。对大多数人来说，陀思妥耶夫斯基的小说读起来就像疯人院的编年史；但我认为，这是因为俄国人不受统治着世界其他国家社会行为的传统和习俗的约束。

这不仅适用于大城市，也适用于小城镇，甚至乡村。在这里，没法教俄国农民用时钟看时间，因为他们是如此接近土地，他们就是土地的一部分，机器制造的时间对他们来说毫无意义。但他们仍然是遵循规律的，否则庄稼就长不起来。因此，农民依靠雨、风、雪和季节的变化来耕种、种植和收获——他们根据太阳、月亮和星星来生活。农民一旦被赶到城市的工厂里工作，就失去了大自然的驱动力，在工厂工作时间之外，他们没有理由再过一种有规律的生活。

我们看到了一些俄国家庭的生活：茶炊永远冒着热气，仆人们托着新鲜的水和茶叶进进出出，笑着加入到没完没了的谈话中。亲戚、朋友、陌生人络绎不绝。家里总是有茶点，总是有一个长长的餐具柜，上面堆满了拼盘，总是有上百个人三五成群地在讲故事，大声争论，大笑，总是有一小群打牌的人。只要有人饿了，就有饭吃——或者更确切地说，一天到晚都是饭点。一些人上床睡觉，另一些人在睡了很长时间后起床吃早餐。日日夜夜，这一切似乎从未停止。

在彼得格勒，我们认识了一些人，他们往往在夜里11点到黎明前接待来访者。随后他们会去睡觉，直到晚上才起来。除了夏日的白夜，他们已经3年没见过白天的模样了。许多有趣的人物都去了彼得格勒。他们中有一位年老的犹太人，他从警察那里买了多年的豁免权，他向我们透露，他写了一部预计5卷本的俄国政治思想史，至今一共出版了 4 卷，且通常是一出版就被没收了——他现在正忙着写第 5 卷。他总是大声谈论政治，不时停下来看看窗外是否有警察在偷听。由于他还曾经因为说出"社会主义"这个词而进过监狱，所以这位犹太人在开始讲话之前，会把我们带到一个角落，向我们低声解释：当他说"雏菊（daisy）"时，意思是"社会主义（socialism）"；当他说"罂粟（poppy）"的时候，意思就是"革命（revolution）"。然后他就会继续说，在房间里大步地走来走去，大喊各种毁灭性的学说。

如传奇剧和英国流行杂志般的情景在俄国上演着。我记得某次，我们在火车停靠的一个车站月台上看到了一些俘虏，他们挤在铁轨之间：三两个头发短短的，看起来愚蠢的年轻农民；一个弯腰的半瞎老人；一个犹太人；一些妇女，其中一个还只是个抱着婴儿的女孩。一圈手持利剑的警察围着他们。

关押在火车站月台一角的公民和政治犯。

"他们要去哪儿?"我问售票员。

"西伯利亚。"他小声嘟囔。

"他们做了什么?"

"别问了,"他紧张地厉声说道,"如果你在俄国问问题,这些人的遭遇就是你的下场!"

彼得格勒有一些荒唐的战时法规。如果你在电话里讲德语,你将被处以 3000 卢布的罚款;如果你在街上讲德语被人听到,你将被发配到西伯利亚。据可靠的消息说,有两位东方语言学教授沿着莫卡伊河(Morskaia)散步,用古亚美尼亚语交谈,然后他们就被逮捕了,警察发誓说他俩是德国人。从那时起直到今日,再没有人听过他们的消息。

尽管如此,事实上,任何有钱的德国人都可以继续住在彼得格勒或莫斯科,并以他们自己喜欢的任何方式表达爱国主义。例如,1914 年 11 月,莫斯科的德国人聚居地在该市最时尚的酒店举办了一次宴会,人们在宴会上唱着德国歌曲,用德语发表演讲,在口头上把沙皇和他的盟友送去了炼狱,"皇帝万岁(Hoch der Kaiser)"的喊声响彻天空。俄国政府对此没有采取任何措施。但 6 个月后,警方决定给他们一个不太显眼的教训——以切断这些德国人在德国社区的收入。大量的伏特加酒从某处被挖出来,圣像从教堂里被抢走,在警察的怂恿下,暴徒开始破坏德国人的房屋、商店和酒店。在最初的几座建筑被拆除后,人们的注意力转移到了法国、英国和俄国的建筑,高喊着:"打倒富人!长久以来,你们拿我们的钱去搞投机倒把!"在暴动结束之前,莫斯科几乎所有的大商店都遭到了破坏和抢劫,许多富有的俄国人,无论男女,都从乘坐的汽车或马车上被拉扯下来,扔进了运河。俄国上层阶级的人好好利用了这个时机。

他们派仆人和贴身侍从投入到骚乱中,把他们能弄到的丝绸、花边和皮衣都拿走了……由于这次爱国示威,该省省长、该市市长和警察局长都被免职了。

德国人最终如何被赶出莫斯科,是俄国方法的另一个典型故事。俄国人驱逐了德国人吗?俄国人把德国人关进拘留营了吗?答案是否定的。警方偷偷放出消息,称如果莫斯科的德国人想离开俄国,是有办法的。他们说,在莫斯科,德国人不可能拿到护照,也无法回到自己的国家;但如果他们去往西伯利亚边缘乌拉尔山脚下的彼尔姆(Perm),就可以申请到护照并获准离开。数百名德国人领会了这个暗示,纷纷挤上了开往彼尔姆的火车。如今,他们仍在那里。

俄国有 4 种不同的秘密警察组织,他们的主要工作是监督普通警察,互相监视,此外还有在你的前门像个门房那样看守 (*dvorniks*) 你的,他们都是政府侦探部队的成员。特别是在现在这样的时期,仅仅怀疑就足以把你送上军事法庭,或者把你发配到西伯利亚去,除非你有权势。

我们在波兰被捕后,一到彼得格勒,就被市政府的侦探、军事特工和可怕的第四武装的成员跟踪了好几个星期,第四武装的成员是最阴险的秘密警察。不过俄国侦探很容易辨认——不管他们伪装成工人、农民、出租车司机抑或是流浪汉,他们总是穿着漆皮皮鞋,拄着一根银头手杖。他们总是三三两两地站在我们居住的旅馆门前,在漫长而疲惫的夜晚,我们经常从窗户向他们扔瓶子。每当我们乘出租车去美国大使馆,就会有一名侦探从人群中出来,坐上另一辆出租车跟着我们。当我们拐进涅夫斯基(Nevski)大街时,我们会停下来等他转过街角,他的车跑得很快,因为他总以为我们在他前面很远的地方,然后我们会跟踪他几个小时,这让他大感挫败。

如果城市警察没有在你的护照上盖上"外国签证"的印章，允许你越过边境，你就不能离开俄国。当然，我们处于城市警察的监视之下；尽管如此，我们还是用35卢布作为"礼物"，拿到了外国签证，坐上了开往罗马尼亚边境的火车。第二天早晨，在维尔纳，一名宪兵军官走进我们的车厢，他没有问我们是谁，也没有问我们要到哪里去，就宣布我们必须返回彼得格勒。在那里，我们发现第四武装的特工正等着我们，要带我们去长官的总部。但是长官并不知道我们已经获得了外国签证，甚至不知道我们曾试图逃跑，他只是想向我们宣读一份大公的强制命令，以莫须有的罪行，将我们从符拉迪沃斯托克驱逐出境。

我们居住的彼得格勒的旅馆里住着一个又矮又胖，但看起来很有权势的女人，她看起来像是爱斯基摩人，头发粗糙，剪了一个设得兰矮种马的鬃毛的发型。她的名字叫"××公主"。傍晚时分，她常常走进茶室，挑一个她喜欢的男人，拎着她那把巨大的房间钥匙，直截了当地发出邀请。这并没有冒犯俄国人，但旅馆里住满了美国商人和他们的妻子，因而他们向经理抱怨了这桩丑闻。经理要求"公主"离开旅馆，但被拒绝。于是，酒店采取了俄国人的行事方式，有一天当"公主"外出时，经理拆了她的床，然后把床和其他家具一起从她的房间搬走。"公主"回来后，在大厅里来回跺了几个小时的脚，用她所能想到的所有称呼"问候"这位经理，然后出去了。15分钟后，一个秘密警察开着一辆汽车来到旅馆，警察冲向经理，告诉他，如果再敢骚扰那个女人，就把他发配到西伯利亚去。原来，这位"公主"是第四武装的特工……

俄国的工业

从扎列希基到塔尔诺波尔的火车上，车厢隔间里只有我们，但隔壁的车厢里坐着四五个光头上校和少校，他们的靴子抛光得锃亮，单调的衬衫装饰得闪闪发光。他们紧闭窗户，松开了腰带，把刀也挂了起来。一个小木架上放着一个冒着热气的大型黄铜茶炊，桌上放着一个装满香烟的木箱子。这些人抽着烟，喝着茶，谈论着自己的灵魂。

那位少校被俄国人的好奇心和热情好客驱使，操着一口蹩脚的法语走进我们的包厢，作了自我介绍，并开始讲述他所知道的一切军事秘密：他的团在哪里，有多少人，计划如何在第二天夜里让他们渡过普鲁特河，突袭奥军的炮兵连。这对他来说并非轻率之举，原因很简单，同已经了解这些事情的人谈论这些毫无乐趣可言，而少校非常高兴能找到似乎对此感兴趣的陌生人。他把我们领进他的车厢隔间，其他人则给我们腾出地方，给我们倒茶，递香烟，急切地询问我们的情况，我们的生意，我们的工资，美国人能喝多少威士忌，纽波特（Newport）和里维埃拉（Riviera）是否一样时髦，以及我们对战争的看法。然后，原来的讨论再次开始，为了我们听着方便，这次他们说的是断断续续的法语和德语。每个男人都在讲述自己的第一次性经历；从此处开始，他们开始讨论性心理，性与艺术能量的关系，以及对男人生活的影响……

直到傍晚时分，我们才发现他们背负的任务。原来他们作为一个军事委员会，正在执行迪米特里耶夫将军（General Dimitriev）下派的寻找丢失的 1700 万袋面粉下落的任务。

如果将 1700 万袋面粉放在一起，将有波基普西市那么大，然而面粉却消失了。看起来，俄国政府似乎购买了 1700 万袋粮食，并将其磨碎和包装，作为西南陆军当年的军粮储备。面粉是从基辅运到 230 俄里外的塔尔诺波尔的，其他铁路线只与这条线路相交两次。然而，在这 180 多英里的范围内，30 多列火车的面粉就这样完全从土地上消失了。

"但是面粉能到哪里去呢？"我问。

头发花白的上校微笑着耸了耸肩。"我们有理由相信，"他说，"面粉被卖给了罗马尼亚人，然后用船运到了奥地利。"他叹了口气，"这样的事情是会发生的……"

俄国的贪污规模如此之大，简直荒唐可笑。

在日俄战争期间，法国政府向俄国军队提供了 50 门口径 75 毫米的野战炮。根据登记记录，这批火炮已通过俄国边境，但奇怪的是，这批武器装备从未正式抵达俄国。6 个月后，一名在巴西的法国军官向巴西政府报告发现了几件出产于勒克勒佐的 75 毫米野战炮。由于每门勒克勒佐工厂的火炮都有注册备案，公司的官员感到困惑，因为工厂没有卖给巴西军队火炮的记录。然而，在比较序列号后，最终发现这几门勒克勒佐 75 毫米野战炮竟然是 1905 年运往俄国的那批。

我还从一家外国造船公司的俄国代表那里听到另一个故事。他告诉我,当时他亲自为俄国政府设计了一艘战列舰。设计计划通过后,就签下了钢铁制造合同,一支工人大军也在敖德萨集结起来,过了一段时间,有消息说战舰已经准备好下水了。省长亲自在船头开香槟庆祝。一个月后,这只战列舰就出海试航了。后来传来消息说,那艘战舰在黑海某处沉没了。有人起了疑心,下令进行调查,结果发现根本就没有建造过这样一艘战舰。

1909 年,一位拜访沙皇的法国将军应沙皇之邀前往波兰,参观华沙附近刚刚建成的一座宏伟的现代化堡垒。收到参观申请的军事长官向这位法国将军表示,这个国家正处于极不稳定的状态,如果没有适当的军队护送,去参观堡垒是不明智的,而目前没有可调配的士兵。在与各种阻碍和闪避周旋之后,将军大发脾气,坚持要独自去看看堡垒。当然,那里根本没有堡垒。

去年夏天,在俄国撤退最严重的时候,由于大炮弹药不足,整个师都被歼灭了,我遇到了一个英国人,他 3 个月前带着一船榴霰药来到了俄国。他表示,这船弹药现在还在阿尔汉格尔斯克(Archangel)① ——因为他不愿意贿赂铁路和军需官员把它运到前线……

莫斯科的一家法国钢铁制造商与俄国政府签订了为俄国火炮提供数百万枚炮弹的合同。许多卡车装载着炮弹被派往前线,但当这些卡车到达时,才发现这些炮弹与俄国的火炮尺寸根本不匹配;所以在撤退途中,这些炮弹被丢弃了,德国人捡了漏,于是大获全胜。这个法国人被传唤到一个调查委员会面前,出示了由战争部长苏霍姆利诺夫(Soukomlinov)起草并签署的炮弹规格明细单。

战前的苏霍姆利诺夫是一个比较贫穷的人,但是在战争开始后,

---

① 俄罗斯历史上的重要港口,后因圣彼得堡开埠而衰落,19 世纪由于有铁路连接莫斯科,又再度兴起,在二战时成为物资运输的重要口岸。

他开始大量购买彼得格勒的房产，内部人士坦言，他把军事机密卖给了德国人［而获利颇多］。后来，苏霍姆利诺夫先生在疑云笼罩下辞职了，他一定受到了非常严重的怀疑，因为他是保守派的领导人之一。

我在彼得格勒的时候，有一天，一个上校开车来到我一个卖汽车轮胎的朋友的商店。上校有50辆机动救护车，正好前线急需，他就让我的朋友仔细检查一下，估算一下给这50辆车换新轮胎需要多少钱。售货员预估了一个数额。

"我能从中拿到多少好处呢？"上校问道。

"按惯例是10％。"

"好吧，那就做吧。"

售货员出来看了看轮胎情况。

"为什么要换呢？"他说，"这些车不需要新轮胎。它们几乎是全新的！"

"别多管闲事！"上校厉声道，"把轮胎换上，如果你知道做什么对自己有利，就不要说太多！"

向俄国政府出售物资的美国商人提到了无数关于采购部门极度贪婪的故事。产品品质本身并没有什么区别，但他们总是问："我能拿到多少钱？"在许多情况下，当公司无力支付大笔贿赂时，俄国人就会向本国政府提高价格。

假设你有一辆卡车要卖。你在一个委员会面前展示了这辆卡车，这个委员会向监管局的一名官员作了秘密报告，然后这位官员召集你来协商。现在，只要付出二三十美元的小礼物，你就会发现自己的产品得到了有利的宣传，或者你已经安排好了，通过向委员会的其他成员提供类似的礼物，你的产品也会得到好评。

一走进管事官员的办公室,他就说:"你的车被重点推荐了。但也有其他汽车。我必须考虑你的提案。"他会看看表,然后说道:"对不起,我得出去一下。顺便问一下,你想抽根烟吗?"他把烟盒递给你,把你独自留在办公室。也许这时你打开了烟盒,却发现里面一根烟都没有。如果你在俄国已经待了很久,你会很自然地从口袋里掏出一张 500 卢布的钞票塞进烟盒里。当这位官员回来时,他会说:"现在,关于价格,我能拿到多少佣金?"你会给他满意的回馈,然后他就会叫你在旅馆里等待答复。

当然,这一切都是一场赌博。别人可能在烟盒里塞一张 1000 卢布的钞票……当然,还有其他方法可以通知潜在的销售人员,他们是销售中绕不过的人。例如,许多专业的"中间人"在美国人经常光顾的旅馆周围徘徊,暗示应该给这样的官员"上贡(greased)",等等。

整个交易体系是如此的坦率和贪婪,即使怀揣着世界上最好的意图,秘密警察也总是每隔两三天就能发现一个巨大的欺诈系统。一次又一次的曝光揭露了整个监管系统只不过是一团腐败,但贪腐的规模总是十分庞大,有时候不得不适时停止调查,很多时候,王子、男爵、金融家、军官和内阁部长都会受到牵连。甚至连炮兵军需品部部长谢尔盖大公也受到怀疑,沙皇一家也免不了受到诽谤。银行被查封,保险箱被撬开,找到的文件足以证明整个官僚机构都有罪。今天大权在握的人第二天就会被他人取而代之。有时候,你到监管局去拜访一个 3 个小时前同你谈过话的官员,会发现他的位置上坐着一个新面孔。

"维尔霍夫斯基上校在哪儿?"你问。

有时,新就位的人只是简短地回答:"西伯利亚。"有时,他耸耸肩;有时,他点燃一根火柴,让它燃烧一会儿,然后优雅地吹灭它。

爱国革命

作为战时在俄国旅行的人，我深感震惊，从未想到俄国在商业上对德国的依赖程度如此之高。在彼得格勒，我想买一种消毒漱口水。"啊，"药房店员说，顺便一提，店员也是德国人，"所有这些制剂都来自德国，我们现在买不到。"照相机、胶卷、牛奶巧克力、服装、汽车、打字机也十分短缺。彼得格勒甚至没有一个好的外科医生，没有一个肠道疾病的专家，当遇到这种情况时，医生的回答往往是："我们总是把这类病例反馈到柏林去。"

在过去的 10 年里，俄国日益成为德国的商业殖民地。俄国的每一处短缺都被德国所利用，以增加德国在俄国的贸易优势。例如，在 1905 年，德国的利益集团通过公开威胁援助革命者，迫使俄国政府做出巨大让步。德国人渗透进了俄国政府机关，甚至进入军队管理部门。他们还支配了俄国在德国边境的战略铁路计划。他们甚至渗透进了宫廷，混入了沙皇皇后的侍从中——皇后本人就是德国人——借此施加了一种邪恶而强大的影响力。

长期以来，俄国的商人、制造商和银行家一直强烈反对德国在自己的国家扩张势力，这使得他们成为与德国有着千丝万缕的利益勾结和腐败专制的俄国政府的敌人的同时，也成为革命的同盟军。

因此，在这场战争中，我们看到了一个奇怪的现象：俄国无产阶级和中产阶级都非常爱国，虽然他们都反对自己国家的政府。现在，要了解俄国，就必须认识到一个悖论——对德宣战就是对俄国的官僚体制宣战。

6月，当我还在俄国的时候，这个国家内部的斗争正处于高潮。俄国存在一个庞大的组织，甚至在政府的最高层里也是如此，这些人把俄国出卖给敌人。有一次，在冬宫的一个烟囱里发现了一个秘密无线电台，它可以截获俄国的军事情报并将其传送到德国。除了苏霍姆利诺夫丑闻，还有马斯代耶夫将军的案件，他在俄国军事要塞城市的规划中做着出口业务，生意兴隆，直到有人告密。

坦能堡战役之后，雷南·坎普夫将军（General Rennen Kampf）痛斥自己的军官出卖了他；在俄国，人们说这是雷南·坎普夫被撤掉指挥权的原因之一。据说，这也是尼古拉斯大公被发配到高加索地区的原因之一，无论如何，他对于宫廷和政府中的日耳曼人的严厉批评是众所周知的。

对于这一切，沙皇的立场是什么？在俄国，你听到的关于沙皇的传闻越多，他就变得越神奇，越具有传奇色彩。在彼得格勒，我结识了一位美国的占卜师，他自称是沙皇的朋友——为了证明这一点，他拿出一个很大的铂金烟盒，上面用钻石压印着大写的沙皇名字首字母，还有一只用金色浮雕工艺镶嵌的伸出来的手。他说，这是沙皇给他的奖赏，因为他预言了华沙的陷落。在那次事件发生的一星期前，沙皇曾三次将其召去沙皇村（Tsarskoe Selo）[①]，让他解读手相，并根据手相的纹路预测华沙是否会被德国人占领。看过报

[①] 是一座包含俄罗斯皇室和来访贵族的故居的城镇，位于圣彼得堡市中心以南24千米处。

纸的占卜师给出了肯定的答复。结果，果真如此。

与沙皇交谈过的人向我保证，除了一些保守派顾问愿意告诉他的事情外，沙皇对帝国内部发生的事情知之甚少。

这位占卜师与俄国宫廷有过许多奇怪的接触。例如，他说，几年前，他突然从维也纳被召唤到塞瓦斯托波尔（Sebastopol），并被带到停泊在港口外的皇家游艇上，在那里，他见到了一群来自欧洲各地的外科医生、顺势疗法治疗师、信仰治疗师和各式各样的庸医。他们聚集在一起是为了拯救年轻的察列维奇（Tsarovitch）①，察到维奇被一个是革命者的水手刺伤了臀部。占卜师说，这就是后来所有关于察列维奇神秘疾病故事的起点。

这位占卜师与妖僧拉斯普京②有过冲突，人们说，这个邪恶的人对皇后有着罪恶而深远的影响。占卜师向我展示了他上个星期收到的一张潦草不堪的法文信函，上面的字迹几乎难以辨认，内容大致如下：

> 格雷戈里·拉斯普京神父让我通知你，他知道你去过沙皇村。他不反对你谒见沙皇，但是如果皇后召见，而你又去拜访了她，那么你未来在俄国居留的日子可能会很不愉快。

现在看来，这些事情可能未必是真的；但是，这些故事并不比

---

① 又译为沙皇子，是一个斯拉夫贵族头衔，用来称呼沙皇的儿子，此处指的应该是俄国末代皇储阿列克谢·尼古拉耶维奇·罗曼诺夫，他在出生后不久就罹患血友病。

② 格里戈里·叶菲莫维奇·拉斯普京，又译拉斯普丁、拉斯普钦或拉斯普廷，俄罗斯萨拉托夫省人，尼古拉二世时代的神秘主义者，被认为是东正教中的圣愚。因丑闻百出，引起公愤，且对沙皇的影响力过大，被尤苏波夫亲王、德米特里大公、普利希克维奇议员等人合谋刺死。

东方等级制度的其他生活细节更荒谬，也不比众所周知的杜马议员在政治问题上听信于占卜师看手相的事实更荒诞。

在俄国这片广袤而不安定的生活之海的表面之下，汹涌的水流隐约地来回奔涌。十字军东征、革命、宗教分裂和巨大的民众运动不断上演，它们很少突然出现在人们可以看到和评判的大庭广众之下，但人们总是能意识到它们的存在。1905年的大革命浮出了水面，随着这场战争的爆发，另一场革命即将爆发，而这另一场革命是以一场规模巨大的罢工开启的。在动员的轰鸣声和帝国宣言的野蛮盛况中，革命的尖锐警报被湮没了——沙皇承诺建立一个更自由的政府，给予波兰以自治权，改革对犹太人的政策。也许动员比宣言更能打动革命者，因为1905年帝国宣言中的承诺没有实现，而且在某些方面，情况甚至比以往任何时候都还要糟糕。杜马虽然依然存在，但是政府通过改变议事规则和在省级选举中采用警察恐吓的手段，剥夺了杜马所有来之不易的权利。新闻自由得到了承诺，但在贝利斯审判（Beiliss trial）① 期间，伟大的《俄国世界报》（Russkoe Slovo）因报道了审判过程而被罚款数千卢布。那是一家财力雄厚且具有影响力的日报，其他期刊根本负担不起发表任何东西的费用。言论自由得到了承诺，但你必须得到警察的许可才能举行公开集会——而在俄国，警察并不十分宽厚。宗教自由和信仰自由得到了承诺，但最近，内政部长关闭了彼得格勒的统一天主教堂，以及其他城镇的其他教堂，理由是它们违反了建筑规范。人身不可侵犯的权利和审

---

① 受审判之人全称为 Menahem Mendel Beilis，是一名俄罗斯犹太人，他在臭名昭著的1913年审判中被指控在基辅进行仪式谋杀，这一事件被称为"贝利斯审判"或"贝利斯事件"。经过漫长的程序，贝利斯最终被无罪释放，但法律程序引发了国际社会对俄罗斯帝国反犹主义的批评。

判权得到了承诺,但从来没有像现在这样有这么多人被发配到西伯利亚,甚至是在没有对他们提出任何指控的情况下。

面对政府采购部门的大规模腐败,联合地方自治协会(The Association of Zemstvos)或县议会承担起了为政府购买军需物资的任务,并以真正的实力完成了这项工作。这是一个重要的事实,因为该协会在很大程度上代表了俄国的中产阶级。

一直以来,杜马虽然受到限制,却越来越坦率地提出批评。例如,一位发言者说,俄国的政府是非常低效,格外腐败,极为卖国的。此外,杜马还开始指出具体的贪污分子和卖国贼的名字,并暗示线索的走向,建议杜马的委员会与地方议会一起负责采购物资和制造军火。除此之外,在整个帝国范围内,民众的骚乱也在迅速增加。正是爱国者的不满决定了俄国应该赢得这场战争。

9月8日,沙皇取代尼古拉大公成为西线的统帅。人们认为这是一个非常可疑的举动,想知道这背后有什么道理。因为大公至少是诚实的,而沙皇却把不被信任的苏霍姆利诺夫先生召唤到前线的帐篷里。一位重要的俄国将军说,这意味着沙皇想要单方面的和平。无论如何,协约国的大使们用了3个星期的时间试图劝阻沙皇不要担任统帅。

头脑聪明的人普遍相信一个令人惊奇的传闻——是拉斯普京迫使沙皇成为统帅,因为拉斯普京解释说这是上帝的命令。不过这也并非不可能。

9月15日,彼得格勒佩塔洛沃兵工厂(Poteelov Armament)的3万名工人宣布罢工,第二天,各个街角都张贴了禁止工人集会的公告。由于听闻了来自战争办公室的机密情报,外国聚居地的居民开始匆忙撤离俄国。第二天早晨,据报道,15日向杜马提交请愿书的

30名佩塔洛沃兵工厂工人及其家人被流放到了西伯利亚。暴动接踵而至,士兵向罢工者开枪,同一天沙皇突然解散了杜马。彼得格勒的所有人都知道,除了保守派总理戈雷米金(Goremykin)以外,所有内阁成员都反对解散杜马。与此同时,政府又张贴了告示,征召新兵入伍——这加剧了人们的普遍不满,18日,又出现了新的告示,告示威胁罢工者说,如果他们不在下星期二返回工作岗位,或者不服从命令,他们就会被送到战壕里去,或者被无限期地监禁在西伯利亚。

在这些日子里,断断续续的铁路罢工使得彼得格勒的粮食和燃料短缺,居民遭受了严重的苦难。霍乱爆发了。报纸每天都在刊登长长的死亡名单,委婉地称他们是"死于胃病",官方还宣布,在冬季,除了面粉以外,什么都短缺。

20日,有消息说基辅、敖德萨和其他城市也发生了罢工,莫斯科的公共交通和电灯设施完全瘫痪。联合地方自治协会和城市协会(The Association of Cities)直接向沙皇派遣了一个委员会,威胁说,如果沙皇不实行政府自由化,他们就支持革命,并强调必须建立一个对杜马负责的自由派部门。但沙皇拒绝接见这支委员会代表团。

在俄国的腹地,是否有一股强大的毁灭之火在熊熊燃烧?还是已经熄灭了?帝国内部严格的审查制度和对新闻的压制使人们很难知道真相,但是,即使杜马已经休会,仍有大批监管部官员被撤职,部署在西线的军队也进行了彻底的军事改组,甚至在我写这篇文章的时候,某种强大的、悄无声息的、尚不明确的威胁,迫使沙皇以帝国的排场重新召开了杜马会议。新任总理鲍里斯·施特默(Boris Sturmer)虽然是极端的保守派,但他向杜马保证,"即使在战争时期,内部重组的工作也必须继续进行"。

在白俄罗斯的罗夫诺镇,我和一位年轻的志愿士官进行了交谈,他在战前是彼得格勒一家银行的职员。他解释说,1905年的革命根本就不是革命,而是一场巨大的丑闻。这是千百万人在本能地反抗剥削和绝对荒谬的暴政。"一切都结束了,"他急忙说,因为他本人毕竟是属于统治阶级。"但是,"他补充说,"在这场战争之后,我们将要求制定一部新宪法。"

"如果他们不制定新宪法呢?"我问,"会发生革命吗?"

"哦,我想他们会满足我们的要求的。但如果没有,好吧,我们必须达到目的!"

"那犹太人呢?"

"犹太人!"他叫道,"民主和犹太人有什么关系?我们不希望犹太人留在俄国。他们为什么不都去美国,或者去见撒旦呢?"

犹太人的背叛

在战争开始时，法国、英国和美国的报纸刊登了沙皇与大公"对我们忠诚的犹太臣民"的公告。他们被允许在俄国各地自由居住，解除公民身份障碍，保证信仰自由，最后，军队的最高等级和贵族等级都向他们开放。

这个消息似乎意味着巨大而深刻的变化，受此鼓舞，数百名俄国犹太人从流亡中返回，加入沙皇的军队，犹太妇女为俄国红十字会提供服务。然而他们获得了以下的回报：男人们失望而痛苦，在战壕里用生命捍卫自己的压迫者；女护士在医院里被自己精心照料的士兵凌辱。事实是，俄国从来没有发表过这样的公告，这都是俄国政府特工在伦敦和巴黎散布的谎言，目的是欺骗全世界热爱自由的人民。

我在前线附近比萨拉比亚一个村庄的指挥部与一位阿塔曼斯基（Atamanski）哥萨克上尉共进晚餐。他讲起了自己的兵团：

他们都是些浮躁的家伙，军官们总管不住他们。例如，当他们进入一个生活着犹太人的村庄时。啊，这些流氓啊！当他们开始屠杀犹太人时，没人能阻止的了啊！

"说到犹太人,"坐在桌子对面的一个步兵上尉说,"当我的连队驻扎在布列斯特-立托夫斯克(Brest-Litovsk)时,发生了一件非常有趣的事情。一天,一名年轻的犹太士兵亲吻了一位老拉比的手。我的部下勃然大怒,对他拳打脚踢,然后把他的脸埋在了一堆大粪里。"

罗宾逊提出抗议。但是坐在桌子最前面的上校严肃地举起手来。

"你们美国人,"他说,"不理解我们必须忍受这些犹太人的痛苦。犹太人都是俄国的叛徒。"

我表示这很奇怪,因为在奥地利和德国,犹太人是十分忠诚的,事实上,他们已经认购了奥地利最近两次战争贷款的大部分额度。

"那不一样!"上校坚定地回答。

"在德国和奥地利,犹太人有公民权利;因此,他们自然是爱国的。然而,在俄国,犹太人没有公民权利。所以他们会背叛我们。我们就得杀了他们。"

他似乎对这个解释非常满意,其他人也一样……

我们在俄国的前线后方走了 200 英里,经过布科维纳和加利西亚,进入波兰,到处都是犹太人遭受恐怖统治的证据。哥萨克和俄国士兵将一个又一个小村庄里那些粉刷成明亮色彩的小泥屋洗劫一空和摧毁,尤其是犹太人居住的房子。扎列希基,这座成千上万犹太人曾经居住的城市成了一片废墟,在俄军的进攻面前,居民们被赶向了敌方。在罗夫诺,发生了反犹主义暴动;在波兰的凯尔泽(Kielze),发生了一场真正的旧式大屠杀——全部都是哥萨克干的。我在另一个地方讲过扎列希基的犹太药剂师和霍尔姆的犹太旅馆老板的故事,以及栅栏区的小镇。在维尔纳,2 万名犹太人,包括男人、女人和孩子,从他们的家园中被驱逐和流放到西伯利亚,罪名是密谋叛国。正是在维尔纳,两名英国战地记者被当作间谍逮捕,并被带到警察法庭。他们有一个黑色的小公文袋,警察命令他们打开。他们拒绝了这一要求。然后警察带了一个犹太人进来,他的手被绑着,光着背,警察开始用鞭子抽打他。

"你看到我们对这个犹太人做什么了吗?"警察局长问,"好吧,那么,你俩最好打开那个袋子……"

到处都是对犹太人的古老恐惧,对祭祀、对十字架和对耶稣基督之名的仇恨与恐惧。

在前往伦贝格的火车上,我们和两个邮政部门的小官员一起进了一个车厢,他们是大部分俄国官僚的典型代表。

"犹太人的公民权!"一个人大呼惊奇,"你疯了吧!俄国人不会准许的。至于军队的官方级别向犹太人开放,这真是荒谬至极。犹太军官一发命令,他自己的士兵就会把他毙了。我在俄国军队中只认识两个犹太军官,他们被派到战争部门做文职工作。你看,他们的父亲都很富有,但是他们不敢去前线。"

彼得格勒和莫斯科

大多数游客会说,莫斯科是俄国的心脏,是真正的俄国城市,而对彼得格勒不屑一顾,认为彼得格勒不过是对其他欧洲首都的模仿。但对我来说,彼得格勒似乎更具有典型的俄国风格:政府大楼和军营的巨大立面外墙一直延伸到目光所及之处,周边是宽阔的街道和广阔的空地。涅瓦河沿岸的巨石码头、宫殿、大教堂和用鹅卵石铺成的帝国大道,是在无数农奴的双手下建成的,暴君的意志将这些农奴锁在沼泽地里,鲜血将他们凝结起来;彼得格勒现在绵延数英里的地方,是一座为巨人建造的城市,150年前,这里不过是一片狂乱的沼泽。彼得格勒是一个没有自然道路可以到达的地方,是一个最荒凉、最脆弱、距离俄罗斯帝国自然中心最遥远的地方,而彼得大帝突发奇想地要在这里建立自己的首都。10年来,每年有2万工人在建造彼得格勒时死于发烧、感冒和各种疾病。宫廷贵族有9次密谋想要破坏这座令人憎恨的城市,迫使宫廷返回莫斯科。其中有3次,宫廷贵族放火点燃了它,而沙皇3次把这些叛逆者挂在他们被迫建造的宫殿的门上。保守派中有一股强大的势力,一直鼓吹要恢复莫斯科为首都。直到最近20年,彼得格勒的人口才在没有人为干涉的情况下继续维持。

深邃而阴暗的大运河弯弯曲曲地贯穿城市各处，数百英尺长的巨大木驳船行驶在运河上，船上堆放着作为燃料的桦木。这些桦木是在幽暗的古老森林里用有力的斧子砍下来的，然后在北极光下，伴随着小船发出的缓慢乐声，顺着平坦、荒芜的河水漂流而下。每天夜里，都有许多默默无闻、从未能好好休息的可怜人跳入黑暗的水里。他们溺毙后，尸体随着潮水，穿过一望无际的阴郁莫展的兵营，向街道下方的排水渠里滑去，沿着那黄色和猩红色相间的宫殿，沿着那些梦幻奇异的穹顶、尖塔和巨大的纪念碑壮丽的立面，漂向宽阔的涅瓦河，最终奔向大海。

面对寂静的广场和宽阔的街道，人们很容易迷失方向；尽管彼得格勒有200多万人口，却永远显得空空荡荡。只有在夏天的晚上，在巨大的游乐园里，在露天剧院里，在风景优美的铁路线上，在旋转木马上，在咖啡馆里，才有成千上万的人，他们成群结队，大声喊叫、嬉笑、歌颂人性，漫无目的地来回游荡，仿佛像大海一样拥有一种无法控制的力量。在革命时期，抑或是在一些重要的宗教节日期间，人海会从一堵墙堵塞到另一堵墙，将数英里的大街小巷扼得喘不过气来，人群如雷鸣般纷乱的脚步声、无组织的咆哮歌声，自发意志的力量，甚至让莫斯科都相形见绌。

在喀山圣母节那天①，我在涅夫斯基大街和莫尔斯卡亚大街的拐角处，突然被从每条街道涌向大教堂的大批人群裹挟，他们脱帽致敬，脸上洋溢着喜悦，低沉的声音唱着简单舒缓的赞美诗。光头、蓄着胡须、穿着华丽金袍的大个子牧师将珠光闪闪的圣像高举在人群之上。唱诗班的小男孩挥舞着香炉。在神圣的游行队伍的两侧，

---

① 为纪念1612年11月4日驱逐波兰入侵者后解放了莫斯科，11月4日被定作喀山圣母像瞻礼日。

农妇们手挽着手侧身而行,激动地守护着圣像。男男女女排成一列从画像下面经过,他们尖叫着,踢蹬着,互相拉扯着;每隔几分钟,牧师们就把画像放下来,然后一百名跪着的人向前扑去,用嘴唇亲吻画像。游行队伍一直在可怕的人海中缓慢地行进着,他们时而交汇,时而穿插,圣像在人群头顶摇摆,云层间迸发出的太阳光一闪而过。一连好几个小时,整整长达一英里半的人流把涅夫斯基大街和喀山圣母大教堂前所有的街道都堵住了,他们祈祷着,画着十字,唱着圣歌。

俄国人的宗教信仰格外活跃。在街上,人们不停地画着十字,尤其是经过教堂的时候。马车夫一看到圣像就会脱帽,摸摸额头、胸部和肩膀。小礼拜堂全天开放,即使在时尚的购物区也为不断流动的人群提供持续的宗教服务,人们在经过圣像时会驻足跪下亲吻圣像。在某些非常神圣的教堂和圣地里,无论白天黑夜,总有一大群人在圣像(*ikonostas*)面前跪着,鞠躬,喃喃自语。但是,据我所知,宗教在俄罗斯似乎不是一种世俗的力量,也不是一个政治问题,更不是生活的道德标准或伦理准则。教士们常常有一副刻薄、恶毒的面孔,各处大修道院的僧侣们都过着无拘无束的奢华又放纵的生活;而教会,像所有强大的教堂一样,十分富有,他们利用穷人的捐赠,利用穷人最愚昧的迷信,铸造起一个金色的祭坛。然而,对朴素的俄国农民来说,宗教信仰是精神力量的源泉,既是对他的财产的神圣祝福,也是与上帝的神秘交流。小偷和杀人犯在抢劫房屋或杀人之前会去亲吻圣像,革命者在他们队伍的最前面带着圣像,射杀革命者的暴徒亦携带圣像。在每个俄国家庭的角落,在每个旅馆和火车站,都挂着一个圣像。

巨大的宗教狂热震撼着俄国人民,就像宗教震撼了犹太人和阿拉伯人，将他们分裂成无数的神秘教派一样。奇迹频频发生，圣人和自我折磨的圣徒在全国各地游荡，进行治疗和传播奇怪的福音。即使是在彼得格勒这个俄罗斯最不信教的城市，也到处都是牧师和僧侣，其中一个名叫格雷戈里·拉斯普京的，据传几乎是帝国真正的统治者。

正值 6 月的夜晚，太阳西沉的速度越来越慢。9 点，天色就像家乡夏末的夜晚一样明亮；10 点半的时候，太阳触到了地平线，慢慢地从西向东移动，直到凌晨 2 点半，太阳又再次升起。如果你碰巧在半夜醒来，你根本分不清此时是白天还是黑夜，尤其是俄国人似乎还没有固定的睡觉时间。在圣以撒广场（St. Isaac's Square）的窗外，人们正坐在长椅上看报；屋门前蹲着一群看门人，他们蜷缩在毛皮大衣里，闲聊着；出租马车驶过，人们沿着人行道前行，甚至还有商店在开门营业。

有时我们需要乘车出行。"出租车（Istvosschik）！"我站在街中央喊道，顷刻间，不知从什么地方突然出现了二三十辆小马车，车夫一个个穿得毛茸茸的，头上戴着一顶光滑的钟形卷边帽，他们的大衣里塞得满满的，看起来胖得吓人。他们驾驶着车在我们周围转了一圈又一圈，发出可怕的叫嚷声，开始竞价。出租马车有市政府的收费标准，一份复印件就贴在车夫座位的后面；但你往往得支付至少双倍的价格，警察也总是站在车夫那边。

在无尽的暮色中，我们在城市里漫步。在兵营前面，密集的人群围着一些士兵，这些士兵蹦蹦跳跳踢着腿，这好像是种西伯利亚的农民舞，伴奏的手风琴发出令人喘不过气的嘶鸣声。在圣以撒广场上，连队的新兵们正踩着响亮的大靴子大踏步前进，对将军的问候报以传统的军队式的回答。

"早上好,孩子们!"一个又高又平的声音喊道。

"早上好,将军!"一百个大个子齐声喊道。

"向你们致敬,我的孩子们!"

"为国效劳是种荣幸,将军!"

在圣以撒大教堂笨重的圆屋顶上,敲钟人每天要三四次把钟绳绕在他们的手肘、膝盖、脚和手上,所有大大小小的钟都开始轰隆作响,一共35个,在一种狂乱的、不和谐的节奏声中响起:

叮!咚!叮叮咚咚!砰!叮——叮——叮——叮——咚!叮——咚——砰——嗵!叮——咚——砰——嗵!叮——咚——砰——嗵!

成百上千的新兵,仍然穿着农民的衣服,背上用粉笔写着大大的数字,从人们身旁走过。队伍似乎永远没有尽头。一天又一天,一个星期又一个星期,他们涌进彼得格勒,一年多来一直如此,新兵们被粗暴地训练,然后被装进永不停歇的火车,被随意地派往西边或南边战场,最后被德国这台可怕的杀人机器屠杀而亡,死亡在此时只是一个数字……然而,在大街上,在整个俄国,到处能看到许多还没有被征召入伍的新兵。

莫斯科,被所有俄罗斯人亲切地称为"*Matuschka Moskva*",意思是"莫斯科母亲",这里仍然是一座圣城和智慧之都,也是古老辉煌和野蛮的俄国最后的堡垒。莫斯科的街道很狭窄,一堵堵的高墙内,围绕着神圣的城堡,这是帝国所有历史的缩影。但是,俄国的脉搏、红色的新鲜血液和变革的洪流已经离开了莫斯科。不过,她古老而丰富的商业曾使得中世纪的莫斯科商业巨头成为欧洲的传奇，而这种商业至今仍在发展。同时，这座城市现代德国式建筑的数量，也让人感到震惊。

在我看来，这种对人类生命的肆意和广泛的漠视，是彼得格勒、战争和俄国的典型特征，而这在克里姆林宫，这个一千年来俄国人民的希望、渴望和信仰的集中之所再次出现。红场和新首都的任何一个广场一样巨大，而且极其古老。巨大的红墙上面是锯齿状的垛墙，顶上有奇形怪状的塔楼，城门的阴影里悬挂着凝视前方的巨大圣像，垛墙延伸至山下，沿着河岸，傲然地包围着世界上最富有的国会大厦。在围墙里面的一个广场上，相距不到100码的地方矗立着4座教堂，每座教堂都有一个由纯金和珠宝组成的祭坛，在长长的沙皇陵墓的行列中闪闪发光，冒着蓝色香云，香云笼罩着镶嵌着巨大马赛克的天花板。伊万·韦利基（Ivan Veliki）① 身体向上倾斜，身上布满了大铃铛。绵延数英里的宫殿蜿蜒曲折，房间里都是用纯金石板和半宝石的柱子装饰的。一个又一个的宫室，从伊凡四世居住过的华而不实又色彩夸张的房间，到保存着波斯孔雀宝座、鞑靼人的黄金王座和沙皇的钻石王座的宝库的房间。修道院，兵营，古代军火库——军火库的外墙堆放着拿破仑从莫斯科出发的路上留下的数千门大炮。鲍里斯·戈都诺夫（Boris Godounov）② 的大钟裂开了，倒在地上。沙皇的大炮太大而无法冲锋陷阵——穿过斯巴斯克塔门（Spasskya Gate）③，士兵们守卫在那里，以确保你从救世主圣像下面经过时，摘下了帽子……

---

① 即伊凡三世。
② 1598—1605年担任俄国沙皇，这是俄罗斯历史上极为动荡的时期。
③ 斯巴斯克塔，意为救世主塔，是克里姆林宫的主要入口，可以俯瞰整个红场。沙皇时代，任何穿过塔门的人都必须脱帽下马并在胸前划十字。

星期天，我们乘汽船沿河而上，来到麻雀山——拿破仑曾站在那里看着莫斯科被烧毁。沿河数英里的地方，人们成群结队地在岸边沐浴，男男女女成群结队，满山都是度假的人群。他们在草地上伸展四肢，比赛跑步，一群群地在树下歌唱；在小洼地和平坦的地方，响起了手风琴的声音，狂放的踩脚舞仍在继续。有些醉鬼对着一大群听众发表长篇大论，有些手里抓着瓶子睡着，神志不清，还有瘸子和白痴后面跟着一群狂放大笑的人，这里就像一个中世纪的集市。一个衣衫褴褛的老妇人一瘸一拐地从山上走下来，她的头发披在脸上，她举起双臂，攥紧拳头，歇斯底里地喊叫着。一个男人和一个女孩用拳头边哭泣边互相殴打。在一片高地上，站着一个衣着庄重的人，他双手交叉在背后，显然是在对下面熙熙攘攘的人群演讲。空气中弥漫着一种鲁莽和阴郁的气氛，似乎任何事情都可能发生……

我们在山顶的咖啡馆里坐了很长时间，俯瞰着平原，河流拐了个大弯，夕阳西下，笼罩着莫斯科400多座教堂的圆顶和穹顶，映照出金色、绿色、蓝色、粉红色和互不协调的颜色。当我们坐在那里的时候，远处隐约而狂乱地传来无数叮叮当当的钟声，奏出了俄国那种深沉庄严和疯狂欢乐的旋律。

第四部

君士坦丁堡

前往帝王之城

这些漂亮的卧铺车厢上刻有精美的土耳其语和法语铜质铭文："东方快车（Orient Express）"，这是世界上最著名的火车，在战前从巴黎直达金角湾（Golden Horn）。一个保加利亚语的标语上写着"Tsarigrad"，字面意思是"帝王之城"，这也是所有斯拉夫人理所当然认为的东部首都的俄语名称。还有一张德国的标语牌傲慢地宣称："柏林——君士坦丁堡"，这在当时是一个傲慢的预言，彼时，君士坦丁堡的火车向西行驶的距离还到不了索非亚，向塞尔维亚的进攻也还没有开始。

这列火车上的人是一支名副其实的"国际联队"，一行人包括：3名身着便服前往德迪加奇的英国军官；一位前往菲律宾出差的法国工程师；将与土耳其讨论条约条款的保加利亚军事委员会；一名正要返回在布尔加斯（Burgas）的家的俄罗斯教师；一个在土耳其黑海港口进行采购的美国烟草商；一个戴着土耳其毡帽的黑人太监，他的燕尾服外套在宽大的臀部和膝盖处闪闪发光；一位维也纳音乐厅的舞蹈演员和她的伴侣正要前往佩拉的咖啡馆音乐会；两名匈牙利红新月会代表，以及大约100名形形色色的德国人。还有一节特殊车厢，专门用来运送克房伯公司为土耳其军火工厂准备的工人，还有两节车厢是留给潜艇官兵的，他们此行是为了解救 U-54 号潜艇上那些十七八岁的男孩。在我的隔壁车厢里，7 个普鲁士上流人士——政府官员、商人和知识分子——不停地打着桥牌，他们即将前往君士坦丁堡，在大使馆、专卖局、奥斯曼债务金融机构和土耳其大学内任职。每个人都是训练有素且高效的"小螺丝钉"，完全适应了这架神奇的德意志机器中自己的位置，正是这架机器为东日耳曼帝国奠定了基础。

中立国的那种充满讽刺意味的生活一直伴随着我们。车厢里所承载的古老的世界性的生活习惯，真是令人感到奇怪。一个有幽默感的售票员把两个英国人和几个德国大使馆的随员安排在同一个车厢里——他们对彼此都小心翼翼、彬彬有礼。法国人和另一个英国人自然地被吸引到公正的奥地利人身边，在那里他们有说有笑，聊着年轻时在维也纳的学生生活。深夜，我撞见一位德国外交官在走廊里和俄国老师闲聊莫斯科的事。可以说，所有这些人在最前线都很活跃，除了那个俄国人，当然，他是一个斯拉夫人，我对他没有偏见……

但是到了早晨，英国人、法国人和俄国人都下车了，仇恨边界上的喘息之地也消失了——我们已经驶离了土耳其帝国严酷的行军路线。

浅浅的、缓慢流动的、黄色的马里查河（Maritza River）蜿蜒穿过一个干旱的山谷，周围环绕着巨大的柳树。干燥、褐色的小山连绵起伏，山坡上没有任何绿色的植被；平坦的平原仿佛被稀少烧焦的杂草烘烤着；散落的玉米低垂着，有支柱的平台屋顶随处可见，戴着黑色面纱的妇女蹲在那里，把枪别在膝盖上，随时准备驱赶乌鸦。偶尔我们会看到一个村庄，村里有几座用泥巴砌成的破旧小屋，屋顶上铺满了肮脏的稻草。这些小屋簇拥着一个有平坦圆顶的小清真寺和破旧的宣礼塔。向西 1 英里外，顺着山坡有一座红瓦小镇，现在已然是一片废墟。自 1912 年保加利亚人的炮击以来，这座小镇便一片寂静，杳无人迹，两座尖塔的尖顶都被炸毁了。尖塔的残垣断壁孤零零地矗立在荒凉的平地上，标志着这里曾经是某个有生机的村庄或城镇的所在地，而现在，这些村庄或城镇的痕迹都已经消失了——土耳其人转瞬即逝的房屋很快就会归于尘土；但是宣礼塔还在，因为拆毁曾经被奉为圣物的清真寺是被禁止的。

　　有时我们会在一个小站停下来；一群小屋，一座宣礼塔，土坯营房，以及一排排在阳光下烘烤的泥砖。十几辆色彩鲜艳的小马车（arabas）高高地挂起弹簧，等待着乘客；六七个戴着面纱的女人会挤在一辆车里，她们往往拉上窗帘挡住公众的视线，在一团金色的尘土中咯咯地笑个不停。光着腿的农家女仆（hanum），穿着墨绿色的袍子，抱着赤裸的婴儿，拖着步子在路上走成一排，她们妖艳地撩起面纱，站在火车的车窗前。站台旁堆满了从内地运来的闪闪发光的绿色甜瓜。黄色的西瓜（kavoon）闻起来像花，尝起来有股世上独一无二的味道。车站旁的一棵古树为一间小咖啡馆披上了翠绿的树荫，那些裹着头巾、穿着拖鞋的土耳其老人严肃地坐在那里喝着咖啡，抽着水烟。

　　一群不适合上前线的老农民沿着铁路在站岗放哨，他们弯腰驼背，光着脚，衣衫褴褛，拿着生锈的链式步枪，腰间挂着老式的软头子弹。当我们经过时，他们勉强用力摆正了军姿……但在阿德里安堡（Adrianople），我们看到了第一批土耳其正规军，他们穿着不合身的卡其色制服，缠着绑腿，戴着德国设计的软头盔——看起来像阿拉伯头巾，头盔平放在额头上，这样穆斯林就可以不必在行额手礼时揭开头盔。他们似乎是一群温和、严肃、行动迟缓的人。

在阿德里安堡上车的这位精神抖擞的普鲁士人显得与众不同。这人脾气暴躁。他穿着土耳其军队贝伊的军服,戴着一顶装饰着金色新月的棕色阿斯特拉罕高帽,胸前佩戴着铁十字勋章绶带和土耳其哈米迪亚勋章。他那张伤痕累累的脸上满是怒容,在走廊里踱来踱去,嘴里时不时地念叨着:"该死的蠢货(*Gottverdammte Dummheit*)!"到了第一站,他下了车,环顾四周,用土耳其语对两个在站台上拖着脚走路的衣衫褴褛的老铁路警察厉声喊了几句。

"快点!"他厉声说,"我喊你们的时候你们得快点!"

两个铁路警察吓了一跳,快步跑过来。他冷笑着上下打量着他们,然后对他们说了一连串恶毒的话。那两个小老头小跑着走开,然后又僵硬地转了回来,试图模仿普鲁士式的正步和敬礼。这个普鲁士人再次当着他们的面无礼地大喊大叫,他们又垂头丧气地重复了一遍刚才的动作。看上去真是可笑又可怜……

"上帝啊(*Gott in Himmel*)!"那个普鲁士人向大家喊道,同时在空中挥舞着他的拳头,"真的有这样的蠢货吗?重新来!重新来!快点!快点跑,该死的!"

这时,其他的士兵和农民已经离开了这个区域,成群结队地站在远处,默不作声地观看着这令人惊异的一幕……突然,一个矮小的土耳其下士从人群中抽身出来,向普鲁士人走去,行了个礼,说了几句话。这个普鲁士官员怒目而视,怒发冲冠,脖子上的血管爆突出来,他把鼻子顶在这个小个子土耳其男人的鼻子上,朝他尖叫。

"贝伊先生(Bey effendi)① ——"下士开始说,"贝伊先生——"

---

① 贝伊为官衔,即地方统治长官;艾芬迪在土耳其语里用于称呼尊敬的人。

他又试着解释。但是这个普鲁士官员的脸变得更红了，更有攻击性了，最后，他以古老的普鲁士风格退回一步，扇了这位下士一巴掌。土耳其人畏缩了一下，然后一动不动地站着，他的脸颊上留下了一个红手印，但他毫无表情地直视着对方的眼睛。难以形容的，一阵微弱的几乎听不到的风声掠过了所有在场的人……

整个下午，我们沿着一片荒芜的土地向东南方向缓慢地行进。低沉而炎热的空气沉重得仿佛带着无数死者的气息，朦胧的薄雾使远处变得柔和。稀疏的玉米地，不平整的瓜地，乡间水井周围满是灰蒙蒙的柳树，遍地植被。偶尔会看到一个乡村的打谷场，在那里，一群慢悠悠的牛拉着一个沉重的碾子，在黄色的玉米地里转了一圈又一圈，车上坐满了又笑又叫的年轻人。有一次，我们看到一队用绳子拴在一起的步履蹒跚的单峰骆驼，这队骆驼穿过我们的视野，驼峰上挂着满是尘土的大包，摇摇晃晃地走着，3个小男孩边赶着骆驼边嬉戏。放眼远眺，几英里之外没有任何生物，也没有任何人类存在的证据，只有一些古老城市的废墟，人们退到了城市里或更远的小亚细亚……然而，这片土地一直是空旷荒凉的，就像今天一样；即便是在拜占庭帝国的鼎盛时期，在城市和躁动不安的蛮族国家之间保留一块作为缓冲带的荒地也是一项好政策……

现在我们开始与军事列车擦肩而过。马尔马拉海的英国潜艇使得通往加里波利的水路运输陷入瘫痪，士兵们只能通过铁路到达库利利·布尔加斯（Kouleli Bourgas），然后从陆路行军至布莱（Bulair）。货车门上挤满了肤色黝黑、相貌朴素的面孔；在尖锐的笛声和鼓声的切分音伴奏下，我们听到了不断震动的充满鼻音的歌声。这些人中有一个是来自阿勒颇以东沙漠的阿拉伯人，他目光凶狠，仍然穿着灰色和棕色的呢子斗篷,他们的脸本就瘦削而紧绷,脸上的皱褶更是让人吓了一跳。

恰塔尔贾(Tchataldja)充满了活力,窄轨小火车载着枪炮、钢制的战壕顶棚、成堆的工具,沿着小山的褶皱轰隆隆地驶来,光秃秃的棕色山坡上挤满了许多在战壕里工作的人,这都是为了防御保加利亚人的入侵。

太阳渐渐西沉,落在山后,顷刻间,一片金色温暖了这凄凉的荒原。黑夜突然降临了,一个没有月亮、满天星斗的夜晚。我们走得越来越慢,在道岔口没完没了地等待,而呜呜作响、唱着歌的军列从旁边一闪而过……快到午夜的时候,我睡着了,几个小时后,一个德国人摇醒了我。

"君士坦丁堡。"他说。

当我们乘坐的列车呼啸着穿过一个参差不齐的缺口时,我能辨认出一堵巨大的墙的模糊轮廓。铁道的右边是摇摇欲坠的半垛城墙——拜占庭式的防波堤——突然倾斜下去,能看到海水扬起的小波浪拍打着铁路堤岸;路的另一边是一排没有粉刷过的高大木屋,它们不可思议地紧紧靠在一起,越过阴暗的狭窄街道,杂乱的屋顶堆积在城市不断高耸的山丘上。在这些地方,一座帝国清真寺的巨大圆顶突然在星光的映衬下拔地而起,高耸入云的宣礼塔像巨大的长矛一样刺向空中,直插入萨拉基略角(Seraglio Point)[1] 破碎的树林中。一眼望去,可见支撑希腊卫城的那堵陡峭的黑墙,隐约可见的小亭子,一排排皇家厨房伸出的尖尖的烟囱,以及萨拉基略宫宽阔平坦的屋顶——伊斯坦布尔,世界的瑰宝。

---

[1] 位于伊斯坦布尔的博斯普鲁斯海峡,因附近的托普卡帕宫(旧称萨拉基略,为奥斯曼帝国苏丹及其后官的居所)而得名。

德国人控制下的君士坦丁堡

　　确切地说,伊斯兰历1333(*bin utch yuze otouz utch*)年7月(*Temoos*)23(*yigirmi utch*)日周三(*chiharshenbi*)早晨①,土耳其时间的四点钟(或法国时间九点零三分钟),我被一声巨大的缓缓而来的轰鸣声惊醒,其中混杂着各种难以置信的声音——一百万只拖鞋的模糊的拖曳声、呼喊声、咆哮声、小贩高昂又沙哑的说话声,在这个不寻常的时刻,宣礼员奇怪地用鼻音呼唤着人们来祈祷,狗在吠叫,驴在嚎叫,我想,大概还有清真寺院子里的1000所学院也在嗡嗡地唱着古兰经。我从阳台俯瞰着高耸的希腊公寓的屋顶,这些屋顶小心翼翼地紧紧贴着佩拉陡峭的边缘,与无数土耳其房屋组成的黑色身影交织在一起,这些房屋穿过卡西姆帕夏山谷,环绕着干净的白色清真寺和两座宣礼塔,以及附近绵延的茂密树林。这些小房子都是木制的——很少有旧红瓦的屋顶——由于未加粉刷,已经风化成了暗淡的紫罗兰色,它们簇拥在一起,显示着建筑商当年在建造时是如何的随心所欲,房子蜿蜒在曲折的街道上,建筑上点

---

　　① 里德在这里使用了一连串的模仿土耳其语发音的英语,chiharshenbi应该是Çarşamba,星期三;Temoos应该是Temmuz,7月;yigirmi应该是Yirmi;utch应该是üç,3;bin应该是bir,1000;utch yuze应该是utch yuze,300;otouz应为otuz,30。

缀着小窗户，可以捕捉到金色的阳光。越过山谷，另一边，建筑都挤在山坡上，从每一个能想到的角度看过去都乱成一团，就像一堆孩子的积木——所有的窗户都在闪耀着阳光。皮亚莱帕夏清真寺向北延伸，令人眼花缭乱，它的宣礼塔从圆顶上一跃而起，这个像一艘船的桅杆的圆顶是由伟大的卡普坦帕夏（Kaptan Pasha）建造的，他曾在16世纪摧毁了威尼斯的海上力量。正是沿着这个山谷，征服者穆罕默德把他的船拖过佩拉所在的高高的山脊，在金角湾下水。右边是破旧的希腊圣迪米特里（San Dimitri）；卡西姆帕夏山谷的山顶上有一排黑色的柏树，它环绕着奥克梅达纳（Ok-Meidan）贫瘠的田野，那里的白色石头标志着精通弓箭的伟大苏丹的记录；哈斯克伊（Haskeui）高地上有许多饱经风霜的大木屋，显得阴森肃穆。在危险的日子里，富有的亚美尼亚王子曾住在这里。而今，犹太人住在这里，在难以形容的污秽中繁衍生息；再往北走，越过一座光秃秃的山脊，是一片没有树木、密集拥挤的希伯来人墓地，就像一座被夷为平地的城市一样可怕。

金角湾向西弯弯曲曲地延伸，向东则逐渐变窄，直至北面，宛如一片熔化的黄铜。黄铜般的水面上清晰地映照着苏丹的游艇和埃及总督赫迪夫（Khedive）① 的游艇，船尾绘有蓝色的狮身人面像，以及德国官员作为宿舍之用的"将军号"轮船。水面上还有一艘被拆除的二级巡洋舰，这艘舰船曾是土耳其海军的骄傲，如今却只能长时间地闲置在金角湾，无聊地"收集"着藤壶。小型巡洋舰"哈米迪耶号"上面密密麻麻布满了黑色的小圆点——那是戴着土耳其

---

① 1805—1914年埃及统治者的头衔，相当于欧洲的总督，由穆罕默德·阿里首先采用。

毡帽的德国水兵。海面上无数的凯克船（caïks）① 快速穿梭，就像活跃的甲虫。

在这片沐浴金光的土地上，伊斯坦布尔从那一簇簇乱成一团的棚屋堆里升起，一座座小屋顶密密地堆在一起，错综复杂，谁也看不清，锯齿状的山脊像音符一样延伸到那 7 座山峰上，在那里，帝国清真寺的巨大圆顶高耸入云，把长矛似的宣礼塔抛向空中。

我可以看到伊斯坦布尔一端的内桥（Inner Bridge）和商港（Port of Commerce）的一个小角落，战争爆发时，船只都被困在那里。内桥的上方是芬内尔（Phanar）区，仍然自称为"新罗马主教"的宗主教（Patriarch）② 在那里拥有自己的宫殿，几个世纪以来，它是数百万"罗姆米利特（Roum-mileti）"③ 强大的生死源泉；芬内尔是拜占庭帝国沦陷后许多家庭的避难所，是那些欧洲商业巨头的家园，他们的财富和糟糕的品味曾震惊了文艺复兴时期的欧洲；芬内尔也是 500 年来土耳其人统治下希腊民族的中心。沿着巴拉特（Balata）区更远处——罗马人的宫殿和在它上方的艾文-塞莱（Aivan Serai）区被笼罩在巨大的拜占庭宫殿废墟的阴影下，曼努埃尔·康姆斯（Manuel Commenus）④ 的城墙从水面上摇摇晃晃地矗立起来，消失在城市里。再往远处，是埃尤布（Eyoub），一个神圣的坟墓村，村子环绕着一座耀眼的清真寺，任何基督徒都不能进入，

---

① 一种传统的小船，经常出现在土耳其水域，尤其是在博斯普鲁斯和伊斯坦布尔地区。

② 东正教的宗主教在中文里习惯译为牧首，是实施主教制度的基督教宗派的一种神职人员的职称。

③ 更准确的词或许应当写作"Rum Millet"。米利特（Millet）一词出自土耳其语，指的是奥斯曼帝国的宗教团体，19 世纪，奥斯曼帝国进行坦齐马特改革，米利特一词便引申到除了具领导地位的逊尼派之外的宗教族群。除奥斯曼米利特外，还有其他的米利特，罗姆米利特指的是奥斯曼帝国治下的东正教徒，而不仅仅是罗马人。

④ 曼努埃尔一世，12 世纪的东罗马皇帝。

在那片最神圣的墓地后面,一望无际的柏树在陡峭的山坡上攀爬。希腊和罗马的城墙,400个宣礼塔的尖顶,有些清真寺是由昔日高贵的苏丹出于一时的虚荣,用国王的财富建造的,还有一些是艾琳女皇(Empress Irene)① 治下的基督教教堂,墙壁是斑岩和雪花石膏砌成的,墙上的马赛克被刷成了白色,闪耀着金色和紫色的光彩;这里曾经矗立着皇帝的金像,但现在只有树冠形的拱门和柱子的遗迹——恢弘地穿过城市的天际线。

旅馆的搬运工是个聪明的意大利人,他很机灵地向我索要小费。我吃早饭时,他恭恭敬敬地弯下腰来,搓着双手。

"阁下,"他用法语说道,"秘密警察到这里来询问阁下的情况,阁下需要我告诉他们什么特别的事情吗……"

达乌德贝伊(Daoud Bey)在等着我,我们一起走到电车街(Tramway Street),有轨电车在那里叮当作响地驶过,报童们大声叫卖着最新版的法语报纸,周边的公寓大楼、古玩店、咖啡馆、银行和大使馆看上去就像意大利城市里的一个破旧街区。这里的每个人,无论男女,都穿着欧式的衣服,看上去很合身,还带点时尚,就像是在第三大道买的"商店服装"。这是一群不论民族、只论血统的人,他们是聪明、轻浮、肆无忌惮、肤浅的黎凡特人。在为数不多的几家开着门的大使馆门口,坐着传统的黑山(Montenegrin)门卫,他们穿着粗犷的制服、宽大的裤子和小上衣,巨大的腰带上插满了手枪;领事馆和公使馆的武装警察懒洋洋地围坐在外交官办公室的门口,他们穿着镶着金色花边的制服,戴着嵌有闪闪发光的纹章的

---

① 艾琳是拜占庭伊苏里亚朝女皇,797—802年在位。

土耳其毡帽，还佩着剑。偶尔有一辆漂亮的马车经过，车夫和男仆穿着给外交人员服务的粗糙制服。然而，转入大街或电车街以外的任何一条街上，你都能看到那种高耸的建筑物悬垂的阳台，里面回荡着半裸的女士们的声音，她们从一楼到四楼的窗户冷漠地探出身子来。在那些狭窄曲折的巷子里，骗子、小偷和来自基督教东方教会（Christian Orient）的邪恶的不合群的人挤在一起，叫嚷着，来来往往；我们脚下沾满了肮脏的东西，一盆盆不知是何物的液体被漫不经心地随意泼下，复杂多变而有趣的气味扑鼻而来。这样的街道绵延数英里，整个街区都被一种放荡的氛围所占据；面对欧洲殖民地有教养的先生和优雅的女士们，只有旅馆、俱乐部和大使馆的外立面可以醒目大胆地示人。

那是华沙落入德国之手的第二天。前一天，德国控制的地方升起了德国和土耳其的国旗来庆祝这一事件。我们走在陡峭的街道上，现代文明无情地把一个古老的土耳其墓地分成两半，从中间通开以便街道上的汽车可以通过，达乌德贝伊讲述了接下来发生的有趣细节。

"土耳其警察四处搜查，"他兴致勃勃地说，"命令撤下德国国旗。我们吵得不可开交，因为德国大使馆表达了强烈的抗议。"

"你们为什么要那样做？你们不是盟友吗？"

他侧身看了我一眼，嘲弄地笑了笑。"没有人比我更喜欢我们的日耳曼兄弟（因为你知道，德国人让我们的人民以为自己是伊斯兰教徒）。按照德国人的想法，占领华沙也许也是土耳其人的胜利。但我们对德国国旗在这座城市的蔓延感到不安。"

我注意到，不少商店和旅馆的招牌都用油漆新刷了法语，但大多数招牌上的欧洲语言已经被抹去了。

"你会觉得好笑的,"达乌德贝伊说,"你知道,当战争爆发时,政府发布命令,禁止任何人在土耳其使用敌对国家的语言。法国报纸被查禁,法国和英国的标志被勒令拆除;人们被禁止说法语、英语或俄语;用这3种语言写的信件会被直接烧掉。但他们很快发现,在金角湾这一带的大部分居民只会说法语,根本不会说土耳其语;所以他们不得不放宽这一政策。至于信件,那很简单。由于美国领事表示抗议,所以,就在一个星期以前,报纸上登载了一条政府的庄严命令:虽然法语、英语和俄语仍然被禁止,但你们可以用美式英语写信!"

达乌德贝伊出生在一个富有显赫的土耳其家族——这在土耳其是很不寻常的,因为家族的兴衰往往是一代人的事,而且没有家族姓氏,也没有家族传统。我们只知道哈米德的儿子叫达乌德;就像土耳其警方称我为约翰,是查尔斯的儿子一样。由于土耳其人那种极其懒散的作风,达乌德在19岁时就被任命为海军上将。几年后,一个英国海军委员会应邀重组了土耳其舰队。如今,想要让富有的土耳其年轻人失去工作是很困难的,因此,委员会非常礼貌地问达乌德贝伊是否愿意继续担任海军上将。他回答说:"我很想去,只要我永远不用踏上甲板。我受不了大海。"所以他离开了海军。

我问他为什么没有和同胞们一起在加里波利的战壕里同甘共苦,流血牺牲。

"当然,"他说,"我们不能指望你们西方人能理解。在这里,你付40里拉就可以买断兵役。如果不买断,就等于承认你没有40里拉,这是很丢脸的事情。任何身世显赫的土耳其人都不能在军队中露面,当然,除非他以职业身份成为高级军官。哎,我亲爱的朋友,如果我参加这场战争,那简直会让我的父亲受到极大的羞辱。这点和你们的国家很不一样。在这里，招兵买马的人恳求你交钱免除兵役——如果你不交，他们还会嘲笑你！"

在山脚下，有一条错综复杂的街道——阶梯街（Step Street），这曾经是爬上佩拉的唯一道路。在充满危险的水手小镇加拉塔（Galata），蜿蜒曲折的狭窄巷子穿过希腊式的街区，那里的房子又高又脏，一直延伸到臭名昭著的皮阿斯特五街和皮阿斯特十街；通往电缆隧道的那条街道，汽车得从地面爬到山顶，所有这些道路都通向瓦利德苏丹桥前的卡拉基广场，这座桥是通往伊斯坦布尔的著名外桥。身穿白色连衣裙的收费员排成一排站在那里，在人群间来回穿梭，10枚硬币落在他们伸出的手中，发出咔嗒咔嗒的响声。

从佩拉到伊斯坦布尔，从伊斯坦布尔到佩拉，所有种族和宗教都在沸腾着发酵，就像在摇摆的木堆之间流淌的永不停息的洪流。人群上方飘浮着一片色彩纷呈：有丝制阿拉伯头饰、头盔、黄红相间的头巾、漂亮的土耳其毡帽——包着绿色头巾的土耳其毡帽以纪念先知的亲属，头戴包着白色头巾的土耳其毡帽的是牧师和教师，还有波斯头巾、法国帽、巴拿马帽。谁也看不到戴着面纱的妇女们的脸，她们三五成群匆匆走过，穿着黑色、灰色和浅棕色的长袍，脚上穿着一双大到不合脚的法式高跟拖鞋，后面跟着一个年老的黑人女奴。来自叙利亚沙漠的阿拉伯人穿着飘逸的白色斗篷；一个乡下来的圣徒，满脸络腮胡子，从他的彩色破布里露出一块块的皮肤，他戴着满是褶皱的头巾，大步向前走着，喃喃自语地祷告着，而一小群门徒紧跟着，亲吻他的手，哭嚷着祝福；光着腿的亚美尼亚搬运工摇摇晃晃而又平稳地小跑着，弯着腰在大箱子下面大喊"让开（*destour*）！"这里还能看到：4名手持新式步枪正在走路的士兵，骑在马背上戴头盔的警察，穿着燕尾服、步履蹒跚的太监，保加利亚主教，3 个穿着蓝色宽布长裤和绣银上衣的阿尔巴尼亚人；两个天主教慈善修女走在她们的小驴车前头，那是大市场上的伊斯兰商人送给她们的；一个梅夫拉维（mevlevi）①，或跳舞的苦行僧，戴着高高的圆锥形毡帽，身穿灰色长袍；一群德国游客戴着蒂罗尔式的帽子，穿着开放式的贝德克斯鞋（Baedekers），由一位貌似是亚美尼亚人的导游带路；还有 500 个奇怪种族的代表，他们是古代大规模入侵小亚细亚的洞穴和角落的人留下的后代。佩拉是欧洲的——是希腊人的，亚美尼亚人的，意大利人的——总之不会是土耳其人的。而现在，涌入佩拉的这些异域人群又去了哪里呢？你再也不会在那里看到他们。

成千上万的商贩在人群中移动，叫卖着最稀奇古怪的商品：安哥拉蜂蜜、酥糖（helva）、土耳其玫瑰软糖、凯玛（kaymak，由关在黑暗马厩里的水牛的奶制成）、淫秽的明信片、德国制的玻璃烟嘴、阿德里安堡甜瓜、安全别针、新泽西纽瓦克制造的地毯、电影胶片。商贩们叫卖着商品，咆哮着、抱怨着、大声喊叫着："只要一分钱、两分钱——10 帕拉，5 帕拉（On paras, bech paraya）。"

右边的商业港口挤满了船只，远处是内桥，向外一直延伸便是金角湾的壮丽景色。桥的外面是一排浮筒，用来保护港口不受英国潜艇的攻击。在屏障的对面，是"博斯普鲁斯船队"的汽船，它们发出刺耳的汽笛，急急地后退，驶入像鱼群一样密集分布的凯克船群中。再往远处看，穿过明亮的晃动的蓝色海水，亚洲海岸若隐若

---

① 13 世纪时在安纳托利亚中部科尼亚出现了一个伊斯兰苏非主义教团，奠基人是波斯诗人、伊斯兰法学家和神学家鲁米。这个教团的最大特点是祈祷时进行不断的转圈的仪式，称为萨玛，因此信徒们被称为梅夫拉维，或旋转托钵僧。

现地没入群山之中，海岸边点缀着白色的于斯屈达尔（Scutari）①。伊斯坦布尔，其间点缀着树木和宫殿，从壮丽的山峰没入海中。俯瞰出去，从左到右，能看到几个恢宏的清真寺：查士丁尼皇帝在一千年前建造的索菲亚大教堂，所有笨拙的支柱现在都呈现出褪了色的红色和黄色；征服麦加的苏丹塞利姆清真寺；苏丹阿赫迈特（Achmet）清真寺；桥的尽头有新皇太后清真寺（Yeni Valideh Djami）②；苏丹苏莱曼大帝清真寺，苏莱曼是弗朗索瓦一世（François Premier）的朋友；还有苏丹巴亚齐德（Sultan Bayazid）清真寺……

漂浮的吊桥慢慢地打开，伴随着混乱的喊叫和噼啪作响的缆绳拖拽声，一艘从达达尼尔海峡驶来的德国潜艇顺利通过。这艘潜艇通体湿润，指挥塔被漆成了鲜艳的蓝色，上面有白色的条纹，在这明亮的海面上，这种颜色最能伪装；但此时太阳被乌云短暂地遮住了，潜艇的颜色在突然变灰的水面上反而出奇的醒目。

"他们大约需要一个小时才能关闭桥梁，"达乌德贝伊说。他把我拉进了石砌建筑之间的一条小巷，这里有家小店，店内的小桌子和小凳子紧贴着墙边，一个穿着拖鞋、戴着土耳其毡帽的衣衫褴褛的土耳其老人端来了冰。外面喧闹声一片，炙热的太阳晒在人行道上——这里却凉爽、安静、和谐。

"达乌德帕夏！"一个笑声传来。那是一个身材苗条的姑娘，穿着一件褪了色的绿色罩袍（feridjé），赤着褐色的脚，脖子上挂着一条围巾，看样子很穷，连面纱都买不起。她至多只有 15 岁，皮肤是金黄色的，黑色的眼睛闪烁着调皮的光芒。

---

① 伊斯坦布尔一个面积广阔，人口密集的市区，位于博斯普鲁斯海峡的安纳托利亚一侧。

② 苏丹艾哈迈德二世为纪念他的母亲所建。

"伊莱（Eli）!"达乌德抓住她的手叫道。

"给我点钱!"伊莱蛮横地说。

"我没有零钱。"

"那好吧，那就给我一大笔钱吧。"

达乌德笑了，递给她一个迈吉迪耶（medjidieh）[①]勋章，她高兴地尖叫了一声，拍了拍手，走了。

"她是吉普赛人，"达乌德说，"她是君士坦丁堡最美丽的姑娘。我的一个朋友哈姆迪（Hamdi）爱上了她，并想让她做女眷。她就跑去了埃尤布住。但两周后的一天，在这里，当我正拿着我的果汁冰露时，我听到身边传来一个小小的声音：'达乌德帕夏，请给我点钱。'那正是伊莱。她说，她真的爱哈姆迪，她已经努力做了14天受人尊敬的已婚女士，哈姆迪对她很好，送给她衣服和珠宝，像恋人一样追求她，但是她再也受不了这种生活了，她认为在街上乞讨更有趣，她喜欢人群，所以……有一天晚上，她从闺阁的门里爬了出来，游过了金角湾!"他笑着耸了耸肩膀，"你驯服不了一个钦加尼（chingani）[②]。"

我们付了钱。"愿上帝保佑你!"店主温和地说，坐在我们桌旁的一个土耳其人鞠了个躬，喃喃自语："阿菲特-奥尔松（Afiet-olsohn）!愿您用餐愉快!"

在凯克船停靠的码头，每个船夫都在尽可能地大声喊叫，一位身穿破旧黑衣的瞎眼老妇人蹲在墙边，伸出手来。达乌德往她手里丢了一枚铜币。她抬起那双失明的眼睛，用亲切的声音对我们说："愿您远离烦恼。"

[①] 应该是 medjidieh，名字来自苏丹马哈茂德二世之子阿卜杜勒一迈吉德一世。
[②] 即吉普赛人。

"多少钱（Kach parava）？多少？"达乌德问，一片震耳欲聋的喧嚣中传来难以辨认的声音。

"咱们坐这个老人的船吧。"我的朋友达乌德指着一个人说。这个老人留着长长的白胡子，戴着一顶焦橙色的便帽，系着红色的腰带，粉红色的衬衫领口敞着，露出毛茸茸的胸膛。"您说多少钱，艾芬迪？"他使用了敬语，所有土耳其人都用这个词来称呼彼此，不管他们的地位有多么不同。

"5个皮阿斯特，"老人满怀希望地说。

"我出1.5个皮阿斯特，"达乌德边说边爬进凯克船。船夫没有回答就将船推离了岸边。

"你叫什么名字，长者？"达乌德问。

"孩子，我叫阿卜杜勒。"老人一边说，一边在太阳下划船，大汗淋漓。"我出生在海边特拉比松（Trebizond）的穆罕默德短腿家族，52年来，我一直划着凯克船横渡伊斯坦布尔波尔利马尼河讨营生。"

我让达乌德问问这个老人对这场战争的看法。

"这是一场好战争，"阿卜杜勒说，"所有针对异教徒的战争都是好的，古兰经不是说，杀死异教徒的人会升入天堂吗？"

"你精通古兰经？"达乌德叫道。"也许，您是一名谢赫（sheikh）[①]，在清真寺带头祈祷。"

"我难道戴着白色头巾吗？"老人说，"我不是牧师，但我年轻的时候是一名宣礼员，在宣礼塔上召唤人们来祷告。"

"他对战争有什么了解呢？"我问。"战争似乎并没有影响到他

[①] 阿拉伯语中的一个常见的尊称，意指"部落长老""伊斯兰教教长""智者"等。

个人。"

达乌德翻译道。

"我有 4 个儿子和两个孙子参战,"阿卜杜勒十分骄傲地说,然后他对我说:"你是德国人(Aleman)吗?是不懂我们语言、也不戴毡帽的兄弟之一吗?告诉我,你们的清真寺是什么形状的?是一种什么样的建筑?你们的苏丹和我们的苏丹一样伟大吗?"

我含糊其词地回答说他很伟大。

"我们将赢得这场战争,愿真主保佑——愿上帝保佑。"阿卜杜勒说。

"真主保佑!"达乌德严肃地回答,我看出他那淡淡的欧式的玩世不恭,不过是 800 年来根深蒂固的宗教信仰的一层薄薄的外衣。

伊斯坦布尔的心脏

我们的凯克船撞上了一堆乱成一团的凯克船,船夫们吵吵嚷嚷,争执不休。阿卜杜勒笔直地站着,尖叫着:"让开(Vardah)!让开,你们这些笨蛋给乘客让路!你们没有乘客,为什么要堵住码头?"我们把1.5个皮阿斯特放在船板上,在伊斯坦布尔上了岸。狭窄蜿蜒的街道上堆满了瓜果、蔬菜和水桶,还有用木棍撑起的破烂的遮阳篷,我们从一大群搬运工、毛拉、商人、朝圣者和小贩间挤了出来。按照东方的方式,没有人给我们让路,我们只能颠簸着前进。

沿着一条十字街,我们看到了一群男孩和年轻人,每个人都拿着一块面包在两排士兵中间行进。

"新兵,"达乌德贝伊说。我们经常遇到一个士官和两个武装的人在人群中徘徊,敏锐地扫视着年轻人的面孔,他们是在寻找尚未被征召入伍的人。呼喊声、跺脚声、怒吼和痛苦的尖叫把我们的注意力吸引到一条小巷里,在那里,百来个不同种族的男女围在一家商店前,土耳其毡帽的流苏在空中飞舞,紧握的手够出去又伸回来,大喊着的哽咽的声音,两个警察在外围,殴打他们能够得着的后背——啪!啪!

"他们在等着买面包,"达乌德解释说,"君士坦丁堡有数百个这样的地方。安那托利亚(Anatolia)有很多粮食,但是军队需要货车——至少他们是这么说的。"

我说,养活这座城市应该是件容易的事。

"可能吧。"他带着讽刺的口吻回答。

"你听说了吗?有传言称,市政府官员为了抬高价格而抑制供应?当然,这是无稽之谈——不过,这种事情以前也发生过。而我们的德国兄弟或多或少要负点责任。他们说服我们的政府对这座城市进行一次人口普查,这是自15世纪以来就不可能实现的事情。但政府相信德国人会找到办法。政府接管了面包店,并闭店三天,同时宣布每个人都必须申请面包票才能买到面包。慢慢地,德国人让每个人都登记了,因为是个人就必须得吃饭。昨天晚上,在佩拉的后街,我来到了一家面包店,最后一批货刚刚分发完,但外面还有一群嚎叫的暴民没有得到供应。然后,这群暴民不顾警察的棍棒,砸碎了窗户,扯下了挂在所有房子上庆祝新格奥尔吉耶夫斯克(Novo-Georgievsk)陷落的土耳其国旗,高喊:'我们不在乎胜利!快给我们面包!'"

我们盘腿坐在优素福艾芬迪的摊位上,这个摊位位于埃及香料市场(Misr Tcharshee),那里有药品出售。昏暗的光线从覆盖着集市的拱形屋顶上的蜘蛛网窗户里透了进来,凉爽的黑暗中充满了香水、草药和奇怪的东方药物、亚丁的咖啡和波斯南部的茶叶的气味。在白色拱门的上方,潦草地画着巨大的黑色螺纹和圆圈,上面写着对安拉的祈祷,阿斯克勒庇俄斯蛇[①]缠绕成了古兰经经文的形状。在

[①] 阿斯克勒庇俄斯蛇在古希腊、罗马神话里有重要的文化和历史意义。此处应该是类似于阿斯克勒庇俄斯之杖上的蛇的状态。阿斯克勒庇俄斯之杖也称蛇杖,为一条蛇缠绕在木棒上,是一种象征医疗的标志。古希腊人认为每年会蜕皮的蛇,意味着重生。

摊位的上方，有一个错综复杂的木雕檐口，上面覆盖着满满的蜘蛛网，在这朦胧的暮色中，各种各样奇怪的东西拴在铁链上：用易碎的海洋动物皮做的苦行僧乞讨用的托钵、鸵鸟蛋、龟壳、两个人类头骨，还有一个显然是马的下颚。柜台上和后面的架子上堆满了玻璃瓶和陶罐，里面装满了天然的琥珀、大块的樟脑、粉状和块状的大麻、印度的和中国的鸦片以及安那托利亚的淡鸦片、一束束治疗瘟疫的干草药、用作春药的黑色粉末、催情用的油晶体、驱邪和迷惑敌人的符咒、玫瑰油、檀香木块和檀香油。商店后面那间黑暗的小屋子里堆满了大包小包和瓶瓶罐罐，所以当优素福艾芬迪点起灯的时候，这间屋子不论看起来，还是闻上去，都像四十大盗的山洞。

优素福艾芬迪拦住我们，鞠了一躬，右手向下一掠，一次又一次地在嘴唇和前额上摆动。他是个高大端庄的人，穿着灰色丝绸长衫，头戴一顶土耳其毡帽，上面缠着一位宗教教师的白色头巾——一尘不染。他那有力的嘴巴和耀眼的牙齿被一副光滑的黑胡子遮住了，他有一双黑色、精明、和善的眼睛。

"你好（Salaam aleykoum），达乌德贝伊，"他轻声说，"愿你平安。"

"你好（Aleykoum salaam）[①]，优素福艾芬迪，"达乌德回答道，迅速做了个手势，摸了摸嘴唇和额头。"这是我的美国朋友。"

"欢迎（Hosh geldin），欢迎你。"霍加（Hoja）[②] 礼貌地对我说，他的手不停地在嘴唇和额头上移动。他没有说"你好（salaam）"，这个词只在伊斯兰教徒之间使用。霍加只懂土耳其语。

"贝德里（Bedri）！"他拍着手叫道，一个小男孩从商店里面的某

[①] 应该是 Salāmuʾ Alaykum，这是常见的阿拉伯问候语，在全世界的穆斯林之间以及中东地区的基督教徒、犹太教徒之间普遍使用，意思是"和平降临于你"，用法与"你好"没有太大区别。回应这句话时会使用"waʾ Alaykumu s-Salām"。

[②] 来源于突厥语，意为老师，导师，是对学识渊博的人的尊称。

个地方跑了出来。"上咖啡,快点……"

我们坐在那里,在凉爽、芬芳的昏暗中,啜饮着香甜的浓稠液体,用木制土耳其长烟斗抽着萨姆松精选烟草。

"艾芬迪还好吗?"霍加带着东方式的礼貌,轻轻地低声说,我们每喝一口,每吸一口烟,他都会摸摸自己的嘴唇和额头,我们也会对他说:"愿上帝保佑你肠胃舒服。"

这位霍加在伊斯坦布尔很有权势。20年来,他一直在泽里克·克里希(Zeirick Kilissi)清真寺里做宣礼员,这个清真寺曾经是圣救世主的教堂,清真寺中仍然停放着艾琳女皇的青色古石棺。随后成为星期五时大清真寺祈祷者的领袖;然后又成为受欢迎的老师和充满魅力的医生,最后,阿卜杜勒·哈米德(Abdul Hamid)派他去耶尔德兹宫(Yildiz Kiosk)主持私人祈祷,在漫长的岁月里,苏丹因为害怕被暗杀而把自己关在那里。

"我知道很多关于美国奇迹的传说,"优素福艾芬迪和蔼地说,"那里似乎有比古代精灵建造的宫殿还要高的建筑,我听说有一个叫格拉夫(Graft)① 的恶魔,"说到这里,他的眼睛闪烁着光芒,"他在你们的街道上游荡,吞噬着人们,但在其他地方不见踪影。总有一天我要去那里,因为我知道那里的鸦片和金子一样值钱。"

他看看达乌德贝伊,又看看我。"你们和我们不一样,你们这些西方种族,"他说,"达乌德贝伊很帅气,但是他太文雅了,想得太多了。总有一天他会紧张得跳起来的。他不应该抽烟,而应该多吃鸡蛋和牛奶。告诉这位美国先生,我觉得他没有想得太多,所以他过得很开心。我就是这样的人。"

---

① graft原义为贪污,这里应该是双关。

我想让达乌德问他有几个妻子。霍加十分理解我无礼的好奇心，笑了起来。

"什么（pekki）！艾芬迪有几个妻子？"他回答说，"难道他认为一个伊斯兰教徒比一个基督徒更容易养活两个妻子吗？真主保佑我们！养女人很费钱。我认识的朋友中只有6个人有不止一个妻子。当亚美尼亚奴隶贩子晚上从于斯屈达尔区来到我的后宫，带着一个漂亮的女奴隶（odalik）想卖给我换钱的时候，我用一句谚语回答他们：'一人份的肉能养活多少人？'"

"优素福艾芬迪对这场战争怎么看？"

"战争？"他回答道，他脸上闪烁其词的神情表明，我已经触及了一个他深陷其中的问题。"我儿子在加里波利的战壕里。安拉会安排好一切！人们从不考虑战争是好是坏。我们是一个战斗的种族，我们是奥斯曼人。"

"那土耳其人——"我开口了。

霍加人用一阵滔滔不绝的话语打断了我的话。

"你不能叫我们'土耳其人'！"达乌德说。

"'土耳其人'的意思是土里土气的小丑，也就是你们说的'乡巴佬'。我们不是土库曼人，不是来自中亚的野性嗜血的野蛮人；我们是奥斯曼人，一个古老而文明的民族。"

这位霍加坦率地谈到了德国人。"我不喜欢他们，"他说，"他们很无礼。当一个在土耳其待了一个月的英国人或美国人来到我的摊位前时，他会把手放在嘴唇和额头上，向我打招呼：'早上好（Sabah sherifiniz hair ola）.'他们会在买东西之前，接受我的咖啡和香烟，我们会谈论一些无关紧要的话题，这是合情合理的。但是当德国人来的时候，他们会像在军队里一样敬礼，拒绝我的咖啡，买完东西就走,没有友谊。我再也不卖东西给德国人了。"

后来我在城市周围观察了许多德国人,有数百人之多,其中有休假的军官、游客和文职官员。德国人经常违反伊斯兰教生活中讲究的礼仪。他们在街上对蒙着面纱的妇女讲话,在大集市上欺负商人,在星期五的祈祷时间里,欧洲人是不被允许进入清真寺的,但他们却在清真寺里蹬蹬地大声走路。有一次,在苏非派穆斯林修道院(tekkeh)的一场里法伊教团的聚会上,我刚好在旁听席上,两名德国军官在整个仪式中用德语大声朗读古兰经的段落,祭司们对此愤怒不已……

我们和优素福艾芬迪一起出发,穿过伊斯坦布尔错综复杂的蜿蜒街道,穿过一排排林立着亚美尼亚小商店的通道,穿过堡垒般的可汗宫城墙——这些宫殿是昔日苏丹母亲为接待陌生人而建造的,穿过大清真寺安静庭院的秘密小路,孩子们在巨大的古树树荫下,在雕刻精美的大理石喷泉旁玩耍;沿着那些蜿蜒曲折的小街道,街道两旁是印章制造商和念珠(tesbiehs)贩卖商的木制摊位,卖的是珠链,绿色的藤蔓如瀑布般从屋顶上垂落;走入被太阳晒得尘土飞扬的巨大广场,这里曾是拜占庭的广场和比罗马更大的角斗场的所在地;在弯弯曲曲的小巷里,到处都是悬垂的露天阳台,偶尔有路人经过,声音尖利的小贩打着驴子,面无表情的行人以及妇女们扭着脸匆匆走过。

当我们从妇女身边经过时,达乌德开始大声说德语。

"他们以为你是一名德国军官,"他笑着说,"目前出现的这种情况对当地文化是一种可怕的打击。现在所有的闺中女子都在学习德语,嫁给一个来自柏林或汉诺威的德国中尉是大多数土耳其女人的浪漫梦想!"

我们遇到的一半人都向霍加致敬,谦卑地向他致敬,把他当作一个显赫而有权势的人。在构成大市场的那些没有尽头的迷宫般的街道上,两边齐声叫嚷着:"优素福艾芬迪,买我的东西吧!看这美丽的土耳其长烟管!"在贝希克塔什(Bechistan)区,那个阴暗的大广场上摆满了珠宝和贵金属,镶嵌金银的武器和古老的地毯,我们大摇大摆地从一个柜台走到另一个柜台,后面跟着贝希克塔什的谢赫。

"这个的价格是多少?"霍加专横地问。

"1个土耳其镑,先生。"

"强盗和小偷,"我们的向导平静地回答。"我给你5个皮阿斯特。"他继续往前走,转过肩膀说道:"犹太人的狗,我们走了,再也不回来了!"

"10个皮阿斯特!10个皮阿斯特!"那人尖叫道,而谢赫斥责他对伟大的优素福艾芬迪不礼貌……

为了我,优素福艾芬迪和一个出售琥珀色土耳其长烟管的小店家讲价,这个小店家紧张到大喊大叫,从2.5土耳其镑降价到20个皮阿斯特。

"别逼我大声喊叫,优素福艾芬迪!"他叫着,声音哽咽,额头上冒出了汗珠。"你会让我中风的!"

"20个皮阿斯特,"霍加平静而无情地报价。

上午晚些时候,我们——达乌德贝伊、我和机灵友善的店主坐在"高门(Sublime Porte)"[①]附近一家希腊小书店后面黑暗的小隔间里,看着手工彩绘的古兰经。此时走进来一个年轻的警察,他穿

[①] 奥斯曼帝国政府制定政策的地方。

着灰色外套，戴着红色肩章，以及灰色的阿斯特拉罕毡帽。他走到我们坐着的地方，深深地叹了口气，用忧郁的声音开始用土耳其语讲述一个长长的故事。达乌德开始翻译起来。

"我就像吃了内脏一样恶心，"警察说，"我受到了极大的侮辱。几天前，我看到费里德贝伊（Ferid Bey）和马哈茂德贝伊（Mahmoud Bey）坐在咖啡馆里，和一个街头没戴面纱的希腊女孩交谈。费里德贝伊来找我说：'你必须逮捕马哈茂德贝伊。''为什么？'我问。'因为他在跟一个姑娘说关于猪的脏话（piggishness）。我非常吃惊。''我不知道跟女孩子说关于猪的脏话是违法的，'我说。费里德贝伊说：'我是警察局长贝德里贝伊（Bedri Bey）的朋友，我要求你逮捕马哈茂德贝伊，因为他跟那个女孩说脏话。'所以我逮捕了马哈茂德贝伊，并把他关进了监狱。"

"他在监狱里待了3天，因为大家都把他忘了。但最后监狱的看守给贝德里贝伊打电话，问他该拿马哈茂德贝伊怎么办。贝德里回答说，他对这个人或这件事一无所知，还问为什么要把这个人关进监狱。于是，他们释放了马哈茂德贝伊。马哈茂德贝伊立即打电话给贝德里贝伊，控诉自己被捕的事。他说：'说猪的脏话并不犯法。'然后贝德里贝伊把我叫到他面前，用'小畜生，狗娘养的'之类的绰号辱骂我，并威胁要解雇我。马哈茂德贝伊和我一起去逮捕费里德贝伊，但他已经和那个女孩一起离开了，于是马哈茂德贝伊打了我一耳光。我感到很丢脸，感觉像吃过内脏一样恶心。"

伴随着乐队响亮的雷格泰姆①乐声，我们在佩拉小香榭丽舍市政

---

① 19世纪末20世纪初的美国音乐风格，以快速复杂的节奏、跳跃的旋律和独特的和声为特点。

花园的餐厅里用餐。阳台上的条纹遮阳篷在一片黄光的映照下显得格外明艳，枝叶繁茂的树上高高挂着的电灯，为铁桌旁喝酒的人们和在花园里走来走去的世界各地的游人投下了暗淡的斑驳阴影。在一轮巨大的黄色月亮的朦胧月色下，金角湾模糊地闪烁着，船上闪耀着红色和绿色的斑驳灯光，远处那一片朦胧的、模糊的伊斯坦布尔，仿佛一只蹲着的巨兽。

用餐者大多是德国人和奥地利人，有休假的军官、身着全套土耳其制服在塞拉斯基拉特（Seraskierat）执勤的副官、文职官员和克房伯工厂的高薪工人。和在柏林餐馆那样舒适的资产阶级宴会上一样，他们许多人携妻带子，也有携衣着光鲜的妻子出席的法国人，还有英国人、意大利人和美国人。在外面树下缓慢移步的人群中，有古希腊原住民（Perote Greeks）①、亚美尼亚人、黎凡特意大利人、土耳其官员；德国潜艇上的水兵，土耳其海军里戴着土耳其毡帽的德国人，还有"蝎子号"上身材魁梧、面色红润的美国水兵，他们穿着白色的夏季制服，昂首挺胸地站在人群之上。很难相信，就在远方，巨大的炮声日夜不停地在加里波利痛苦的沙滩上隆隆作响……

要是我有足够的篇幅来叙述那些美国水兵史诗般的战斗就好了！德国的军人和士兵都很友好，但工人和平民却很爱吵架。有时，一个醉醺醺或兴奋不已的日耳曼人会走到美国人的桌子旁，开始就军需物资或卢西塔尼亚号事件展开争论；有时穿着土耳其制服的德国军官会在街上拦住美国水兵，坚持让他们向自己敬礼。水手们的回

---

① 疑为拼写错误，应该是 Proto Greeks。

应只有几句辱骂,接着就用拳头还击,这是盎格鲁撒克逊人的做法。我还可以再写一篇文章,简单地描述一下那个晚上,那天,希曼·威廉姆斯(Seaman Williams)用一个石制带柄啤酒杯打破了德国中尉的头,之后他被以"不适合从事外交工作"的理由调回美国。这里还有一段精彩绝伦的趣事:两名水兵在咖啡馆把 17 名出言不逊的德国人放倒,然后被土耳其警察带回了美国水兵俱乐部,土耳其警察还对他们表示祝贺,而受伤的德国人被关了 3 天……美国水兵和土耳其警察之间相互尊重,彼此友好。

后来,我们上了一辆马车,沿着陡峭黑暗的街道驶向内桥。因为周围可能有潜伏的英国潜艇,所以桥上被禁止有灯光,马车夫小心翼翼地遮住了车灯。伊斯坦布尔一片漆黑——他们在节省煤炭。在小商店和咖啡馆里,昏暗的灯光摇曳地照在神秘的人物身上,他们披着宽大的东方服装,脚上穿着拖鞋,悄无声息地走过。

现在,优素福艾芬迪坐在了他最喜欢的咖啡馆里,这家咖啡馆位于巴耶济德二世清真寺(Bayazid Mosque)后面的一条街上。我们和他坐在一起,一边聊天,一边喝咖啡,一边懒洋洋地吸着我们的水烟——灰色凉爽的烟雾升腾起来,我们的额头上冒出了汗珠……后来,我们穿过黑暗,穿过城市,走过只有优素福艾芬迪一个人熟悉的街道,穿过拱形通道,穿过破碎的墙壁,穿过清真寺的庭院。在高大的宣礼塔上,宣礼员们一个接一个地走出来,在沉沉的黑夜里唱出颤巍巍的歌声,歌声传得很远,仿佛一个古老的宗教和一个精疲力竭的民族最后的安魂曲。

出于礼貌,霍加坚持要和我们一起去佩拉。于是,我们请他到小香榭丽舍去喝咖啡。在露天舞台上,定期举行的晚间歌舞杂耍表演正在进行——唱歌的女孩、跳舞的姑娘、美国的流浪汉喜剧演员、匈牙利的杂技演员、德国的牵线木偶——西方那种粗俗的声音、好色的手势、暗示性的服装、不得体的扭动全呈现在台上。在经历了伊斯坦布尔的庄严肃穆和土耳其的精致礼遇之后，这一切显得如此庸俗！

一些来自小亚细亚内陆的土耳其军官以前从未见过女人在公开场合露出自己的面容和大腿，他们目瞪口呆地坐在前排，时而因愤怒和羞愧而脸红，时而又因西方文明所展现出的惊人下流而放声大笑……霍加全神贯注地看着表演，但他温文尔雅，没有流露出丝毫尴尬的迹象。表演很快就结束了，尽管霍加一再抗议，我们还是和他一起走下山去了桥上。他根本就没有谈论那场演出，但我很想知道他的真实想法。

"太可爱了，"优素福艾芬迪彬彬有礼地回答，"我要带我的小孙女去看。"

在黑暗的桥下，闸门打开了，一艘满载煤和石油的走私船沿着海岸从布尔加斯缓缓驶过。现在，在晚上，除了高级军官以外，所有人都禁止乘坐凯克船穿过金角湾，所以除了等待没完没了的闸门关闭，似乎无计可施。然而，达乌德贝伊却信心十足地领着我们下到了码头。突然，从阴影中冒出了一个巡逻兵。

"快站住！"士兵喊道，"你们要去哪儿？"

达乌德粗暴地转向他说，"我们是德国官员（*Wir sind Deutsche offizieren*）！"那人匆匆敬了个礼，就退到黑暗中去了。"德国人总是这样做。"达乌德笑着说……

深夜，我们又一次爬上了佩拉山。在一条黑暗的小街上，人群已经开始聚集在一家面包店的门前,站在那里等待明天早上的营业。在电车街,我们被一群呼啸而来的汽车拦住了去路,有轨电车一辆接一辆,铃铛叮当响。透过黑暗的窗户,我们瞥见了一张张打着绷带的白色面孔凝视着外面,另一艘红新月会的船刚从前线抵达这里,正把伤员匆匆送往医院。

对一位王子的采访

星期天，我们乘马车到博斯普鲁斯海峡对岸的卡迪柯伊（Kadikeuy）去拜访阿赫迈特艾芬迪（Achmet Effendi），他是皇族的王子，阿卜杜勒·哈米德（Abdul Hamid）的儿子，苏丹王位的第七顺位继承人。在土耳其，往往由家族中最年长的成员继位；因此，每一位苏丹登基后，都会理所当然地勒死他的堂兄弟、亲兄弟和叔伯，囚禁除王储外所有的儿子——直到王储成为哈里发，再用毒咖啡或绳子了结自己的兄弟们。在阿赫迈特王子（Prince Achmet）的时代，家族谋杀已不再是皇室的消遣，但囚禁其他儿子的做法仍然很流行。20多年来，阿赫迈特艾芬迪被囚禁在博斯普鲁斯海峡上的多尔玛巴赫切宫（Palace of Dolmabagcheh）的一个厢房里——同他的女人和奴隶一起被关在那里，他不被允许接见访客，接触不到报纸讯息，既没有生活的气息，也没有任何来自外界的小道消息来舒缓宫廷沉闷的氛围。当青年土耳其党人的革命推翻了他的父亲后，他获得了自由——一个几乎不会读写的矮胖苍白的小个子男人，在现代生活的巨大漩涡中不知所措。

他住在一个英国人的废弃别墅里，房子的主人在战争爆发时从摩达（Moda）逃到了这里。门铃一响，一个穿着破旧燕尾服、咧着嘴笑的黑人太监向达乌德贝伊深深鞠了一躬，领我们走进了那间丑陋的维多利亚时代中期风格的客厅：缎纹的棕色墙纸，用亮蓝色长毛绒装饰的黑胡桃木家具，画架上是展示险峻的多佛悬崖（Dover Cliff）的水彩画，凯克船木制模型上放着茂盛的蕨类植物。这个流亡的家庭试图为自己创造一个家的场景，这已经够可笑和可悲的了。但是王子把他自己的东西也加了进去：镶着珍珠母贝的廉价木制矮凳，一把配有绿色天鹅绒靠垫的新艺术风格的莫里斯红木椅子，还有一些做工粗糙的地毯，从颜色上来看，是最廉价的德国货。王子后来要求我们欣赏这些。他向达乌德透露，他已经卖掉了原来铺在监狱般的宫殿里的中国地毯和波斯地毯，那是5世纪时的古董，转而买了这些更明亮、更好的地毯。

这是一个漫长而复杂的仪式。先是太监传话上楼，说我们要见殿下。然后，一个男管家用手触摸嘴唇和前额后，招呼我们坐到椅子上。随后，男管家不见了，空气中隐约传来骚动的声音。15分钟后，太监回来了，说殿下会接见我们。然后是漫长的等待。这个大管家是一个高个子，他留着胡子，突出的喉结像苹果一样大，被阿尔伯特大衣（Prince Albert）[①]的立领紧紧裹住后，反而更加明显了。他微笑着，鞠躬，行礼，低声说："你好，艾芬迪——"他拍了拍手，一个小托盘上出现了咖啡和香烟，装在小杯子里的咖啡是黏糊糊的颜色，我不禁怀疑自己的眼睛。

"这是殿下用彩色墨水画的。"大管家骄傲地说，"殿下也画风景画。"随后，他领着我们在房间里转了转，展示了十几幅涂在明胶板上的画，画作看上去就像一个幼小的孩童用他人生的第一盒颜料画

[①] 阿尔伯特大衣是一种正式的礼服大衣，流行于维多利亚时代晚期和爱德华时代。衣服很长，通常到达膝盖，甚至更长。

的那种水平。

我们站起来,坐下,行礼,又站起来,每喝一口咖啡,都伴随着浮夸的赞美。最后,杯子被收走了,大管家双手交叉放在肚子上鞠躬。达乌德低声提醒我,不要跷二郎腿,因为在土耳其人看来,那是最不礼貌的行为。

20分钟过去了。一个太监出现了,吩咐我们跟他走,我们走到房子后面的花园里,来到王子为自己准备的一个小角落,那里摆放着盆栽和藤椅。在那里,大管家再次向我们鞠躬致意。15分钟过去了。远处传来掌声,两个太监从灌木丛中出来,站在小路旁。大管家像中了枪似地跳了起来,沿着小路匆匆忙忙去迎接他尊贵的主人。阿赫迈特艾芬迪王子来到了眼前。

王子是一个矮胖、臃肿的小个子,土耳其毡帽下是一张苍白斑驳的脸,上唇上方笔直地竖着一撮又硬又小的胡子。他穿着一套灰色的斜纹西装,领口挺拔,系着一条灰色丝绸的阿斯科特(Ascot)①领带,领带上插着一枚蓝色的马蹄形玻璃别针,一双肥胖的脚塞进一双紫色布面的漆皮鞋里,鞋面上系着黄丝带。王子的嘴紧张地抽动着,当他走到我们恭敬站立的地方时,他的手指绞在了一起。他迅速地摸了几下嘴唇和额头,伸出一只手,好像要和我按照西式风格握手,想了想又把手抽了回去,然后小心翼翼地坐在椅子边上。我们也坐了下来,他很快又站了起来,我们也站了起来,他又试了另一把椅子坐下。然后,他怀疑地、迅速地瞥了我们一眼,随后把目光定格在我们的头顶。

达乌德按照惯例打招呼,王子殿下则用达乌德所说的蹩脚的土

---

① 阿斯科特领带因19世纪英国皇家阿斯科特赛马会(Royal Ascot)而得名,是一种现代宽领带。

耳其语回礼。

达乌德说:"我带来了我的朋友约翰,查尔斯先生的儿子,他是美国报社的记者,来向殿下表示敬意。"

阿赫迈特王子突然厉声说道:"我从来不跟记者讲话!"然后他意识到自己说了一句无礼的话,脸涨得通红,接着说:"他和你能来访,我感到非常荣幸。我很喜欢外国人。去年我还在努力学习英语,因为我非常欣赏英语。可是我的脑子无法集中在这件事上。"他突然转向我的方向,说了句,"Peoutefa di!"我看了看达乌德贝伊,想让他翻译一下,但他却在王子的背后做出一个不同寻常的手势。"Peoutefa di! Peoutefa di! Peoutefa di。"阿赫迈特艾芬迪痛苦地大叫。

"殿下正在用英语说'今天天气很好'①,你这个傻瓜!"达乌德喃喃地说。王子气得脸都红了,达乌德怒目而视,我对这种情况一筹莫展。接下来是长达10分钟的紧张的沉默。

"王子想知道纽约是什么样的。"达乌德解释道。

我谈到了地铁、高架铁路,在狭窄笔直的小路上匆匆走着拥挤的人群,那里每天的日照只有一个小时,因为周围都是20层、30层、甚至40层的高楼大厦……当我列举这些的时候,王子的眼睛望向天空,嘴巴张得大大的,试图理解我的描述。最终他放弃了,摇了摇头,笑了笑。大家都沉默不语。王子坐立不安,绞着手指。

最后,他带着一种紧张的讥讽语气说:"你是记者,也许你能告诉我们一些消息。"

"殿下应该知道,"我回答说,"在这场战争中,没有人比记者知

---

① 根据上下文分析,达乌德贝伊分辨出了王子想说的词句是"beautiful day",今天是美好的一天,今天天气很好的意思。

道的消息更少了。但殿下是奥斯曼人,在国务委员会中地位很高。殿下应该能告诉我们一些消息。"

"什么?"他傲慢而生气地打断了我的话,"我们才刚刚认识,你就敢这样问我问题?你必须至少认识我两年之后,才有资格向我提问!"他又一次感到尴尬不已,为自己那小心眼又神经质的猜疑感到羞愧。"我对战争一无所知,"他沮丧地补充道,"我不在国务委员会里。"可怜、无助、凄凉的人呐,他憎恨这个袭击自己国家的残酷世界,憎恨土耳其人,因为他们毁了他、废黜了他、囚禁了他,也许还谋杀了他的父亲……他无足轻重,没有资源,他不会数学,也不会开汽车,虽然这两样他都努力尝试过,他只能在自己的小宇宙里漫无目的地、焦躁不安地移动,并渴望与人类世界有所接触——这是一个帝国的王子啊!

我去过塞拉里克(Selamlik)①,看到那个满脸白胡子、面带微笑、步履蹒跚的老苏丹从耶尔德兹宫出发去做礼拜,土耳其真正的统治者恩维尔帕夏——这位33岁的战争部长曾经是街头小贩——在他身边——,帝国的显要人物在马车旁奔跑,穿着华丽红色衣服的帝国卫兵喊道:"苏丹万岁(*Padishah 'am tchok yasha*)!"我曾在战争部(Seras-kierat)宽阔肮脏的走廊里徘徊,偷偷地检查了走廊上仍然矗立着的包装箱;当英国人在达达尼尔海峡取得胜利的谣言像野火一样在全城蔓延的时候,政府部门的文件和贵重物品曾3次被打包,以便立即运走……我在毫无戒备的阁楼和地窖里采访过一些亚美尼亚人,他们在那里躲藏了5个月或更长的时间,以逃避"驱

---

① 奥斯曼宫殿或房屋中为男性保留的部分,它也是家庭中接待和招待客人的部分。

逐",因为驱逐意味着一定会死在小亚细亚的沙漠里。从美国水手俱乐部的窗口,我向列队经过的英国俘虏们欢呼,他们瘦弱、疲惫、病态,就像稻草人,由于目睹了太多的失败和太多徒劳的流血,他们的眼窝深陷。土耳其高级官员曾私下告诉我,土耳其人对德国人怀有强烈的仇恨,他们天真地坚信,战后德国人将撤走,把"土耳其留给土耳其人"……

"我们不恨基督徒,"优素福艾芬迪说,"我们只恨邪恶的人。有好的基督徒和坏的基督徒,就像有好的奥斯曼人和坏的奥斯曼人一样,不过似乎有许多坏基督徒来到了土耳其。今天在集市上,你问那串珠子是不是真的琥珀,亚美尼亚商人说是的,但我知道它不是。土耳其人不会那样撒谎。亚美尼亚人和希腊人会向你收取实际价格的4倍,因为他们认为你是好糊弄的外国人,土耳其人向外国人要价和对本国人要价是一样的,甚至会希望你讨价还价。佩拉和加拉塔的坏女人都是基督徒,而土耳其人中没有妓女。"

"传教士?传教士才不会问我们是否希望他们来我们这里,他们把西方的思想强加给我们。我们已经看到你们的人民在佩拉生活的状况,似乎并不比我们好多少。你们的基督教导说,爱、仁慈和怜悯胜过暴力,然而,你们只有军队胜过我们……耶稣是一位伟大的先知,我们在清真寺里向他祈祷。但他不是上帝的儿子,就像穆罕默德不是上帝之子一样。我们认为你们的宗教是亵渎,但我们不会试图改变你们的宗教信仰,但你们却试图改变我们的,让我们皈依一种我们认为不如自己的信仰。如果基督徒放过我们,我们就不会屠杀亚美尼亚人了……"

一个住在博斯普鲁斯海峡比于克代雷(Buyukdere)的富有的亚美尼亚人将谈话推到更深的层次。

"我完全同意土耳其人的观点,"他说,"如果我是土耳其人,我会憎恨基督徒。土耳其不是,也不可能是一个政治国家。它是一个神权政体,唯一的组织法是伊斯兰教。因此,所有非穆斯林的土耳其臣民都必然处于法律之外,进而成为不断惹出麻烦的根源。土耳其人做生意绝对诚实——他的宗教信仰使他如此,但我们基督徒在说谎和欺骗上总是毫无愧疚感。穆斯林不可以收取利息,古兰经禁止这样做。因此,自然而然的,所有的贸易、银行,实际上是各种各样的经济权力,都掌握在基督徒或外国犹太人手中,土耳其的宗教不允许土耳其人参与竞争。从土耳其人的角度来看,只有一个解决办法——除了穆斯林,所有人都必须被赶出帝国。如果我不管好自己的事,公平地对待土耳其人,我就会被驱逐出境。我只骗外国人。"

"然而,在这个充斥着残酷杀手和冒险家的成熟世界里,土耳其人竟如此简单,如此幼稚,以至于他们认为自己在战后能摆脱德国人!你我心里都更明白,这是土耳其帝国的终结——是的,这就是终结,无论哪一方获胜……"

第五部

燃烧的巴尔干

陷入困境的罗马尼亚

我的房间窗户位于布加勒斯特雅典娜皇宫酒店令人眼花缭乱的新法式建筑的高处，俯瞰着一个小公园，公园里的树木和鲜花几乎像热带地区一样繁茂，大理石柱子上的罗马尼亚名人的小型半身像，冷漠地无视跪在基座上憔悴的缪斯所献上的大理石花环。你在法国已经见过数百万这样的塑像。左边是雅典娜宫（Atheneul），它集卢浮宫、万神殿和特罗卡德罗花园（Trocadero）的功能于一身，模仿的是巴黎歌剧院的建筑风格。它的巴洛克式圆顶上悬挂着镀金里尔琴的饰带，上面用镀金的字母写着已故伟人的名字：莎士比亚、塞万提斯、普希金、卡蒙斯、贝多芬、拉辛等，还有两三个西方不知道的罗马尼亚人。向东望去，红瓦屋顶和白石顶盖堆积在一起，中间点缀着大量颜色鲜亮的树木。宫殿、豪宅和最华丽的现代法国风格的酒店错落有致，偶尔会有一个东方圆顶或罗马尼亚希腊教堂的球顶。这里就像法国人在南部建造的一座娱乐城市，这个小小的"巴尔干半岛的巴黎"，它的罗马尼亚名字是布加勒斯特（Bucureshti），字面意思是"欢乐之城"。

日落时分，小镇从万里无云的夏季酷热中苏醒。右边是最主要、最繁华的维多利亚大道，风从高级生活酒店（High－Life Hotel）和赛马会大楼之间呼啸而过，赛马会大楼可能是从豪斯曼大道（Boulevard Haussman）整体迁移过来的。所有人都从基赛莱夫大道上——这里是"布洛涅森林"和"香榭丽舍大街"的交汇处——驱车回家，亲德的保守党主席亚历山大·马尔吉洛曼（Alexandre Marghiloman）先生的马厩也在这里，他像往常一样赢得了德比赛马大赛。一，二，三。常规的晚间游行开始了。一排排漂亮的马车由几匹骏马拉着，沿着弯弯曲曲的狭窄街道潇洒地向两个方向疾驰而过。马车夫们穿着没过脚的蓝丝绒长袍，长袍上系着明亮的缎带，缎带的两端在后面飘动，因此，你可以通过拉动合适的带子拉环来引导他们向左或向右驾驶。这些公共出租车是由司机共同所有，他们都是同一个奇怪的俄罗斯宗教教派的成员，被驱逐出自己的国家，他们的信仰要求在结婚生过一子后，阉割成为太监……

每辆马车都是一个或两个女人的舞台，她们涂着胭脂，带着珐琅装饰，穿着比法国化妆师想象中最狂野的海报女郎还要狂野的服装。熙熙攘攘的人群从人行道上涌上大街，慢慢地从雅典娜宫出发，经过王宫，来到林荫大道，然后又从林荫大道上走回来。其中有奢侈的女人，有打扮得像法国颓废派诗人的年轻人，还有穿着色彩柔和制服的军官——制服上缀着许多金色的花边，靴子上缀着流苏，戴的帽子则是淡蓝色和橙红色——这种颜色的组合让喜剧剧院的经理嫉妒得发狂。这些军官面颊浮肿，眼睛下面挂着黑眼圈，他们还会在脸上涂脂抹粉。他们把所有的时间都花在与情妇在大街上骑马来回穿梭，或者在卡萨卡普沙（Capsha）① 的糕点店里吃奶油泡芙，所有显贵和准显贵的布加勒斯特人每天都到卡普沙来，国家的重大

---

① 即 Casa Capsa，位于布加勒斯特胜利大道的历史建筑，于 19 世纪末由 Capsa 兄弟建立，是布加勒斯特政治和艺术的核心。

事务也都在这里解决。军官和普通士兵形成了多么鲜明的对比啊！普通士兵是那种强壮结实的小农民，他们在号声中列队而过，装备精良，训练有素！无数的咖啡馆和糕点店在人行道与街道上摆满了桌子，店里挤满了看起来放荡的男人和打扮得像歌女的女人。在露天的咖啡花园内，吉普赛管弦乐队奏出狂野的节奏，这已经成为一种习惯，就像酒鬼喜欢喝烈性酒一样；100多家餐馆里挤满了外国游客。灯光熄灭后，商店展示橱窗里男人可能为情妇购买的珠宝和贵重物品熠熠生辉。近万名妇女在公共场合招摇过市——真正的布加勒斯特人吹嘘说，他的城市供养的妓女数量比世界上任何4个其他城市加起来还要多……

布加勒斯特胜利大道每天都是这样。

看到这里，你会觉得布加勒斯特和索非亚或贝尔格莱德一样古老。白色的石头在炎热干燥的太阳下很快就会风化，富饶丰产的土地上生长着丰富的植物，生活是如此复杂巧妙。然而，30年前，这里除了一个简陋的村庄、一些古老的教堂和一座古老的贵族家庭的修道院之外，什么也没有。布加勒斯特是一个逐渐富裕起来的城市，现代罗马尼亚的文明就是这样——一场30年的快速发展。这片肥沃的平原是世界上最大的粮食种植区之一，山脉上覆盖着优质的木材，但财富的主要来源是石油产区。这里有石油大王、木材大王和地产大王，他们迅速发了大财。在布加勒斯特生活的花费比在纽约还要高。

这个城市没有独创，没有个性，一切都是从外部借鉴来的。一个小小的德国国王住在一个看起来像法国总督府的小小宫殿里，周围是一个浮夸的小宫廷。这个政府是以比利时政府为蓝本的。虽然除了国王的直系亲属以外，所有贵族头衔早在多年前就已废除，但许多人仍自称"王子"和"伯爵"，因为他们的祖先是摩尔达维亚和瓦拉几亚（Wallachian）的波雅尔（boyar）①，更不用说那些从拜占庭皇帝那里继承下来的家族了！诗人、艺术家、音乐家、医生、律师和政治家都曾在巴黎学习过，后来又在维也纳、柏林或慕尼黑学习。罗马尼亚的立体主义比发源地更立体，比发源地的未来主义更未来。法国化的小警察总是欺负那些赶集的农民，因为他们胆敢驾车穿过胜利大道，打断她妇们通行的路。卡巴莱夜总会和音乐厅就像蒙马特（Montmartre），并不那么有趣；你可以看到根据乏味的法国戏剧改编的讽刺剧（Revues），直接从安托万剧院（Theatre Antoine）或是国家剧院复制过来的成人喜剧（risqué comédie）——国家剧院也是模仿的法兰西喜剧院，看起来像里昂的市政剧院。法

---

① 封建时代保加利亚帝国、莫斯科大公国、基辅罗斯、瓦拉几亚和摩尔达维亚的一个仅次于大公的贵族头衔。10—17世纪，在保加利亚、俄国和罗马尼亚演变为表示仅次于沙皇的亲王王子，加在姓氏前面表示"采邑贵族"。

国人轻浮的外表掩盖了一切——没有意义，也没有魅力。

如果你想激怒一个罗马尼亚人，你只需要说他的国家是一个巴尔干国家。

"巴尔干！"他喊道，"巴尔干！罗马尼亚不是一个巴尔干国家。你竟敢把我们和半野蛮的希腊人或斯拉夫人混为一谈！我们是拉丁人。"

人们永远不被允许忘记这一点：报纸每天都坚持说罗马尼亚人是拉丁人，每天都提到"我们的兄弟，法国人、西班牙人、或意大利人"——但实际上，他们的血统比这些"兄弟"还要纯正，因为罗马尼亚人是图拉真皇帝在特兰西瓦尼亚（Transylvania）殖民时期的罗马老兵的后裔。一些当地作家沾沾自喜地坚持罗马尼亚是罗马帝国的继承者。布加勒斯特的一个广场上有一个喷泉，上面画着罗穆卢斯（Romulus）和雷穆斯（Remus）被狼哺乳的场景[1]，一些公共建筑上装饰着徽章（Insignia）、束棒（Fasces）[2]、鹰和"S. P. Q. R."[3] 的标志。但这些罗马殖民者最初可能是从塔尔苏斯（Tarsus）、耶路撒冷郊区或德国南部征召来的军团。再加上当地达契亚人

---

[1] 著名的"母狼乳婴"故事记载了有关创建罗马古城的传说。公元前7、8世纪，罗马国王努米托雷被其胞弟阿姆利奥篡位驱逐，其子被杀死，女儿西尔维娅与战神马尔斯结合，生下孪生兄弟罗穆卢斯和雷穆斯。阿姆利奥把这两个孪生婴儿抛入台伯河。落水婴儿幸遇一只母狼用乳汁哺喂成活，后被一猎人养育成人。两兄弟长大后杀死了阿姆利奥，并迎回外祖父努米托雷，让他重登王位。努米托雷把台伯河畔的7座山丘赠给他们建新都。后罗穆卢斯私定城界，杀死了雷穆斯，并以自己的名字命名新城为罗马。这一天是公元前753年4月21日，后定为罗马建城日，并将"母狼乳婴"图案定为罗马市徽。

[2] 是一根被许多木棍围绕绑在一起的斧头，是意大利的象征。该元素起源于伊特鲁里亚文明，在传到古罗马后则成为象征着地方法官和管辖权的权力。可以说这是古罗马领事权力的象征。

[3] S. P. Q. R——Senatus Populusque Romanus，作为罗马共和国的拉丁语首字母缩略称呼，在奥古斯都建立元首制后仍然作为罗马的象征而得以长期保留使用，并从12世纪以各种形式出现在罗马铸币上，最终在中世纪晚期，逐渐固定为SPQR或S. P. Q. R的样式。

(Dacians)的血统,强大的斯拉夫血统,马扎尔人,弗拉克人(Vlaque),还有大量的吉普赛人,然后才有了罗马尼亚人……他们所说的拉丁语,深深根植于斯拉夫语和亚洲语言,这是一种使用起来并不灵活的语言,发音听起来刺耳而绝非悦耳。罗马尼亚人具有拉丁人的特点:易激动、坦率、机智,以及在危急情况下会歇斯底里地发挥辩论的天赋。罗马尼亚人懒惰而骄傲,像西班牙人,但没有西班牙人的风情;怀疑而放荡,像法国人,却没有法国人的品味;抒情而感性,像意大利人,却没有意大利人的魅力。一位优秀的观察家称罗马尼亚人是一种"坏法国人",另一位则称其为"意大利化的吉普赛人"。不论是商店老板、出租车司机,还是餐馆服务员都爱偷东西,没有礼貌。如果骗不了你,他们就会暴跳如雷,像愤怒的猴子一样尖叫。罗马尼亚朋友多次对我说:"不要去某某人的商店,他是罗马尼亚人,会骗你的,找一家德国或法国商店。"

有人会说,我是根据布加勒斯特人来判断罗马尼亚人的,而布加勒斯特并不全是罗马尼亚人。但我坚持认为,大都市反映了一个国家的主要特征,巴黎本质上是法国的,柏林本质上是普鲁士的,而布加勒斯特则完全是罗马尼亚的。有时会看到街上有农民;男人们穿着白色亚麻裤子,衬衫垂到膝盖,上面绣着精美的花朵图案,女人们穿着装饰华丽的亚麻裙子和颜色精美的彩绘衬衫,脖子上挂着金币串成的项链。这些都符合滑稽歌剧(comic-opera)的场景。但是,从布加勒斯特开车 1 小时,你会到达一个村庄,那里的人们住在地洞里,上面覆盖着泥土和稻草的屋顶。这些被挖了洞的土地属于一位波雅尔,他在法国经营着一个赛马场,人们为他耕种土地。在罗马尼亚,只有 2% 的人口能读写,那里没有学校。几年前,地主为手下的人建了一所学校,条件是政府接管并给予支持,但 3 年过去了，这所学校一直被用作仓库。

这些农民除了玉米什么也不吃，这倒不是因为他们是素食主义者，而是因为他们穷得吃不起肉。教堂经常提供斋戒，但这只不过是用于满足地主赞美"朴素和节俭"的主题而已。农民们都很虔诚，或者说都很迷信，随你怎么说。例如，他们相信，如果一个人死去时没有点燃的蜡烛指引他走过黑暗的死亡走廊，他将无法到达天堂。如今，确实有很多人在没有点燃蜡烛的情况下突然死去，这就让教会有了用武之地。乡村牧师向死者的家属收取 80 法郎，让他们在没有蜡烛的情况下也能抵达天堂，并且每年还会收取一定数额的费用，保证他能继续留在天堂。这位牧师还利用了吸血鬼的传说，这是匈牙利、巴尔干半岛和俄罗斯南部普遍信奉的一种迷信。如果一个农民死了，他的家人或村子里的其他人也相继死去，牧师就会暗示死者的灵魂是吸血鬼。为了埋葬这个杀人的鬼魂，必须在夜深人静的时候把尸体挖出来（因为罗马尼亚的刑法严格禁止这样做），然后由一位授职牧师把死者的心脏挖出来，将一根木钉扎进去。为此，他要收取 100 法郎的费用。

有次，我乘坐一列夜班火车北上，火车上载着皇太子的私人汽车。那是一个寒冷的夜晚，寒风刺骨。然而，整个晚上，我们都能从窗口看到一排可怜的农民站在铁轨旁，每间隔 1/4 英里就有一个农民，他们衣衫褴褛，浑身发抖，高举火把向他们的王子致敬……

从来没有一个国家如此适合革命。尽管政府从 1864 年起就开始拆分大庄园，把土地卖给人民，但 50% 以上的可耕地仍然属于全国不到 10% 的地主，750 万人口中只有 4500 名左右的大地主，总人口的 7/8 都是劳动农民。波雅尔和大地主很少居住在自己的庄园。事实上，庄园帮助他们维持了自己在巴黎和维也纳的酒店生活，在布加勒斯特的房子，在尼斯、康斯坦察（Constantza）和锡纳亚（Sinaia）的别墅，在里维埃拉的冬日——那里有艺术画廊、赛马场，以及在世界各地的大笔投资。我遇到一个自称秉持伟大的人道主义的家庭，因为他们为人民提供泥屋，但人民每天需要支付20美分，生活费用几乎相当于新泽西州的水平。雪上加霜的是，罗马尼亚的所有选民根据收入被分为三个等级，大约100张农民的选票才等于1张富人的选票。罗马尼亚发生过几次革命，最后一次是1907年爆发的一场完全的农民革命，但由于征兵制的存在，统治者很容易驱使南方的农民将枪口对准北方的兄弟，反之亦然。你只要看看罗马尼亚的农民，他们温文尔雅，顺从，穿着近乎女人气的衣服，有着女人气的举止，甚至罗马尼亚的民族歌曲和舞蹈都是那么的优美柔和，你就会意识到，他们若起身反抗将要面对的压力有多么的强大。

罗马尼亚人民的民意趋势是什么？罗马尼亚没有民意。农民们将为主人决定给予他们的任何东西而斗争，为他们最伟大的国家而奋斗。这只是兵役如何把一个国家束缚在野心勃勃政治家身上的另一个例子。因此，必须问问政治家们，而他们会回答说，罗马尼亚将加入满足"民族抱负（national aspirations）"的一方——这正是他们所说的巴尔干半岛上贪婪的一方。

罗马尼亚人最初来自特兰西瓦尼亚，定居在多瑙河以北包括比萨拉比亚在内的平原上，并向东延伸到黑海。他们是一个牧民和农民的种族，分布范围很广。布科维纳南部到处都是罗马尼亚人，他们在保加利亚、塞尔维亚、巴纳特、马其顿和希腊密集分布。最文明的地区为特兰西瓦尼亚，这里很早就被纳入匈牙利王国；布科维纳是土耳其苏丹送给约瑟夫皇帝的礼物；而比萨拉比亚曾两次属于罗马尼亚，但在普列夫纳战役后，作为罗马尼亚独立的代价，最终被俄国占领。尽管许多活着的人都记得俄国军队将罗马尼亚从土耳其人的统治下解放出来,但他们无法忘记被俄国奴役的 200 万罗马尼亚人。1913 年,罗马尼亚在保加利亚背后捅了一刀,夺取了没有罗马尼亚人的锡利斯特拉(Silistria),这一定程度上弥补了罗马尼亚失去那个大省①的损失。当没有其他理由征服领土时,巴尔干人就会以"战略理由"为借口去实现这种"民族抱负"。

比萨拉比亚被强行俄国化。当然,上层阶级很容易变成俄国人,但是在学校和教堂里禁止使用罗马尼亚语的结果就是把农民赶出了学校和教堂,这使得那里的罗马尼亚人成为一个野蛮和堕落的族群,他们失去了与祖国有关的所有联系和知识。

在罗马尼亚人的发源地特兰西瓦尼亚,以及更远的巴纳特,大约有 300 万罗马尼亚人。在那里,尽管匈牙利人仿效俄国人在比萨拉比亚所做的那样,不顾一切地进行匈牙利化(Magyarize),但罗马尼亚人的民族情绪依然很强烈,而且日益高涨。特兰西瓦尼亚人富裕而文明,当高等学校和教堂禁止使用罗马尼亚语时,他们进行了顽强的斗争,翻山越岭进入罗马尼亚接受教育,并在国内外广泛开展民族主义宣传,以至于每个罗马尼亚人都知道并同情喀尔巴阡山脉另一边遭受压迫的兄弟。你可以穿越匈牙利,到布达-佩斯,甚至更远的地方,一路上除了罗马尼亚语,无需说任何语言。

因此,罗马尼亚的"民族抱负",是基于"民族志的立场",这一抱负包括比萨拉比亚、布科维纳、特兰西瓦尼亚和巴纳特;我还在布加勒斯特看过一张地图,上面涂了颜色,表示马其顿应该属于罗马尼亚,因为大多数人口是罗马尼亚人!

---

① 指的是比萨拉比亚。

所有这一切都不会把农民推到战争边缘，农民也不会倒向任何一边。但是亲德派和亲协约国的政治家之间正在进行一场殊死斗争。多少名不见经传的律师在政治显赫的聚光灯下发达！在巴尔干半岛，政治在很大程度上属于个人事务。报纸是自称是某政党领袖个人的喉舌，在这些国家，差不多每小时就会诞生一个新的政党，这只需要人们在最近的咖啡馆喝一杯啤酒的功夫。例如，《政治报》（La Politique）是百万富翁马尔吉洛曼（Marghiloman）的宣传报刊，马尔吉洛曼最近是保守党的党魁，只被罢免了部分职务。他非常亲法，据说他曾经把需要洗的衣服送往巴黎，但被德国人抓个正着。他的亲同盟国选民在菲利佩斯库先生（Mr. Filipescu）的领导下分裂了，菲利佩斯库强烈反对德国，他的宣传报刊是《巴尔干日报》（Journal des Balkans）……然后是《罗马尼亚独立报》（Independence Roumaine），这是总理布拉蒂亚努（Mr. Bratianu）的家族财产。布拉蒂亚努先生在战争开始时是亲德的，但现在已成为亲同盟国的温和自由党领袖。还有《罗马尼亚报》（La Roumanie），这份报刊是保守民主党领袖塔凯·约内斯库（Take Ionescu）的宣传阵地，约内斯库先生是罗马尼亚支持协约国的最强大的势力。保守党代表大地主阶层，自由党代表资本家，保守民主党和我们的进步党差不多，代表农民的社会主义农业党并不被认可。近期，国内事务都被遗忘和疏忽了，人们都在讨论这个问题：罗马尼亚应该站在战争的哪一边？

两年前，老国王卡罗尔（Carol）在锡那亚召集了一个由部长和政党领袖组成的会议，并发表了一次演讲，主张立即加入同盟国一方。但是当投票进行时，只有一个人站在国王一边。这是王室的意愿第一次遭到挫败，几天后，国王还未回到首都就去世了。现任国王斐迪南一世也陷入了同样的困境，更重要的是，他还有一位英国王后……这是由强大的金融利益集团和政治投机者的野心在国王与人民的头上进行的一场政治博弈。

与此同时,源源不断的俄国黄金流入了渴望它们的人的口袋里,有条不紊的日耳曼人一直在以自己独特的方式制造着公共舆论,煽动着公众情绪。成千上万的德国人和奥地利人穿着节日服装,钱袋里装满了钱,下榻布加勒斯特。他们住满了酒店。每场演出,他们都坐在最好的座位,为德国和罗马尼亚的剧目热烈鼓掌,对法国和英国的剧目则发出嘘声。他们印刷亲德报纸,免费分发给农民。他们买下了罗马尼亚人喜爱和珍视的餐馆与赌场。减价的德国商品充斥着商店的货架。他们赞助所有的女孩,买下所有的香槟,腐蚀贿赂所有他们能接触到的政府官员……为了转移罗马尼亚人对特兰西瓦尼亚的注意力,激起人民的反俄情绪,一场关于"我们在俄国比萨拉比亚被压迫的可怜兄弟"的全国性骚动爆发了。

德国和奥地利向罗马尼亚政府保证,将比萨拉比亚还给罗马尼亚,甚至可以包括敖德萨,如果罗马尼亚政府坚持,布科维纳也将被割让。协约国则提出将特兰西瓦尼亚、巴纳特和罗马尼亚边境以北的布科维纳高原割给罗马尼亚。虽然报纸上有很多关于"拯救失去的比萨拉比亚"的言论,但比萨拉比亚问题实际上并非如此重要,特兰西瓦尼亚问题却迫在眉睫。此外,罗马尼亚人知道,俄国是一个正在崛起的国家,即使俄国在这场战争中战败,40年后,它仍将屹立不倒,而且更加强大;而奥匈帝国是一个古老的、正在解体的帝国,它没有驱动力支撑其向东扩张。

自战争开始以来,罗马尼亚曾3次暂时性地同意协约国进入,但又有3次退缩:一次是在早春,当时俄国人正在喀尔巴阡山脉上;另一次是在意大利参战后;最后一次是在保加利亚与土耳其签署协议的那天午夜。也正是那一天，我见到了约内斯库先生。

"我认为保加利亚已经选择了自己的立场，"他非常严肃地说，"我们不会天真到相信土耳其会白白放弃任何领土。同盟国会入侵塞尔维亚，只有我们能阻止这种情况。我可以告诉你，如果塞尔维亚遭到袭击，它可以向我们请求帮助。奥地利人对我们关闭了边境，据说他们集结了40万人，准备向布加勒斯特进军。这是虚张声势，一种迫使布拉蒂亚努内阁辞职，并要求马尔吉洛曼先生组建一个内阁的虚张声势，若他们成功了，这意味着将来罗马尼亚将执行一套德国的政策。即便布拉蒂亚努内阁垮台——虽然我对此表示怀疑，因为他并不支持战争——未来，也只有他和国王共同努力，才能为马尔吉洛曼先生的上台铺平道路。但这是不可能的。"

3周后，德军开始对塞尔维亚发起进攻，但罗马尼亚再次置身事外。

保加利亚参战

巴尔干半岛的关键是保加利亚,不是罗马尼亚。离开布加勒斯特时,我们坐上了一辆脏兮兮的小火车,火车在炎热的平原上缓慢地向南前行,经过一些用泥土和稻草搭成的贫穷的小村庄——就像非洲中部一个低等部落的聚居地。温和顺从的农民们,穿着白色亚麻衣服,呆呆地站在那里瞪着火车发动机。每到一个小车站,火车都要停下来,仿佛罗马尼亚政府对任何去保加利亚的人都漠不关心;在久尔久(Giurgiu),狭隘专横的海关官员对我们进行了不必要的严格检查,他们尽可能地让离开这个国家的旅程变得很不愉快。

不过,穿过黄色的多瑙河,就是另一番天地了。当汽船离码头还有100码的时候,已经有人向你咧嘴微笑打招呼,那是个在美国待过的棕色皮肤的大个子警察,两个月前我们经过那里的时候曾见过他。善良又笨拙的士兵假装在检查行李,微笑着欢迎你。当你站在那里时,一个穿着讲究的陌生人用法语对你说:"你是外国人,对吗?我能为你做点什么吗?"他不是向导,和你一样只是个乘客,但他是个非常友好的保加利亚人。再次看到山民和自由人这样朴素、平淡、坦率的面孔,耳边充满了铿锵有力的斯拉夫语,是一件美妙的事情。保加利亚是我所知道的唯一一个你在街上和任何人说话都能得到亲切回应的国家，在那里，如果店主找错了零钱，他会追着去你下榻的酒店，只为退还你两分钱。再次来到一个真正充满男子气概的国家，我们从未感到如此如释重负。

火车艰难地穿过鲁塞（Rustchuk），那里有半土耳其式的宣礼塔，铺着瓦片的屋顶，农民们穿着宽松的裤子，系着红色的腰带，戴着头巾。随后，火车进入了巨大的高地，越向南地势越高。一支婚礼队伍在旁边走过，4辆牛车坐满了喧闹的男女，他们欢乐地挥舞着纸带，纸带上镶着白色亚麻布，车上还有一串金币串成的项链、鲜艳的毯子、一串串葡萄和花朵。前面有一个人骑着骡子，敲着鼓，一群骑在马背上的年轻人在平原上狂奔……夜幕降临了，这是高海拔地区寒冷的夜晚。早晨醒来，火车匆匆地沿着山涧旁蜿蜒的峡谷走下来，峡谷位于岩石和灌木丛生的高山之间，那里的牧民穿着褐色的衣服，在狭窄天空的映衬下放牧山羊；火车又经过坐落着小村庄的沟壑，这些村舍形状并不规则，带有土耳其风格，果树笼罩在红色的屋顶上。直到最后我们的火车才从破碎的群山中突围出来，这时你会看到索非亚像一座红黄相间的玩具城，山顶是金色圆顶，周边被山遮蔽。

没有任何城市像索非亚这样，与布加勒斯特的差别如此之大。这是一个素净的小镇，坐落着实用而丑陋的建筑，街道上铺砌着干净的砖石。电话线是架空的，许多车在街上叮叮当当地行进。除了偶尔看到一座古老的清真寺或拜占庭式的废墟，以及突然瞥见一个破旧的广场上蹲满了戴头巾的农民之外，它看起来就像是太平洋西北地区一座熙熙攘攘的新城市。保加利亚大酒店（Grand Hotel de Bulgaria）是一家几乎人人都会去的酒店，酒店隔壁是保加利亚大咖啡馆，记者们在这里制造新闻，权贵们在这里密谋和联合，律师在这里勒索，政客们在这里扰乱各个政府部门。如果你想采访总理或某位大臣——比方说——采访国王，你可以让大酒店的服务员给他打电话。或者如果你不想那样做，那么只要在大咖啡馆找张桌子坐着等待，他们总是会在白天的某个时间来到这里……索非亚是个小地方，友好又平易近人。朴素的皇家宫殿就在街对面，一个街区外就是国家剧院；国会大厦在另一个方向的两个街区外，附近是外交部。大教堂和圣主教会议就在外交部的后面。所有重要人物都生活在方圆 5 个街区的半径范围内……

傍晚时分，镇上的人们穿上最好的衣服，沿着沙皇解放者大街（Tsar Liberator）漫步到鲍里斯王子公园（Prince Boris Park）。这是一场庄严的家庭小游行，乡下人会带着他们的妻子、女儿、妾侍和所有的孩子。这些女人相貌平平，穿着去年的乡村风格的衣服。许多军官混在人群中，他们穿着为打仗而设计的时髦又实用的制服，看起来好像他们知道该如何战斗。一队队身强体壮的士兵头戴尖顶军帽，脚穿长靴，僵硬地走过，他们缓慢地吼着你在俄罗斯军队中听到的那种赞美诗一样的歌曲。

黑暗带来了寒意，因为索非亚的海拔有 1000 英尺，8 点的钟声一响，人群就散开回家吃饭了。除了居住的酒店外，没有餐馆，也没有什么特别讲究的食物——火腿、鸡蛋和菠菜是保加利亚人最喜欢的菜。之后，你可以坐在公共花园的国家赌场里，听一支优秀军乐队演奏，喝点啤酒，或者你可以在市政剧院里听保加利亚人冗长的戏剧对白。这里只有一个音乐厅，叫"新美国"，"新美国"是一个沉闷的地方，在这里，幽默的喜剧演员和身材不匀称的舞者把那些来镇上的农民们逗得捧腹大笑。

在这里，会说英语的人多得惊人。几乎所有的政治领袖都曾在罗伯茨学院（Roberts College）接受教育，这是一所位于君士坦丁堡的美国教会学校。罗伯茨学院对保加利亚产生的影响如此之大，以至于在 1885 年国家统一和王国建立后，它被誉为"保加利亚自由的摇篮"。这就是为什么索非亚这座城市如此美国化，这就是为什么保加利亚的政治中有如此多的美国式行为，甚至包括我们的行贿方式！但还有更强大的影响。保加利亚离君士坦丁堡最近，也比其他巴尔干国家受土耳其人统治的时间更长，他们的语言中充满了土耳其语词汇，生活方式也受到土耳其人的大众生活习俗的影响。1876 年，俄国解放了保加利亚，这使保加利亚人的整个思想更倾向于这位强大的斯拉夫兄弟。这里还有一群为解放马其顿而战的知识分子，他们汲取了法国的共和理想。最后，保加利亚的军官、科学家、教师、记者和政治家在过去的 15 年里几乎只在德国学习。

从索非亚驱车一小时就可以到达一个典型的保加利亚村庄。除了山顶上属于修道院的土地外，周围的土地都由居民共同拥有和耕种。一条奔腾的山间溪流从峡谷中倾泻而下，带动了 14 台磨坊的轮子，农民们在那里磨谷物。因为所有的磨坊都收同样的钱，所以最高处的磨坊根本没有生意。农民和修道士们一致同意废除所有的磨坊，只建造一个由溪流发电带动的大型磨坊，归全村公有。宽阔舒适的屋子零散地建在鹅卵石铺就的街道上，屋顶铺砌了瓦片，墙壁由木头、石头或烤黏土建造而成。每个人似乎都很幸福、很富裕，因为在保加利亚，每个农民都可以拥有 5 英亩不可分割的土地，而且，和塞尔维亚一样，这里也没有富人。街道的尽头是一所又大又好的公立学校，所有的孩子都能上学，老师们都在德国接受过培训。电报和电话、火车和汽车公路，将学校与城市相连。保加利亚随处可见这些组织和进步的证据。斐迪南国王和他身边的一群科学专家对这一切都有贡献。与无法无天的塞尔维亚人相比，保加利亚人忠诚、诚实、遵守纪律。几个世纪以来的土耳其暴政为组织者的管理奠定了基础。

700年来，其他巴尔干民族的农民一直流传着3个关于保加利亚人的笑话，我认为，这3个故事比我能说出的任何话都更能说明保加利亚人的性格。

一个保加利亚人在田里割草割到很晚，晚上，他扛着镰刀回家了。当他来到一口井边时，低头一看，只见月亮倒映在井里。"天哪！"他叫道，"月亮掉到井里去了。我一定得把它捞上来！"于是，他把镰刀插进水里，然后努力向上拔。但是镰刀被井里的岩石卡住了，他拉啊拉啊拉，突然，岩石有所松动，这让他仰面摔倒了，此时，他正好看到头顶的天空中挂着一轮月亮。"哈，"他满意地说，"我救了月亮！"

4个保加利亚人穿过田野，来到一个池塘边，池塘边弯着一棵柳树。风吹得树叶沙沙作响，农民们于是停下来，盯着树看。"树在说话，"一个人说，"它在说什么？"其他人挠了挠头。"它可能在说它口渴了。"另一个人回答。保加利亚人对这棵可怜的干渴的树充满了怜悯，他们爬上树枝，用身体的重量将树压入水里，然后树枝断了，这几个人也都淹死了。

据说，保加利亚军队围攻君士坦丁堡两年，却一无所获。他们一起商议，决定推倒围墙。于是，士兵们在城的周围排成一排，背对围墙，开始推进。他们用力推，推得汗流浃背，推得双脚都深陷进了地里。所以，他们感觉有什么东西后退了，全军喊道："现在再多用点力！继续推！围墙在动啦！"

保加利亚人最初是蒙古人种的一支，他们在 7 世纪入侵巴尔干半岛，并与在那里发现的斯拉夫人混居。在传奇的西蒙沙皇（Tsar Simeon）①的统治下，他们通过征服建立了一个短暂的"帝国"，这个帝国从阿德里安堡一直延伸到多瑙河河口，向西北延伸到特兰西瓦尼亚和整个匈牙利，然后向南延伸到亚得里亚海，包括波斯尼亚、黑塞哥维那、黑山、塞尔维亚、阿尔巴尼亚、伊庇鲁斯（Epirus）和色萨利（Thessaly），向东延伸到色雷斯（Thrace）。200 年后，传说中的杜尚沙皇（Tsar Dushan）②领导下的塞尔维亚"帝国"征服了同一片领土，还征服了保加利亚人。到了 13 世纪，保加利亚人又占据了统治地位，到了 14 世纪，又轮到塞尔维亚人了。在此期间，保加利亚人曾两次围攻拜占庭。我提到这一点是为了解释保加利亚基于"历史原因"的"民族抱负"，就像所有巴尔干半岛的"抱负"一样，这种夙愿实际上是无止境的。

但是保加利亚人真的很单纯，没有诡计。那么，他们为什么要站在德国和奥地利一方去参战呢？再往前追溯，为什么他们要打破巴尔干联盟并挑起第二次巴尔干战争？归根到底还是一个"抱负"的问题。

在过去的 50 年里，马其顿问题是每一次欧洲大战的起因，在这个问题得到解决之前，巴尔干半岛内外都不会再有和平。马其顿是人们所能想象到的最惊人的种族混合地。土耳其人、阿尔巴尼亚人、塞尔维亚人、罗马尼亚人、希腊人、保加利亚人，按照族群密切地

---

① 保加利亚沙皇。他即位后不久即击退拜占庭帝国和匈牙利的进攻，并迫使外强中干的拜占庭帝国求和，他在位时期，保加利亚帝国达到鼎盛，他也因而被称为"西蒙大帝"。

② 塞尔维亚国王，在他统治时期，塞尔维亚成为东南欧的一大强国。

生活在一起，但他们并没有混居，从圣保罗时代起就一直如此。在5平方英里的土地上，你会发现属于6个不同民族的6个村庄，每个村庄都有自己的习俗、语言和传统。但是绝大多数马其顿人是保加利亚人，直到第一次巴尔干战争之前，聪明的希腊人、塞尔维亚人或罗马尼亚人都承认这一点。保加利亚几乎所有的伟人都来自马其顿。当马其顿还是土耳其的一个省时，保加利亚人就率先在马其顿建立了公立学校，当保加利亚教会在君士坦丁堡反抗希腊主教时，其他的巴尔干教会都不是自由的——保加利亚却被允许建立主教教区，因为很明显马其顿是属于保加利亚的。雄心勃勃的塞尔维亚民族主义者效仿保加利亚在马其顿建立学校的做法，并派遣民兵前往那里抗衡保加利亚的影响。不过，塞尔维亚的科学家和政治领袖在一个世纪前就认识到马其顿是保加利亚人的聚居地。塞尔维亚人没有向南扩散，他们从北方而来，向东扩张，穿过波斯尼亚、黑塞哥维那、达尔马提亚，越过的里雅斯特，那里才是他们合乎逻辑的野心所在。

在奥斯曼帝国统治下巴尔干地区动荡的最后几年里，当列强们大声疾呼要对欧洲诸省（vilayets）① 进行改革，土耳其帝国的终结近在眼前时，希腊也向马其顿派遣了民兵，对塞尔维亚人和保加利亚人发动了一场秘密的强盗战争，希望最终能分得一杯羹。但直到巴尔干战争爆发前，没有任何有担当的希腊政治家敢以"历史"之外的理由声称拥有马其顿。希腊宣称君士坦丁堡、色雷斯的部分地区、小亚细亚、欧洲的爱琴海沿岸和黑海都是希腊的领土，因为希腊人住在那里。但仅此而已。

---

① 州或地区，奥斯曼帝国的一种省级行政区划。

甚至在1912年战争前的《巴尔干同盟条约》中，塞尔维亚也承认马其顿属于保加利亚。当时参与起草条约的塞尔维亚总理米拉诺维奇先生（Mr. Milanovitch）说：

> 有些地区在我们之间是不存在争议的。阿德里安堡应该属于保加利亚。沙尔山脉以北的旧塞尔维亚应该归塞尔维亚。马其顿大部分地区将属于保加利亚人。但是东马其顿的一片狭长地带应该给塞尔维亚。最好的办法是把分割问题交给俄国沙皇来仲裁。

这一点被写进了条约，希腊也接受了保加利亚在马其顿占主导地位的原则。

［根据条约，］当巴尔干冲突爆发时，拥有优势军事力量的保加利亚将在马其顿留下一支强大的兵力，并在塞尔维亚遇到困难时，向塞尔维亚提供更多的军事支持。但恰恰相反的是，塞尔维亚向色雷斯的保加利亚人提供了援助，塞尔维亚称这是"首次违反协议"。阿德里安堡陷落了，保加利亚人继续前进，他们对自己的成功感到惊奇。保加利亚人说他们将在一条线上停下来，这条线从黑海的米迪亚（Midia）穿过，一直到爱琴海的埃诺斯（Enos）之间；但土耳其人迫切地想要和解，以至于他们打破了停战协议，直奔君士坦丁堡。他们前进的步伐只在查塔尔贾城（Tchataldja）才被挡住，如果后方的局势没有出现令人不安的转折，保加利亚人可能最终会发起猛烈进攻。

与此同时，占领了整个马其顿、伊庇鲁斯和色萨利的塞尔维亚人与希腊人对保加利亚人无止境的野心感到嫉妒。巴尔干同盟没有赋予保加利亚夺取东方世界首都的权利。希腊和塞尔维亚一起征服了西方的省份，他们不明白为什么要把自己公平赢取的领土让给任何一个强大的巴尔干帝国——不论条约是如何规定的。于是，他们签订了一项秘密条约，悄悄地着手将他们的新领土希腊化和塞尔维亚化。1000名希腊人和塞尔维亚宣传人员开始在全世界大声疾呼，说他们新占土地的不同地区的人口本质上都具有希腊人或塞尔维亚人的特征。塞尔维亚要求心生不满的马其顿人在24小时内放弃国籍，宣布自己是塞尔维亚人，希腊人也随即仿效。马其顿人若拒绝，就将被谋杀或驱逐。希腊和塞尔维亚殖民者涌入这个被占领的国家，并获得了逃离的马其顿人的财产。保加利亚建立的学校的教师被无情地枪杀，保加利亚牧师被要求在死亡或改信东正教之间作出选择。希腊报纸开始谈论一个完全由希腊人主导的马其顿，他们还解释了为什么没有人说希腊语的事实，称这些人是说"保加利亚语（Vlaquophone）"的希腊人。塞尔维亚人用圆滑的外交辞令称他们为"马其顿斯拉夫人"。希腊军队进入了一座座没人会说希腊语的村庄。"你说保加利亚语是什么意思？"军官们喊道，"这里是希腊，你必须说希腊语。"当人们拒绝照做时，就意味着死亡或被迫逃离。

　　保加利亚与土耳其仓促达成了和平，并将注意力转向西方。塞尔维亚人和希腊人闪烁其词，他们宣称巴尔干联盟已经被他们的盟友破坏。保加利亚请求沙皇进行仲裁，但是塞尔维亚占有的领土远比想象中的多得多，塞尔维亚意识到，自己有强大的朋友——俄国，俄国此时对塞尔维亚这个曾被自己庇佑的国家的巨大野心感到震惊，还有奥地利——它不希望在巴尔干半岛有任何一个强大的国家。最后，沙皇尼古拉同意解决这个问题。但就在两位代表准备启程前往圣彼得堡的时候，保加利亚率先迈出了一步，它的所作所为证明了列强的恐惧十分合理，保加利亚失去了世界的同情，也失去了马其顿。在没有任何警告的情况下，保加利亚军队突然袭击了塞尔维亚人和希腊人，并向萨洛尼卡进军，而这些行动没有事先征求保加利亚人民的意见。这一消息震惊了奉行和解与和平政策的保加利亚政府内阁。索非亚爆发出惊愕和愤怒。到底是谁下的命令？只有一个人能做到这一点，那就是斐迪南国王。

斐迪南国王是一位典型的拥有浪漫情怀的巴尔干国王。他总是憧憬着自己骑着白马进入君士坦丁堡，成为一个庞大而好战帝国的沙皇。在我写这篇文章的时候，他又一次违背了本国人民的意愿，把他们投入了一场战争，最终，这个国家只能以失败者的身份出现。

1915年10月塞尔维亚人撤退一瞥。

我目睹了一切。当协约国提出条件的时候，我正在索非亚，从那时起断断续续一直到最后。协约国提出以色雷斯沙尔山脉到全部塞尔维亚马其顿的领土作为进行干预的筹码，并为收复希腊马其顿地区和锡利斯特拉提供外交支持。同盟国则提出,将允许马其顿、塞尔维亚的一部分、锡利斯特拉自由进入卡瓦拉(Cavalla)和萨洛尼卡,并立即割让土耳其的一部分。德国告诉保加利亚,它只是需要通过塞尔维亚占领的马其顿地区与德国军队会合,然后保加利亚就可以把全部注意力集中在占领这些领土上。协约国则希望保加利亚进攻土耳其,并等到"战争结束后"再获得补偿。保加利亚叫嚣着,要求立即占领……协约国答复说,他们将以盟军占领瓦尔达尔防线的方式,为保加利亚提供保障,但保加利亚政府对这个承诺在"战后"的兑现保持怀疑。

保加利亚总理拉多斯拉沃夫先生(Mr. Radoslavov)在 7 月 15 日说:

> 保加利亚已做好准备,随时准备参战,只要协约国方面可以绝对保证……它实现……来实现它的民族理想。保加利亚的这些愿望大部分集中在塞尔维亚占领的马其顿地区,那里有 150 万保加利亚人。马其顿是在第一次巴尔干战争结束时承诺并通过签署条款确认是属于我们的,根据国籍权,这一地区仍然是属于我们的。当三个协约国能够向我们保证这一领土,并保证我们在希腊占领的马其顿地区以及在其他地方的微小要求也将得到实现时,他们就会发现,保加利亚已准备好与他们并肩作战。但这些保证必须是真实和绝对有效的。我们不接受单纯的纸质文件。只有确定了这一点,我们的人民才愿意再次流血牺牲。

保加利亚总理的这番话,背后有着整个国家的支持,因为在保加利亚农民中有一种非常坚定的民意。首先,马其顿有 50 多万保加利亚人逃离了土耳其人、希腊人和塞尔维亚人的迫害，他们散居在保加利亚的各个村庄，一直在宣扬自己国家的解放。盛夏时节，索非亚有一半的人口是马其顿难民，你可以到城市郊区的一个营地去看看，那里有1.6万人住在帐篷里，政府花了不少钱，也惹了不少麻烦。9月，当我在索非亚的时候，有5000名被迫在塞尔维亚军队服役的保加利亚人被奥地利人俘虏，之后在弗朗茨·约瑟夫皇帝的询问和首肯下才被释放，并最终回到这个城市。报纸上每天都充斥着难民带来的痛苦故事，以及对塞尔维亚人的仇恨言论，塞尔维亚媒体对此作出了激烈的回应，指责保加利亚人越过边境进行袭击、纵火和屠杀。双方所说的都是真的。为了消除这种仇恨，农民们对解放者俄国有着传统的热爱和感激之情，当年目睹俄国军队击溃土耳其的那代人对此还保留着强烈的记忆。

皮罗特的乡村——塞尔维亚人在这里拼命抵抗保加利亚人对尼什的进攻。

和罗马尼亚的政治家一样，保加利亚的政治家玩起了个人野心和利益的游戏。两者重要的区别在于，保加利亚的政治家必须哄骗人民，并服从于一个肆无忌惮、不负责任、拥有真正王权的君主。所有保加利亚人都同意收复马其顿的方案，他们只是在哪个大国集团可以把马其顿交给自己的问题上存在分歧。正如约瑟夫·赫布斯特先生（Mr. Joseph Herbst）对我说的那样："如果祖鲁兰（Zululand）把马其顿交给我们，我们就和祖鲁兰同进退！"在对塞尔维亚人的仇恨和对俄罗斯的热爱之间，双方进行了一场痛苦而疲惫的斗争。拉多斯拉沃夫政府以100种方式向同盟国展示了自己的诚意，例如，允许军事审查机构以"购买资金为俄罗斯黄金"为由查禁了6份亲协约国的报纸。

根据欧洲战争爆发时保加利亚各政党达成的协议，采取行动的权力由政府行使，议会（Sobranié）无限期地休会。但随着政府的态度变得明确，越来越多的反对派要求议会考虑国家的立场。国王对此完全予以拒绝，因为他知道这个国家的大多数人仍然是支持协约国的。绝望的自由党政府不得不耍了花招。新的保加利亚各省正在选举他们的第一批代表，选区的划分十分不公正，以致最终所有的20名代表都是自由党人。当一个机要人员到南方去了解农民想站在哪一边打仗时，选民们的感受显而易见。"你们先把枪给我们，"他们带着威胁的口气回答，"然后我们就告诉你们，我们要站在哪一边！"然而，尽管20名代表都是自由派，但保加利亚参战时，反对德国的人仍然占据了大多数。

8月中旬，当我经过索非亚时，协约国的同情者正欢呼雀跃。人民自由党（Stamboulovist Party）领导人盖纳迪耶夫先生（Mr. Guenadiev）似乎认为，保加利亚会接受协约国的最后提议，塞尔维亚已经有条件地同意了这一提议；民族主义领袖盖绍夫先生（Mr. Guechov）谈到了反对派即将举行的大规模示威活动，以迫使召开议会；民主党的马利诺夫先生（Mr. Malinov）认为，他的国家知道德国的东进对保加利亚的优势地位将是多么致命的打击。

当我两周后再次回来时，一切都变了。梅克伦堡公爵（The Duke of Mecklenburg）已经两次拜访了国王，土耳其与保加利亚已经签署了秘密条约，德国的一笔巨额贷款的第一笔黄金分期付款已经到位，而盖绍夫先生告诉我，同盟国正在敦促保加利亚进攻罗马尼亚，以防奥地利和塞尔维亚之间的谈判成功。"如果德国人穿过塞尔维亚来到我们的边境，"盖纳迪耶夫先生说，"为了对抗他们，我们的小型军队能做些什么呢？我们不想成为另一个比利时。"一位政治家曾经热情洋溢地对我说，农民多么地热爱俄罗斯，但现在看上去似乎不冷不热。"农民都是些很淳朴的人，"他说，"他们会感念俄国是保加利亚的解放者，但他们不够聪明，根本没有意识到解放保加利亚只是俄国向君士坦丁堡进军的一步。这一点，你我更清楚。我们知道农民只会按照命令行事，我们也知道人民需要有思想的领导人。"他带着一种自命不凡又遮遮掩掩的神情匆匆离开了。

9月的第一个星期，由难民组成的马其顿民兵（*Opoltchenié*）被征召入伍，预备进行为期"45天的训练"，没有人被糊弄。保加利亚政府媒体对塞尔维亚人释放出了双倍的仇恨，并喊道："马其顿人！把你们的国家从压迫者手中解放出来的时刻到了！" 1.6万名马其顿人被召集起来，6万人积极响应，其中还有1.5万名阿尔巴尼亚人和1万名亚美尼亚人，他们为了躲避土耳其人的迫害而在此寻求庇护。一场盛大的保加利亚式的游行正在周密安排中，新加入的志愿者们，个个都慢条斯理，每个人都兴高采烈，穿着粗糙的棕色土布衣服，在他们那面久经战争磨损的旗帜下欢呼歌唱，在街道上奔涌而过。他们知道，他们将领导保加利亚入侵马其顿。在军事俱乐部的阳台上，在议会的台阶上，在沙皇解放者纪念碑（Tsar Liberator Monument）上发表的 20 次演说中，他们被告知了这一点。

第二个周日，也就是 9 月 6 日，是保加利亚王国建国 30 周年的国庆日。印刷出来的阅兵式节目单上宣布，马其顿民兵和索非亚卫戍部队也会参加，但是星期六晚上，一名保加利亚木材商人告诉我，他接到了政府的命令，要求他在 4 个小时内卸下 12 节火车车厢的木材，然后交给政府。傍晚时分，城里大部分的出租马车都被政府的军需官征用了。就在那天晚上，马其顿人神秘地消失了；早晨，当阅兵式开始的时候，索非亚的卫戍部队——骑兵、步兵和炮兵——也都消失了，只留下两个连。午后，平民们举行了盛大的爱国游行，其间穿插着好战的演讲，晚上，学生们举着火炬，唱着马其顿歌曲。天哪，那天晚上保加利亚大咖啡馆里挤满了政客和记者！尽管是国庆假日，但形势危急，人们一点也不兴奋。索非亚从来没出现过这样的情况——保加利亚人，一个鲜少诉诸情感的民族，就连示威游行也像羊群一样有条不紊，有组织、有指挥。政党领袖和政客们拒绝接受采访，在保加利亚，当这种情况发生时，事情一定很严重了。反对派领导人四处奔走寻求支持，以阻止不可抗拒的事态发展，但为时已晚。

政变的最后一幕简短而充满戏剧性。9 月 18 日星期五，代表保加利亚的 11 个政党中，6 个政党的反对派领导人与国王举行了一次会议，其中有代表两个激进党派的察诺夫（Tsanov）先生，进步自由党的达涅夫（Danev）先生、农业党的斯坦波利伊斯基（Stamboliisky）先生、民族党的盖绍夫和民主党的马利诺夫先生。在秘书多布罗维奇医生（Doctor Dobrovitch）和王储鲍里斯（Boris）①王子的陪同下，皇帝接见了几位代表。马利诺夫先生在讲话中表示，在目前的欧洲军事局势和国内的政治局势下，保加利亚加入任何一方参战都是极其危险的，他坚信应继续保持中立，但是，如果政府认为参战将有助于实现国家理想，他的选民希望政府站在协约国一边。随后，斯坦波利伊斯基先生提交了一份由他本人和同事签署的备忘录，其中恭敬地要求：

第一，政府不应在没有召集议会和征求国民意愿的情况下采取任何行动。

第二，在采取任何行动之前，应当先组建联合内阁（仿效英法两国战时政府的模式），并增加部长人数，以代表 11 个政党。

第三，国王应在得到王室认可的前提下向执政的政府当局提出反对派的要求。

盖绍夫先生发言时，用了数字和计算做论据，他指出，最终协约国会不可避免地获胜。他说："我们参战的时机尚未成熟。"接下来，察诺夫发表了一篇大致相同的讲话。国王、鲍里斯王子和多布罗维奇医生对备忘录的细节作了一番详细的讨论之后，就退出了这场私下讨论。

当他们回来的时候，从多布罗维奇医生的话中可以明显感到，以无法公开的情报信息为基础，政府已经下定决心采取行动。

---

① 保加利亚皇帝斐迪南一世的儿子，后登基成为鲍里斯三世。

"那么，这个国家的人民最关心的东西，"斯坦波利伊斯基先生突然说道，"必须要保密吗？"

"我不知道你代表了这个国家的人民，斯坦波利伊斯基，"国王说，"为什么你从来没有觐见过我呢？"

"因为我所在党派的民主原则禁止我这样做，"斯坦波利伊斯基先生说，"但当国家处于危险之中，我会放弃原则。请让我提醒陛下，阻挠民心的王朝不会长久！"

国王回答说："我的脑袋垂垂老矣，已经没有什么价值了。但你最好照顾好你自己的脑袋！"

马利诺夫先生和盖绍夫先生试图平息事态，却徒劳无功。这时，察诺夫发脾气了，他站在了斯坦波利伊斯基先生一边，一位富有想象力的观察者说："有那么一会儿，他们在互相踢对方的小腿。"

最后国王站了起来，非常严厉地说："先生们，我将向政府告知你们的要求。我可以告诉你们，我们已经决定了一项政策，并将不惜任何代价彻底执行下去。斯坦波利伊斯基先生，我终于认识你了，真高兴！"

两天后，我们离开索非亚前往尼什，三天后，保加利亚宣布进行战争动员。

重访塞尔维亚和希腊

从索非亚驶出15分钟后,地势陡然而下,火车又一次进入越来越高耸的山峦之间,穿过一个又一个的隧道。石峰的红色、棕色和淡淡的灰色呈现出奇妙的色彩,看上去就像一头头蹲着的动物,它们的纹理是如此生动。向南,沟壑纵横的巴尔干半岛横跨天空,远处一片蔚蓝。这是一方培养硬汉和战士的土地。两个小时后,我们越过了分水岭,在一条瀑布般跳跃的溪流旁尖叫着下了山。一个干燥、炎热的小山谷显露出来,周围环绕着干旱的山脉,察里布罗德(Tsaribrod)是保加利亚的最后一个车站,那里堆满了军需品,到处都是士兵的喧闹声。这是一个整洁的小镇,有坚固的房屋和公共建筑、两家工厂,往东部和北部都有畅通的道路,还配套了学校、电灯和下水道系统。这是一个用混凝土铺设的整洁小车站,售票员从窗口探出头来和我们握手,四个月前我们在这里停车时,他非常热情。火车呼啸着穿过隧道,在险峻的山间盘旋。塞尔维亚的第一个城镇皮罗特(Pirot)就坐落在一片干旱而炎热的土地上。

即使是保加利亚人和塞尔维亚人这两个表亲之间也形成了鲜明的对比!皮罗特散落开来,杂草丛生,所有的房子又深又宽,屋顶铺着土耳其瓦,看不到学校。在摇摇欲坠的木制车站前的泥土站台上，我看到了一名海关官员，一名身穿金花边制服，手持宝刀的站长，一名脸色通红的蓝衣警察也配了一把刀，还有两名军官，正在热烈地讨论着什么，完全没有注意到火车的情况。塞尔维亚语迅捷而灵活的发音就像一股清新的水流一样冲击着我们的耳朵。在这两名军官的周围挤满了农民士兵，他们穿着破旧的灰色制服，穿着凉鞋，戴着塞尔维亚军队特有的扁帽，他们津津有味地听着，并加入了争论。

"帕希奇先生（Mr. Pachitch）①！"站长激动地喊道，"帕希奇先生不是真正的塞尔维亚人！他的父亲是保加利亚人，母亲是土耳其人！谁能比青年激进派更适合当首相呢？"他激动地捶打起自己的胸膛。"为什么，我自己——"

海关官员拍了拍少校的肩膀，突然哈哈大笑起来。所有士兵都笑了……在车站围栏的尽头，最后一次召唤的预备役人员正一个接一个地从大门进来，一名中士用花名册点名，并勾选他们的名字。他们是老头和小男孩，穿着各式各样的临时制服，脚上穿着破旧的凉鞋，但

塞尔维亚人

---

① 尼古拉斯·帕希奇（Nicolas Pachitch），塞尔维亚和南斯拉夫的政治家和外交官。在他近50年的政治生涯中，他5次担任塞尔维亚总理，3次担任南斯拉夫总理，共领导了22届政府。他在南斯拉夫的建立中发挥了重要作用，被认为是塞尔维亚20世纪历史上最有影响力的人物之一。帕希奇在任12年，是塞尔维亚任职时间最长的总理。

都戴着军帽，装备着新式步枪。一个不到 16 岁的男孩，醉得几乎走不动路，他的农民母亲扶着他，摇摇晃晃地走了过去。她的眼泪顺着脸颊簌簌落下；她用手帕擦了擦儿子满头大汗的脸，整理了他的翻领，又在他胸前拍了两下。男孩咆哮着，向卧铺车厢走去。一个警察抓住他的胳膊，朝他吼道："往前走！快进车厢！"男孩一声不吭地伸出双臂搂住警察，他们一起摔倒在地，一堆胳膊和腿在晃动。大家都让这一幕给逗笑了。一位岁数非常大的独臂老人拄着拐杖一瘸一拐地走过来，摸了摸一个拿着来复枪、头发花白的大个子男人。他转过身来，两人互相亲吻了对方。泪水顺着老人的脸流下来。"别让保加利亚人通过！"他尖声说……

海关官员走进了我们的公寓。他只是扫了一眼我们的护照，没有碰我们的行李。

"你们是从索非亚来的？"他急切地说，坐了下来，递上了香烟。"那边有什么消息吗？我们听到了一些令人震惊的传闻。保加利亚要参战了吗？它最好不要这样做——我们两天后就要向索非亚进军了！"

"如果奥地利和德国进攻你们呢？"

"呸，他们之前试过一次！有本事让他们都来吧！塞尔维亚可以鞭打全世界……"

在我们前面，当火车嘎吱作响要启程时，5 辆载满士兵的车厢里响起了大合唱。他们正在唱一首关于保加利亚人的新歌谣，歌曲开头是这样的：

> 斐迪南国王，这个保加利亚人，有一天，在索非亚的宫殿里起床，望向窗外，

他对自己的儿子王储鲍里斯说:"我的儿子,我的继承人,今天天气很好,塞尔维亚军队很忙,

所以,我想如果我们此时攻击塞尔维亚的妇女和儿童,我们有可能不会被打败。"

穿越希腊边境时,第一印象是一群货币兑换商、擦鞋匠、贩卖巧克力和水果的小商人、售卖上周报纸的小贩,他们都是棕色皮肤的精明小商贩,个个言语尖刻、目光敏锐。三年前,在马其顿南部这个干旱的山谷里根本没有希腊人,而现在,这里全是希腊人。这是每一个希腊新占领的国家都在发生的事情,除了最底层的耕种土地的农民之外,其他人都被残酷的经济竞争逼走了——甚至农民都在为希腊人工作。罗马尼亚人快乐而优雅;保加利亚人诚实而友好;塞尔维亚人机智勇敢,迷人可亲;与他们相比,希腊人似乎是一个发育不良、不甚友好、没有任何特色的民族。

我想我一定向 100 名希腊士兵询问过他们对这场战争的看法。最近,巴尔干民族最突出的特点是对近邻的强烈仇恨。希腊人通常憎恨塞尔维亚人,但当他们谈到保加利亚人时,却恨不得对保加利亚人用酷刑,活活烧死他们。希腊人很崇拜韦尼泽洛斯,但我发现他们依然会投票反对他,因为希腊人认为韦尼泽洛斯想迫使他们参战,而希腊人并不想打仗。不过,希腊人感情用事,你只需要挥舞着旗帜,向他们高呼"光荣",他们就会为了一个或好或坏的理由而参战。希腊的野心是无限的。他们认为自己是伯里克利时代的雅典的继承者,是拜占庭帝国的继承者,是亚历山大大帝征服的土地和古希腊城邦的遥远殖民地的继承者。一份希腊报纸的社论显示出他们平庸的头脑:

希腊有着5000年的历史,是西方文明之母,它不应该被那些臣民处于霸权愚弄下的国家所超越,比如皮埃蒙特统治下的意大利,普鲁士统治下的德国。希腊民族不应该表现出自己的无能、无力以及不如某些新兴国家,比如奥匈帝国、保加利亚和土耳其,这些国家不过是由来自中亚的野蛮人在欧洲拼凑起来的大杂烩而已。

不过,需要面对这样一个事实:新希腊的各个省份治理效率低下,腐败严重,雅典本身就是谎言和贿赂的温床。一个典型的例子是,希腊铁路官员受到德国人的贿赂,竟然阻碍了希腊军队的战争动员。请记住,《希腊—塞尔维亚条约》[①] 条约义务的履行条件第一次被援引时,希腊拒绝履行其义务……

我在萨洛尼卡的最后一天,海湾脚下升起了一大团黑烟,一艘小型驱逐舰全速驶向城市,停泊在码头上。3艘小船靠岸了,小船上有穿着作战服的英国军官,他们的衣服上有标志着参谋官员的红色标签,25个盒子和箱子,还有几个手持上了刺刀的步枪的英国海军陆战队队员。他们把行李堆在街上,走进了罗马饭店。不到15分钟,伊恩·汉密尔顿爵士(Sir Ian Hamilton)在萨洛尼卡的消息就传遍了全城。希腊官员们激动不已。在两个看守行李的哨兵周围,有一群严肃而不安的警察在徘徊,一群城镇居民密密麻麻地挤在一起静静地站在那里围观。热线电话将消息传到了雅典,官员们惊恐

[①] 1913年6月1日,《伦敦条约》签署两天后,也就是在保加利亚进攻的28天前,希腊和塞尔维亚缔结了秘密防御联盟,以应对来自保加利亚或奥匈帝国的攻击,并确认了两个占领区之间目前的分界线为其共同边界。

地喊道："这是什么意思？我们该怎么办？"

与此同时，我们遇到了英国国王的信使，他带着从巴尔干半岛来的快件，准备经由意大利回家。我们去罗马饭店吃午饭时，他喝了很多苏格兰威士忌和苏打水，状态微醺，感觉相当轻松愉悦。

距离我们坐的地方5张桌子远的地方坐着将军本人和他的全体参谋，这位将军是一位高大魁梧，有着古铜色皮肤，留着灰色胡子的英国人。将军与这位国王的信使互相鞠躬。几分钟后，一位服务员来到我们的桌旁。

"汉密尔顿将军想和国王的信使谈谈。"我们的朋友站起身来，微微摇晃着，走了过去。很快他就回来了，他抓住椅子，艰难地控制着自己的身体，然后在桌旁坐下，咧嘴一笑。

"这太，太有趣了，"他无力地说，"那个老笨蛋要我立刻前往雅典，向英国大使请示。"

"妈的，该死，"他对我说，'他们把我们派到这儿来干什么呢？我来了，却没有一句指示。他们到底想让我做什么？"

那天晚上，我们乘船前往比雷埃夫斯，准备回家。第二天早晨，我们在海上云朵般的遥远岛屿之间航行，遇到了12艘满载英国军队的运输船，它们正驶往萨洛尼卡。